NIJINGZHONGTUPO

逆境中突破

NIJINGZHONGTUPO

——媒体眼中的山西财政

主编◎ 高向新

山西出版传媒集团

山西人民出版社

图书在版编目（CIP）数据

逆境中突破 ：媒体眼中的山西财政 / 高向新主编
— 太原 ：山西人民出版社，2015.12

ISBN 978-7-203-09388-6

Ⅰ.①逆… Ⅱ.①高… Ⅲ.①地方财政—山西省—文集 Ⅳ.①F812.725-53

中国版本图书馆 CIP 数据核字（2015）第 276326 号

逆境中突破：媒体眼中的山西财政

主　　编：高向新
责任编辑：高美然

出 版 者：山西出版传媒集团·山西人民出版社
地　　址：太原市建设南路 21 号
邮　　编：030012
发行营销：0351-4922220　4955996　4956039　4922127（传真）
天猫官网：http://sxrmcbs.tmall.com　　电话：0351-4922159
E - mail：sxskcb@163.com　发行部
　　　　　sxskcb@126.com　总编室
网　　址：www.sxskcb.com

经 销 者：山西出版传媒集团·山西人民出版社
承 印 厂：山西嘉祥印刷包装有限公司

开　　本：787mm×1092mm　1/16
印　　张：25.5
字　　数：350 千字
印　　数：1-2000 册
版　　次：2015 年 12 月　第 1 版
印　　次：2015 年 12 月　第 1 次印刷
书　　号：ISBN 978-7-203-09388-6
定　　价：56.00 元

如有印装质量问题请与本社联系调换

序

高向新

　　《中共中央关于全面深化改革若干重大问题的决定》中强调指出："财政是国家治理的基础和重要支柱,科学的财税体制是优化资源配置、维护市场统一、促进社会公平、实现国家长治久安的制度保障。必须完善立法、明确事权、改革税制、稳定税负、透明预算、提高效率,建立现代财政制度,发挥中央和地方两个积极性。"建立现代财政制度是党的十八届三中全会立足全局、面向未来提出的重要战略思想,是中央科学把握现代国家发展规律做出的重大决策部署,抓住了改革开放的关键环节,对于完善中国特色社会主义制度、全面建成小康社会和实现中华民族伟大复兴中国梦具有重大而深远的意义。

　　山西财政在省委、省政府的正确领导下,坚持稳中求进工作总基调,主动适应经济发展新常态,落实积极的财政政策,投身"六大发展",落实"六权治本",深化财税体制改革,坚持依法理财,优化支出结构,着力保障民生,加强地方政府性债务管理,促进经济持续健康发展和社会和谐稳定。同时面对近几年经济下行压力不断增大的严峻考验,全省各级财政部门坚决贯彻执行中央和省委、省政府各项决策部署,沉着应对、主动作为、攻坚克难、砥砺前行,为全省经济社会发展提供了有力保障。

山西财政来之不易的工作成绩为新闻宣传提供了丰富的写作素材，新闻宣传的广泛影响为山西财政营造了宽松的发展环境。几年来，山西省财政厅财经宣传中心在厅党组的正确领导下，认真贯彻"三贴进"原则，立足财政、面向社会，组织全省财政新闻宣传工作者，通过各种主流媒体，深层次、宽领域、多角度、高频率地宣传全省各级财政部门改革的新举措、发展的新成就，特别是面对经济下行压力，积极作为，主动作为，分忧解难，共克时艰，以及千方百计保障民生，改善民生的财政话题，每年都发表许多群众喜闻乐见的优秀新闻作品，走在了全国财政系统新闻宣传的前列。这些新闻作品见证历史进程，具有真实性、鲜活性、及时性、可读性等诸多特点，赢得了社会各界和广大读者的赞许和好评。

新闻是历史的草稿，今天的新闻就是明天的历史。继《理财有大道　翰墨谱华章——媒体眼中的山西财政》《公共财政阳光洒满三晋——媒体眼中的山西财政》之后，此次又辑录近几年间部分典型新闻报道，形成了这本《逆境中突破——媒体眼中的山西财政》，其目的就是让读者从新闻角度追寻山西财政在经济新常态下的发展路径和改革轨迹；就是让读者从财政的视角领略山西省委、省政府"六大发展""六权治本"的战略取向和坚定信心；就是要如实地记录在各项财政政策引导和扶持下，广大人民群众的生动实践和伟大创举！

财政服务人民，史笔书写人民。愿逆境中突破的山西财政走向辉煌，愿财政新闻因情系民生而长久留存。

2015 年 12 月

目 录

理财方略篇

财政工作要实现"四个新" ………………………………… （3）

为全省转型发展提供有力支持 …………………………… （5）

山西:以"三抓"为"十二五"谋好局 ……………………… （7）

为农村培养会计人才是件大事

　　——访山西省财政厅厅长武涛 …………………… （9）

依法规范竞争性领域资金管理 ……………………………（14）

依法管理财政事务　切实提高依法理财水平 ……………（17）

发挥财政在适应和引领新常态中的作用 …………………（20）

"再困难也要把民生问题放在首位" ………………………（23）

山西的低碳经济账本 ………………………………………（26）

高碳大省的"低碳发展"步伐 ………………………………（31）

财政惠民力度大　措施多 …………………………………（34）

抓住关键环节促进财政科学化精细化管理 ………………（37）

在山西先行试点煤炭资源税改革 …………………………（40）

为再造一个新山西做贡献 …………………………………（42）

为转型发展提供财政保障 …………………………………（45）

政采助力"新山西"建设正当时 ……………………………（49）

以标准化建设促规范化采购 ································ (53)

改革创新篇

看山西如何在困境中理财 ······························· (57)

山西财政"危难"之中显身手 ·························· (63)

山西财政变"人等钱"为"钱找人" ·················· (68)

山西今起编制国有资本经营预算 ···················· (72)

山西重申三项规定规范财政资金支付 ············· (73)

山西规范部门预算编制和执行 ······················ (75)

山西完善省级单位预算执行运行机制

   ——对未使用公务卡单位的现金支出进行重点督查,继续

      推进用款计划细化工作,进一步加强动态监控 ······ (77)

换一种思路"切蛋糕"

   ——山西省晋城市财政资金分配制度改革调查 ··········· (79)

厚积方可薄发

   ——山西省晋城市财政局改革发展纪实 ··············· (83)

创新带来"加速度"

   ——山西省晋城市财政局创新理财观

      促工作转型升级的实践 ························· (89)

把住龙头建体系   环环相扣接地气

   ——山西省临汾市财政局创新制度管理纪实 ········· (93)

山西吕梁市五项措施推动非税收入改革 ·········· (101)

吕梁强化专项资金管理 ····························· (103)

被"逼"出来的管理新模式

   ——山西省沁县试行民主参与式预算纪实 ········· (106)

服务＋监管:忙并快乐着

　　——山西省乡镇财政所改革纪实之一 ·················(109)

构筑更加稳固的财政基石

　　——山西省乡镇财政所改革纪实之二 ·················(114)

"乡财县管"后,财政所究竟该"管"啥

　　——山西省乡镇财政所改革纪实之三 ·················(117)

山西财政监督重点瞄准"强统筹重效能" ·················(120)

煤炭大省资源税改革破冰 ·································(122)

3.6 万个项目审减 457 亿元 ···························(126)

山西:非营利组织财务会计报告 2009 年起

　　纳入注册会计师审计范围 ···························(128)

山西推动注册会计师行业做大做强 ·····················(130)

长治政府采购一直在创新

　　——山西省长治市政府采购发展纪实 ···············(132)

既比价格低　更比质量优 ·······························(136)

公共项目优先使用新能源

　　——山西省建立新能源优先采购制度 ···············(139)

转型发展篇

山西省财政"力挺"中小微企业发展 ·····················(145)

山西扶持中小微企业荮出"组合拳"

　　——首批 15 条财政扶持政策已开始实施,

　　　扶持资金达 10 亿元以上 ·······················(147)

中小微企业助推山西转型发展 ···························(150)

山西新创小微企业数量创历史新高 ·····················(152)

政府给小微企业发放免费"医保卡" ·····················(153)

山西扶持中小微企业效果凸显 ……………………（155）

"财政15条"吹皱一池春水

　　——山西省创新方式支持中小微企业发展纪实 ………（157）

重新认识市场的一次探路 ……………………………（171）

为中小微企业成长"帮大忙"

　　——省中小企业信用担保有限公司支持中小微企业

　　发展纪实 ……………………………………………（173）

山西财政80亿元促经济转型发展 …………………（178）

山西上半年财政收入超危机前水平

　　——同比增长12.24%，增值税对财政收入

　　贡献率达36% ……………………………………（180）

能源老基地的"涅槃"

　　——山西省财政支持产业转型发展纪实（上）………（182）

再现"地肥水美五谷香"

　　——山西省财政支持产业转型发展纪实（下）………（188）

开通政策"直通车"　财企接触"零距离"

　　——山西启动"支持企业转型发展财政政策

　　巡回宣传"活动 …………………………………（194）

太原：把财政政策讲给企业听 ……………………（196）

煤铁之都充满魅力

　　——山西省长治市循环经济发展纪实 ……………（197）

借力打力经济发展迎来新"春天"

　　——山西省吕梁市财政服务企业保增长纪实 ………（203）

破茧重生

　　——看重压之下山西襄汾经济如何转型发展 ………（206）

山西转型综改试验区建设步入全面实施阶段 ………（211）

山西省支持产业化经营成效显著 …………………… (213)

山西扶持创业孵化基地和创业园区建设 …………… (215)

先完成数字化城市建设,有奖山西省财政厅将对完成数字城市

　　地理空间框架建设的城市实行"以奖代补"政策 ……… (217)

山西省政府与财政部签署中国清洁发展机制

　　基金战略合作协议 ……………………………… (219)

山西发挥出口信用保险政策引导作用

　　积极助推企业发展 ……………………………… (221)

"醋八条"政策推动,

　　财政重点扶持山西老陈醋香飘万里 ……………… (222)

"老醋"酿出诚信来 ……………………………………… (224)

山西完善地质勘查基金管理 …………………………… (227)

国家开发银行助力"气化山西"建设 ………………… (228)

"三农"民生篇

山西 500 亿民间资本"砸"向农业 …………………… (233)

山西三条路径创新支农资金整合 ……………………… (235)

八只"引擎"助推山西农机化 ………………………… (237)

布局水网变"水瓶颈"为"水支撑" …………………… (239)

山西财政弥补缺水"短板"

　　——服务转型发展,"十二五"期间将全面启动大水网建设,

　　2011 年重点抓好民生水利 ……………………… (242)

省财政鼎力支持大水网建设

　　——围绕民生水利,弥补缺水"短板" …………… (244)

关公故里"试水"农村产权交易

　　——山西省首家农村产权交易中心已为多家企业和

　　合作社流转土地 8300 余亩 ……………………… (245)

改善环境就是提高生产力

    ——山西省长治市实施造林绿化工程纪实 ……………（247）

山西春播面积增加40余万亩

    ——财政投入春耕资金27亿元,

        粮食作物种植面积近5000万亩……………（250）

农发部门项目管理将显四大变化 ……………（252）

特色农业成富民产业

    ——山西省财政支持农业现代化发展纪实 …………（254）

希望田野展宏图

    ——山西省襄汾县发展现代农业见闻 ……………（260）

让土地释放全部"潜能"

    ——山西省农业综合开发建设高标准农田纪实 ………（263）

大棚春暖菜农心

    ——山西省浮山县支持现代高效农业示范园区发展掠影

    ……………………………………………（268）

村民笑语满桃园

    ——山西临猗县农发办"访民生、知民情、解民事"侧记

    ……………………………………………（271）

财政加力,山西扶贫开发荐出"组合拳"

    ——全省贫困地区农民人均纯收入力争5年内实现翻番

    ……………………………………………（274）

山西"四化"一体推进产业扶贫 ……………（277）

191万农民摘掉贫困帽

    ——山西省10年投入74亿元资金实施八大扶贫工程

    ……………………………………………（279）

扶贫互助资金圆了脱贫梦

    ——山西省闻喜县裴社乡保安村扶贫互助资金运营及

        管理情况调查 ………………………………… （282）

绿色谷米扶万家

    ——山西省沁州黄小米集团公司依靠财政扶持

        引领农民实现脱贫 ………………………… （286）

一个小山村的变迁

    ——山西省闻喜县移民新村见闻 ………………… （290）

山楂树,映红了百姓的笑脸

    ——山西省闻喜县依靠财政政策

        促进扶贫开发工作纪实 …………………… （293）

山西一事一议财政奖补试点全面铺开 …………… （296）

一事一议解民忧　条条大路宽人心

    ——山西省财政奖补农村公益事业

        一事一议项目支持农村公路建设纪实 ……… （298）

一事一议破"水荒" ………………………………… （302）

在"一事一议"奖补平台上整合涉农资金 ……… （305）

文明办理红白事　财政给奖补 …………………… （307）

长治:这个冬天不寒冷

    ——山西省长治市危中寻"机"保增长促民生纪实 … （309）

2010 年 9 月起山西学生娃可安心读书了 ………… （313）

乡宁县养老补助金普惠 70 岁以上老人 ………… （314）

九旬老红军放歌颂党恩 …………………………… （316）

"'新农保'比得上咱的儿"

    ——山西省吕梁市新农保提前一年实现全覆盖工作纪实

    ………………………………………………… （317）

让公共财政阳光在农村更加温暖 ………………… （320）

政府实干　百姓接"福"

　　——山西省吕梁市7成以上财力普惠民生纪实 ……… （324）

山西财政五支持推动"三农"工作 ……………………… （328）

山西调整今年新农合医疗统筹补偿方案 ……………… （330）

山西加强一事一议财政奖补资金监管 ………………… （331）

山西统一城乡居民基本养老保险制度 ………………… （333）

山西加强优抚对象医疗补助管理 ……………………… （335）

山西省四项补贴力促扩大就业 ………………………… （337）

典型模范篇

山西全面落实机关党建工作责任制 …………………… （341）

聚焦民生找问题　立查立改解民忧

　　——山西省财政厅努力取得群众满意的党的群众路线

　　　教育实践活动成效 ………………………………… （344）

山西从源头上斩断不良作风的"资金链" ……………… （347）

当好"煤炭新政"守护者

　　——山西省财政厅煤炭基金稽查局工作纪实 ………… （349）

给出资人加一道"安全锁"

　　——山西省省属地方金融类企业监事会

　　　实施监管防范财政风险纪实 …………………… （353）

"八连冠"这样告诉你

　　——山西省侯马市践行"财政精神"纪实 …………… （358）

要花财政钱　先过评审关

　　——山西省创新财政投资评审纪实（上）…………… （366）

先行须真行

　　——山西省创新财政投资评审纪实（下）…………… （371）

奉献财政美丽人生 ……………………………………… （376）

村会计裴效青 …………………………………………… （379）

"两个率先"的背后

　　——记"全国财政评审系统优秀评审人员"、

　　山西运城市财政投资评审中心主任王栋奎 ……… （382）

精细理财的"大把式"

　　——记山西吕梁市方山县财政局局长常云录 ………… （386）

把青春写在贫困山乡的账本上

　　——记山西省晋中市榆次区东赵乡财政所所长王慧芝

　　…………………………………………………… （389）

因为执着的爱

　　——记中国财经报优秀通讯员陈强 ……………… （392）

后　记 …………………………………………………… （396）

理财方略篇

财政工作要实现"四个新"

郭 中

在日前召开的山西省财政工作座谈会上,山西省委常委、副省长李小鹏对全省各级财政部门面对金融危机严重冲击,积极发挥财政职能,大力支持经济社会平稳较快发展所做的工作给予充分肯定,并就做好 2010 年全省财政工作提出要求,主要包括实现"四个新"。

进一步强化收入征管,确保应收尽收,在壮大财政实力上有新作为。李小鹏说,财政部门要掌握经济形势的变化和走向,及时提出意见、建议;加强收入监控,掌握动态,采取有效措施积极应对;加强税收征管,做到应收尽收;加大执法力度,堵塞各种漏洞,防止税费流失。

进一步发挥财政宏观调控职能,在保增长、促转变上有新成效。财政部门要加大资金投入,落实各项措施,全力推进经济结构调整和发展方式转变;大力支持"三农"、十大产业振兴调整、科技创新、节能减排、生态建设以及"五个全覆盖"工程、"十件实事"的落实;继续加大对重点工程的支持力度,落实中央扩大内需、促进消费的政策,充分发挥投资和消费对经济的拉动作用。

进一步优化财政支出结构,在保障改善民生、促进社会和谐上有新进展。财政部门要对改善民生的重要性、紧迫性给予高度重视,以教育、就业、社保、医疗、保障性安居住房为重点，以"五大惠民工程"和"十件实事"为抓手，加大财政支持力度，推进各项民生工程的顺利实施；要把基本民生问题作为重中之重，特别是要对零就业家庭的就业、最低生活保障、义务教育、基本医疗、保障性安居住房等方面给予有力支持。

进一步贯彻中央要求，深化改革，在构建有利于科学发展的财税体制上有新突破。李小鹏要求，财政部门要结合山西实际，通过改革逐步建立起有利于促进科学发展的财税体制；要进一步完善政府预算，规范政府性基金预算、试编国有资本经营预算，探索社会保障预算，逐步建立完整规范的政府预算体系；要切实增强基层提供公共服务的能力，促进公共服务均等化；继续深化省以下财政体制改革，规范省以下政府间分配关系，提高基层政府提供公共服务的能力；通过改革，进一步调动各方的积极性，为促进全省经济又好又快发展注入新的动力、新的活力。

李小鹏还提出，财政部门要认真落实中央和省里关于厉行节约的一系列要求，坚持勤俭办一切事业，严格支出管理，从严控制一般性支出，继续压缩公务用车、会议、接待、出国等经费，严格控制机关楼堂馆所建设。

（原载 2010 年 2 月 4 日《中国财经报》）

为全省转型发展提供有力支持

郭 中

山西省常务副省长李小鹏在近日召开的全省财政工作座谈会上强调,"十二五"期间,全省财政系统要以转变经济发展方式为主线,以转型发展为主旋律,以推进国家资源型经济转型综合配套改革试验区建设为统揽,不断提高财政工作水平,为全省经济社会又好又快发展做出积极贡献。

对山西省今年及"十二五"期间的财政工作,李小鹏提出了四点要求:

认真贯彻落实中央和山西省经济工作会议精神,为转型发展提供有力的财政支持。要进一步发挥政府投资的引导作用,继续扩大公共投资规模;要进一步发挥财政在扩大消费方面的积极作用,继续深化收入分配制度改革,加大对公益性行业的财政补贴力度,促进市场供求平衡和物价基本稳定。

积极构建有利于推进资源型经济转型发展的财税政策体系。一方面,要积极向国家争取更多有利于山西经济转型发展的优惠政策;另一方面,要抓紧研究制定有利于山西省经济转型发展的财税政策,充分发挥财政宏观调控职能作用。要有效整合财政资金,切实提高财政资金的使用效率;要努力放大财政资金的杠杆效应,全力打造水利、交通、国有资本等一批投融资平台;要进一步深化公共财政体制改革,促进区域间财力平衡;要推进预算制度改革,努力健全科学完整、结构优化、有机衔接、公开透明的政府预算体系。

进一步加大惠民投入力度,切实保障和改善民生。要按照推进基本公共服务均等化的要求,不断提高民生支出占公共财政支出比重,确保教育、就业、住房、医疗、文化等民生资金按时足额到位,积极支持全省民生和社会事业发展。

进一步优化收支结构,努力提升公共财政保障发展的能力。一方面,要切实抓好收入征管工作,确保各项收入应收尽收;另一方面,要厉行节约,坚持勤俭办一切事情,把更多资金用到经济社会发展最需要的领域中。

（原载 2011 年 2 月 1 日《中国财经报》）

山西:以"三抓"为"十二五"谋好局

郭 中

2011年,山西省财政工作思路明确:抓统领强职能促发展、抓统揽推四化促转型、抓统筹惠民生促和谐,努力把财政工作推上新的台阶,为财政"十二五"工作谋好局。这是记者在日前召开的山西省财政工作会议上了解到的。

2011年,山西省财政部门重点抓以下几方面工作落实。

继续落实积极的财政政策,努力保持经济平稳健康运行。发挥财政宏观调控作用,处理好"保增长、调结构、扩内需、稳物价、防风险"的关系,巩固和扩大经济发展成果。

积极推进经济结构战略性调整,着力推动经济发展方式转变。国家资源型经济转型综合配套改革试验区今年将全面启动,充分利用好综改试验区这一平台和载体,支持全省加快工业新型化、农业现代化、市域城镇化和城乡生态化进程。

全力保障和改善民生,加快建立和健全基本公共服务体系。进一步完善提升"五个全覆盖"工程,支持实施新的"五个全覆盖"工程,再用两年时间实现农村街巷硬化全覆盖、农村便民连锁商店全覆盖、农村文化体育场所全覆盖、中等职业教育免费全覆盖、新型农村社会养老保险全覆盖。同时,促进教育事业全面发展,多渠道开发就业岗位,落实培训补贴、税费减免、小额贷款担保等措施,鼓励自主创业,以创业促进就业。大力完善社会保障制度,加快推进覆盖城乡居民的社会保障体系建设,健全覆盖城乡居民的基本医疗保障体制,将新型农村合作医疗和城镇居民基本医疗保险财政补助标准由人均120元提高到200元,促进基本公共卫生服务均等化。加大财政投入力度,推进保障性住房建设。大力支持实施文化强省、科教兴省和人才强省战略,促进提升全省转型发展的软实力。全面加强财政科学化精细化管理,进一步夯实财政科学发展基础。加快推进依法行政,积极深化财政改革,提升预算管理水平,强化财政"两基"建设,严格财政监督管理,狠抓增收节支。

(原载2011年1月18日《中国财经报》)

为农村培养会计人才是件大事

——访山西省财政厅厅长武涛

李一硕

很多人抱有这样的看法：农村会计主要是报账，所以无须掌握太多会计专业知识。

山西省财政厅厅长武涛对此并不认同："现在农村经济发展很快，对会计人才的需求很大，从农村选拔会计人才培养，并使之服务于农村经济，是我们要做好的一件大事。"事实上，从2007年起，山西省就一直在着力打造适应新农村发展需要的具有一定业务素质、道德修养的农村会计人员和乡镇财政干部队伍，并探索出一条农村会计人员选拔、培养、使用的新路。

打造农村会计人才培养新模板

武涛在会计战线工作了多年，对于会计的重要性，他再熟悉不过。

"无农不稳"。对于拥有13亿人口、10亿农民的中国特色社会主义国家来说，"三农"问题是我国建设小康社会与和谐社会的一个核心问题。

近年来，党中央、国务院推出强农惠农富农政策的力度不断加强，特别是中共十八大进一步把"三农"问题提到了新高度。

将会计和农村结合起来,这是一条值得探索的路,如今,山西省已经打造出一整套农村会计人才培养的新模板。

站在会计管理的角度,谈到几年前山西农村的情况,武涛很感慨,当时山西农村会计人员普遍存在年龄偏大、业务素质偏低、待遇偏低的"三低"状况,但大量强农惠农富农政策的落实以及资金的管理均需要农村会计人员完成,农村会计人员的素质高低关系到农村经济的发展和稳定,加强农村会计人员队伍的建设成为当务之急。

为了认真贯彻落实中央强农惠农富农决策部署,山西省财政厅党组从大局出发,着眼长远,充分认识到了依法行政、构建财政双基培训长效机制工作的重要意义。

2007年,山西成为全国首个启动农村会计人员培训的试点工作的省份。山西省财政厅站在政治的高度上,十分重视制度建设工作,坚持以制度建设为抓手,从培训工作领导组的成立、培训工作的政策规定、培训经费管理办法、前3年及后3年的培训规划、培训工作考核评价暂行办法等各个方面,建立了一套比较完整的制度体系,使全省的培训工作有章可循、有规可依、有序推进。

在资金的支持上,从2009年起,山西省财政厅每年安排全省农村财会人员财政支农政策培训经费1800万元,并将此项支出列入财政预算,初步建立了长效培训机制。自2013年全省农村财会人员财政支农政策培训经费增至2550万元,这无疑是阳光财政积极支持新农村建设在支农、惠农、强农政策方面的又一重要举措。

加强农村会计人员后备会计队伍建设

农业是我国经济发展的基础,只有不断提高农村财务会计人员的业务素质和道德素养,促进和加强农村会计队伍建设,才能更好地规范农村财务管理,以保证村集体经济组织的强有力的发展。目前,在男青年们纷纷外出务工的农村,女青年成为农村的一个重要群体。

武涛表示,山西全省农村财务会计人员近 4 万人,平均年龄 45 岁~50 岁,有 1/3 均在 60 岁以上,甚至有七八十岁的老同志尚兢兢业业战斗在会计岗位上,人员青黄不接,新老更替迫在眉睫。

所以农村女青年则成为中坚力量,也将成为改善农村会计人员队伍建设的后备力量。

"随着国家惠农补贴资金力度的不断加大,村级两委班子中妇女干部的不断增加,提高妇女干部的会计管理水平已刻不容缓。"武涛说。

为进一步贯彻落实全国人大关于大力推进农村女青年会计职业教育的重要指示和《财政部对加大农村会计人才培养做出部署》的精神。2011 年,山西省先行先试成功举办山西省首期农村女青年会计试点培训班。次年,芮城县组织部、财政局、民政局、农廉办、农村经济管理局、妇女联合会共同下发了《关于开展农村女子会计学历教育的实施意见》的文件,举办了全省第一期 58 名农村女青年中专学历教育,大力推进农村女青年中专学历免费教育,满足农村女子深造、发展和丰富自我的需求,促进女性人才成长,为农村会计队伍培养后备力量,注入新活力。

武涛表示,举办农村女青年财会培训班,就是为妇女转移就业提供平等的就业服务,让女青年能有一技之长,无论是继续留守还是转到城市,都可以和男同志得到同等的就业机会,从而加快我省的城镇化发展步伐。而且大量的涉农资金能否及时到位、及时见效,党的涉农政策老百姓能否从中真正得到实惠,农村会计人员的作用至关重要,直接关系到党的惠农政策的执行力。

另外,为加强农村财会后备力量建设,充分发挥农村财务管理工作在新农村建设中的作用,浑源县、阳高县、侯马市财政局也分别开展了农村后备财会人员培训。这一重要举措对于逐步改善目前农村会计队伍年龄老化的现状,进一步推动村务公开、民主管理和农村党风廉政建设工作,促进农村的和谐稳定具有极其重要的现实意义和深远的历史意义。

继续推进长效机制建设

近几年,山西函校按照"财政部关于进一步加强财政基层培训工作的指导意见",秉承"把培训转化为成果"的工作理念,在依法行政和长效机制建立上下功夫,尤其在农村会计人员持证上岗制度上取得了突破性进展。

推行农村会计人员持证上岗、实施农村会计人员全面管理和监督的办法,可以有效保障农村会计管理工作有法可依、依法行政,进而稳固建立起农村会计人员长效培训机制。

据了解,目前山西省农村会计人员持证上岗率达60%,一定程度上杜绝了村干部随意更换会计现象的发生,得到了基层党员干部和群众的认可,收到了较好的效果,对农村财务的规范化管理和农村基层廉政建设的稳定起到了良好的作用,呈现了一派稳定、祥和的景象。

山西省近几年依法行政,开展了对财政支农政策强有力的阳光培训,坚持社会效益,充分体现了坚持面向基层、服务群众,加快推进重点文化惠民工程,加大对农村和欠发达地区文化建设的帮扶力度,继续推动公共文化服务设施向社会免费开放的精神。经过多年的实践,武涛感受到了山西省财政支农政策培训的变化,"培训呈现出了由专业化培训逐步走向民生化、社会化的特点"。首先是原来的农村会计人员培训、乡镇财政干部培训延伸至村干部培训、农村女青年培训、村民理财小组组长培训和农民专业合作社会计培训等,充分发挥出了公共财政、阳光财政的作用;其次是乡(镇)、村的财务管理越来越规范化、制度化,由原来的"包包账""断头账",实现了如今的 100% 的账册齐备;再次是乡镇财政干部和农村会计人员更专业、更规范地监督和落实了支农惠农资金的管理和使用;此外,因财务问题上访、告状由原来的 90% 大幅下降,有的县(区)甚至趋于零,全省基本实现了村财务公开制度,并建立了村财务查询制度。

这些改变都要归功于近几年山西省农村会计人才培养取得的成绩。

对于山西省农村会计人才培养下一步的计划,武涛表示,农村会计人员处在新农村建设的第一线,是党的强农、惠农、富农政策的实际执行者之一,肩负着农村社会和谐,服务人民群众的重要职责,是财政工作的重要基础。

山西省将继续推进长效机制建设,通过培训提高农村会计人员综合素质,打造一支农村会计人员队伍。规范农村财务管理既是新农村发展的需要,也是财政工作精细化、科学化的要求,更是推动农村党风廉政建设,社会稳定的需要。

(原载 2013 年 6 月 7 日《中国会计报》)

依法规范竞争性领域资金管理

武 涛

规范竞争性领域财政资金分配管理,依法约束财政自由裁量权是提升财政专项资金分配公平性、透明性,提高财政资金使用效益,防止出现权力寻租、利益输送等腐败问题的重要途径。

一是清理整合项目资金,打破部门间资金壁垒。严格规范竞争性领域专项资金项目的设立,建立健全专项资金定期评估和退出机制。对现有的专项资金进行全面梳理,取消政策导向不明确、"小、散、乱"、效益不高、作用不明显的项目资金;积极归并整合性质相同、用途相似的专项资金;所有专项资金都要有相应的管理办法和绩效考评制度。要抓紧建立涉农资金整合协调机制和财政科技资金协调机制,打破资金壁垒,强化资金统筹,逐步解决资金分配多头管理、条块分割、利益固化等问题。

二是完善分配方式,大力推行因素法分配资金。研究制定科学合理的竞争性领域资金分配因素指标体系,严格按因素法测算分配资金,压缩资金分配自由裁量空间。对安排给市、县使用的竞争性领域专项资金,尽可能按因素法切块下达到市、县,增强市、县项目决策权、管理权和资金分配自主权;省级着重于立规则、定规模,明确资金使用方向和绩效考核目标,减少对市、县事权的不适当干预。加强竞争性领域专项资金项目库建设,严格关联项目检索比对,强化对项目申报信息的真实性、准确性、合规性审查,对重点项目专项资金引入竞争性分配机制,确保资金找到对的项目、好的项目。

三是压减竞争性领域投入规模,创新投入方式。逐步压减对一般竞争性领域的直接补助,减少财政直接投入、"点对点"支持的行政性分配,引入市场化运作模式,将减下来的钱通过设立产业发展投资基金、注入风险补偿资金支持中小微企业融资模式创新、实施金融支持特色产业发展富民扶贫工程等方式,强化与金融资本的合作,全力推进PPP项目建设,撬动社会资本进入竞争性领域。

四是主动公开资金分配管理政策信息,提高资金分配透明度。积极推进竞争性领域专项资金按项目向社会公开,充分运用各类信息平台向社会公开资金分配政策、标准、过程、结果,对专业性较强的信息要加强解读,对资金分配依据的因素、项目评审抽取的专家、拟支持的企业和项目进行公示、接受监督,切实让资金分配在阳光下运行。

五是加强资金绩效管理,完善监督问责力度。加强绩效管理工作的组织领导,通过内部整合成立专门的绩效评价机构,配备专门力量加大绩效评价力度。每年对财政资金进行分类有序的绩效评价,逐步扩大绩效评价的范围和资金规模,将绩效管理范围覆盖各级预算单位和所有财政资金。切实强化绩效结果运用,将评价结果作为调整支出结构、完善财政政策和科学安排预算的重要依据。根据2014年竞争性领域省本级专项资金项目绩效评价结果,2015年预算中核减竞争性领域专项资金项目6个,压缩项目4个,核减资金8亿元。建立与财政业务流和资金流相互同步、协同推进的监督机制,将监督流程嵌入到资金分配的每个环节;建立项目申报"黑名单"制度,对提供虚假资料、虚报套取资金的企业列入项目申报"黑名单";在权力规范、流程优化的基础上,确定出资金分配管理的关键节点、关键岗位,加强廉政风险防控;建立资金分配全过程问责机制。

（原载 2014 年 12 月 27 日《中国财经报》）

依法管理财政事务
切实提高依法理财水平

李忠峰　郭　中

　　"新预算法是财政领域的基本法律制度,我省财政干部将认真学习、全面理解、准确掌握其精神、原则和各项具体规定,切实增强预算法治意识,务必坚持'法无授权不可为''法定职责必须为',依法管理财政事务,切实提高依法行政、依法理财水平。"山西省财政厅厅长武涛说。

　　具体说来,一是树立改革思维。要注重研究各领域改革与财税改革的关联性和匹配性,紧扣山西科技创新能力不足、民营经济发展不够、金融振兴动力不强等制约山西经济发展的薄弱环节,改革管理机制,完善财政政策措施。

　　二是树立底线思维。所谓底线,从经济层面讲,是正确看待经济增长速度,保持定力,只要经济在合理区间运行,就不采取短期政策强力刺激经济,而是着力稳定市场预期,充分发挥市场机制的调节作用;从民生层面讲,是树立正确的民生理念,立足于保基本、兜底线、促公平,多雪中送炭,少锦上添花。在政策扩围提标时,不做过多过高的承诺,帮穷不帮懒。

　　三是树立风险思维。现在影响财政经济健康运行的因素很多，做好财政工作既需要坚定信心、直面挑战，也需要居安思危、守住防线。特别是今后几年都是山西地方政府性债务偿债高峰，财政作为最后一道防线，必须把应对措施和方案考虑周全，做好应急预案和政策储备，形成应对风险的快速决策和反应机制。要发挥利用PPP（政府和社会资本合作）等新融资机制的优势，引入社会资本、腾挪存量债务，达到以市场机制"去风险化"的目的。

　　四是树立供求管理思维。面对新的经济常态，中央政府的宏观经济政策已经从需求管理转向供给调控，必须注重从供给端发力，统筹做好供求两方面的调节。一方面，要通过简政放权，破除行政性垄断和管制壁垒，减轻税费，降低融资成本，促进企业自由进入和退出；另一方面，要集中有限的资金用于稳增长、调结构、惠民生等重点领域和薄弱环节，加大对棚户区改造、节能环保、公共服务业、城市基础设施和促进消费等方面的投入，通过补足短板，让增长与民生兼得，以此来释放内需潜力，促进经济转型升级。

　　据武涛介绍，今年，山西省将落实省委"六权治本"要求，建立实施内部控制制度作为需要重点推进的大事，并加强对权力运行的制约和监督，形成"不能腐"的长效机制。

　　在依法确定权力方面，将新预算法的要求作为从事预算管理活动的行为准则，开展权力搜索，拉出权力清单，规范权力流程。从经办人开始，直到一把手，层层明确责任和权限，真正做到权责明晰、权责相当、用权受约束、责任可追溯。

　　在科学配置权力方面，按照分级授权、分岗设权、分事行权的原则，研究制定内部控制基本制度，建立起对各类风险进行事前防范、事中控制、事后监督纠正机制。

　　在制度约束权力方面，针对权力运行的关节点、薄弱点、风险点，建立健全各项规章制度。加强专项资金分配、政府采购等重点领域的制度建设,所有专项资金都要有相应的管理办法和绩效考评制度,每个政府采购环节都要有相应的规范约束。

在阳光行使权力方面,及时向社会公开资金分配政策、标准、过程和结果,对资金分配依据的因素、拟支持的企业和项目进行公示。加强预算信息公开力度,保障群众的知情权、参与权、表达权、监督权。

在合力监督权力方面,主动接受人大、政协、审计等部门对财政资金使用管理的监督;研究探索财政监督业务转型,全面提升财政内部监督的针对性和有效性。

在严惩滥用权力方面,完善党风廉政建设责任制检查考核办法,严格责任追究,严肃查处各种违法违规行为,确保财政干部廉洁和财政资金安全。

(原载 2015 年 3 月 28 日《中国财经报》)

发挥财政在适应和引领新常态中的作用

李忠峰 郭 中

山西省财政厅厅长武涛日前在接受记者采访时表示,2015 年,山西全省各级财政部门将继续全面深化财税改革,创新财税体制机制,为山西经济持续稳定健康发展提供制度保障。

武涛说,如何化解新常态下山西经济从高速增长转为中高速增长以后带来的一系列挑战和风险,应对山西以煤炭为主的能源原材料产业带来的影响,进而对财政收支带来的影响,是今年山西财政工作的重中之重。可以预见,今后一个时期,山西全省财政收入将会中速甚至低速增长,有些市、县可能出现停滞甚至是负增长。"因此,必须自觉遵循新常态下经济运行规律,科学分析新常态下财经领域的趋势性变化,做到思想观念、工作举措与经济发展同步转型,更加充分地发挥财政在适应和引领新常态中的作用。"

武涛认为,当前的主要任务包括:完善政府预算体系、启动中期财政规划管理等。要完善政府预算体系。统筹安排政府性基金预算、国有资本经营预算与一般公共预算,将地方教育附加、农田水利建设资金等 9 项政府性基金转列一般公共预算,将省级国有资本经营预算收入的 30% 调入一般公共预算,规范社会保险基金预算编制,加强全口径预算管理,将所有收支纳入政府预算管理范围之内。

启动中期财政规划管理。编制省级 2016 年—2018 年财政规划,在水利投运、义务教育、卫生、社保就业、环保等重点领域,对保障性住房、采煤沉陷区治理、山西科技创新城建设等重点项目,开展三年滚动预算试点。

全面推进预算公开。扩大公开范围,除涉密信息外,所有使用财政资金的部门均应公开本部门预决算和"三公"经费预决算。细化公开内容,政府预决算和部门预决算要公开到支出功能分类的项级科目,同时使用经济科目公开;专项转移支付按项目公开。

优化专项转移支付结构。整合目标接近、资金投入方向类同、资金管理方式相近的项目,压减市场机制能够有效调节的项目。严格控制新增项目,提高一般性转移支付规模和比例,加大对革命老区、贫困地区、困难地区转移支付力度,对具有地域管理信息优势的项目,主要采取因素法分配。认真清理现行配套政策,除应当由上下级政府共同承担的事项外,上级政府安排资金不应要求下级政府配套。

推进税制改革。将营改增范围扩大到建筑业、房地产业、金融业、生活服务业等领域。做好煤炭资源税从价计征改革后续工作,完善省、市、县三级共享格局,改革后的煤炭资源税收入由各级财政统筹用于采煤引起的跨区域地质灾害治理、生态环境恢复及相关民生支出等方面。做好其他税制改革基础研究工作,及时反映山西省的政策诉求、意见和建议。全面试编县级以上政府综合财务报告。各级财政要选择会计基础好的部门开展编报部门财务报告试点工作。

推进财政体制改革。结合营改增、消费税等税制改革,加强对事权和支出责任划分的研究,做好前期准备工作。加大对市、县转移支付力度,完善县级财力基本保障机制,切实加强基层政府提供基本公共服务的能力。

　　加大推进政府购买服务力度。进一步规范购买目录,完善管理制度,提高政府购买服务占公共服务项目资金比重。2015 年,省级政府购买服务要在去年 8 个领域 22 个项目的基础上扩大到 13 个领域 57 个项目,重点加大劳动就业、法律援助、检验检测检疫、会展、行业调查统计等方面的试点力度。

　　武涛还表示,2014 年,受经济持续下行压力影响,全省地区生产总值增长速度下跌至 4.9%,财政收入增幅为 7%,未达到预期 9% 的目标。如果剔除非税收入,特别是两权价款收入集中入库这一特殊增收措施,财政收入甚至出现多年罕见的负增长。

　　面对严峻考验,山西财政主动作为,砥砺前行,全面推开了各项财税体制改革。积极推进全口径预算管理,社会保险基金预算首次上报省人代会,四本预算集体亮相接受审议。深入推进预决算公开,除涉密部门外的 113 个省直部门向省人大报送部门预算,较上年新增 53 个;11 个市、119 个县(市、区)全部公开了本级政府预算。清理规范与财政收支挂钩以及按人均经费标准安排的支出事项,今后不再预设重点支出项目增长比例。完善转移支付制度,清理、规范、整合专项转移支付,属于市、县事权的项目划入一般性转移支付,省对市、县一般性转移支付力度进一步加大;规范省以下财政配套政策。属于省政府决定的民生支出事项,尽量不再要求市、县配套,努力做到“谁请客,谁掏钱”。试编权责发生制的政府综合财务报告,全省 11 个市本级和 27 个试点县的试编工作进展顺利。推进政府购买服务改革,出台了《山西省政府购买服务暂行办法》。

（原载 2015 年 4 月 21 日《中国财经报》）

"再困难也要把民生问题放在首位"

郭　中　韩馨仪

"尽管目前经济已走出低谷,但困难时期还没有完全渡过。财政部门有信心战胜困难,促进全省经济社会平稳较快发展。"在近日召开的全国财政工作会议上,山西省财政厅厅长郑建国开门见山地说。

解决民生问题始终是山西省财政近年来最大的工作着力点。郑建国说,近年来,山西财政在民生支出上一直保持了较大的增幅。2009年,在经济十分困难的情况下,山西省政府继续加大了对教育、就业、社会保障、医疗、住房等"五大惠民工程"的保障力度,努力实现"学有所教、老有所得、病有所医、老有所养、住有所居"的目标。

谈起过去的2009年,郑建国的感觉是"很不容易"。受国际金融危机影响,2009年成为20世纪以来山西财政运行最为困难的一年。财政收入连续多年的高增长态势未能延续,财政总收入连续8个月负增长,全省财政收支矛盾异常尖锐,财政预算执行受到严峻考验。

为此,山西财政及时采取了"三步走、两手硬"的一系列增收节支措施,即坚持争取中央支持、严格收入征管和清理企业欠税三步走,着力加大组织收入工作力度积极增加地方可用财力;坚持整合分散财力与调整支出结构两手硬,着力缓解财政收支矛盾,积极保障重点支出需要,到 12 月底,山西财政总收入和一般预算收入实现了由负转正,预算执行取得比预期要好的效果。

经济困难时期,就业问题尤为突出。郑建国告诉记者,山西省对高校毕业生、农民工、城镇失业人员、困难人员等不同群体实施相应的扶持政策。通过税收减免优惠鼓励商贸、服务类企业稳定和增加就业岗位,大幅提高职业介绍补贴、职业培训补贴等政策性补贴标准,支持对农民工等就业困难群体开展岗位培训、技能培训、就业培训和创业培训,帮助 4 万名城镇就业困难人员实现就业,培训农民 100 万人,转移农村富余劳动力 30 万人;对离校未就业高校毕业生参加就业见习实施财政补助,支持开发 1 万个公益性岗位帮助就业困难高校毕业生实现就业,足额落实了到村任职高校毕业生工资福利待遇等。

科教兴国是我国的长期发展战略,为此,在推动教育均衡发展方面,山西省财政全年用于义务教育方面的资金达 31.5 亿元,大力支持了农村义务教育学校实施"特岗教师计划",解决进城务工人员随迁子女接受城市义务教育问题;516 万名城乡中小学生享受到免费义务教育。下达资金 7.1 亿元,认真落实了各项大中专院校贫困学生奖励资助政策,130 余万名家庭经济困难学生从中受益。

记者在采访中了解到,山西省连续 5 年调整提高企业退休人员基本养老金待遇,月人均养老金标准提高到 1260 元;支持全省 22 个县开展新型农村社会养老保险试点,惠及农村人口 370 多万人;拨付资金 32.49 亿元,认真落实城乡低保、优抚对象补助和农村五保供养等补助政策,200 多万城市低保、农村低保和优抚安置人员从中受益,14 万农村"五保"对象实现应保尽保。

医疗卫生方面的成绩也令郑建国欣慰,他说,山西省城镇居民基本医疗保险制度提前 1 年实现全省覆盖,省财政支持解决了全省 17.3 万名关闭破产国有企业退休人员、国有困难企业在岗职工和退休人员的基本医疗问题,对全省 3 万多名贫困残疾人康复救助给予财政补贴。

在加快推进保障性住房建设方面,山西省财政下达廉租房建设及租赁补贴、农村困难群众危房改造配套资金共计 7.64 亿元,着力推进保障性安居工程建设,支持开工建设廉租住房、经济适用房、棚户区改造、农村困难群众危房改造 35.3 万套,2092 万平方米,40 万户农村困难群众、棚户区居民、城市低收入群体住房问题得到解决。

与此同时,山西省财政还积极支持农村公共事业发展。郑建国说,"五个全覆盖"工程有序推进,支持建成村村通公路 1.5 万公里,完成全省中小学校舍改造 400 万平方米,全省县、乡卫生机构达标率达到 80%,支持解决了 200 万农村人口饮水安全问题,农民群众听广播难、看电视难的问题得到进一步缓解。

"越是困难的时候,越要高度关注民生,尽力办好群众急切盼望的大事实事,让广大群众共享改革发展成果。越是困难的时候,越要紧紧依靠广大群众,形成共克时艰的强大合力。"郑建国说,"重民生才能得民心。有了群众的信任,我们一定能够化挑战为机遇,把国际金融危机的不利影响降到最低程度,一定能够推动全省转型发展、安全发展、和谐发展。"

（原载 2010 年 1 月 12 日《中国财经报》）

山西的低碳经济账本

郭 中

"2009 年是新世纪以来我省财政经济运行最为困难的一年,也是财政部门面对困难经受住考验、应对挑战创造性工作的一年。"山西省财政厅主要领导不无感慨地说。

一年来,在山西省委、省政府的正确领导下,山西省财政厅党组带领全省各级财政部门认真落实积极的财政政策,多措并举抓收入、强化调控保增长、加大投入惠民生、严格管理强基础,全力确保中央和山西省"保增长、保民生、保稳定"一系列重大决策部署的有效落实。同时,为了推动山西省经济可持续发展,山西财政积极探索推动低碳经济发展有效措施,取得了明显成效,有力地促进了山西转型发展、安全发展、和谐发展。

四两拨千斤 财政资金引导带动发展低碳经济

作为我国能源资源大省,煤炭、焦炭、冶金、电力四大产业一直主导着山西的经济发展,占到了全省工业产值的 80% 以上。山西的经济发展主要依靠重工业、能源工业等传统产业。煤炭一次能源的消耗占全省能源消耗总量的近95%,在占全国1/70的国土上生产着1/16的火电,烟尘排量全国第一。这就形成了山西经济能耗强度高、碳排放量高、污染严重和抵御风险能力弱的现状。

近年来,山西省委、省政府从战略高度推动山西经济全面转型发展,从走出四条路子、实现"转型发展、安全发展、和谐发展",先后制定出台了一系列调结构、促转型的政策和措施,着力解决山西产业结构单一化、重型化、初级化等问题和高耗能、高污染、不可持续以及经济效益不高、竞争力不强等难题,取得了明显成效。

作为调控经济的重要手段,山西财政积极配合省委、省政府出台的一系列政策措施,在推动低碳经济发展方面开展了有益的探索,做出了积极努力。先后设立产业发展专项资金、节能减排和淘汰落后产能专项资金、自主创新专项资金、新能源与节能环保产业发展专项资金等多个专项资金,通过以奖代补、拨款补助、财政贴息、财政担保等方式,支持运用高新技术和先进适用技术改造提升煤、焦、冶、电等传统产业,推动煤化工等依托资源优势的新兴产业发展壮大,鼓励以文化旅游业和现代物流业为主的各类服务业加快发展,支持实施节能减排重点工程建设和生态环境综合治理,切实发挥了财政资金"四两拨千斤"的引导带动作用;研究建立了省对县级生态转移支付制度,对壶关、右玉等6个生态建设较好、努力程度较高的县(市、区)多年来实施生态建设保护给予转移支付补助,丰富和完善了省对县级财政转移支付体系,调动了县级政府加强生态建设,改善和保护生态环境的积极性。

"低碳经济是一次新的产业革命。在发展低碳经济初期,资金投入比较大,困难比较多,但是我们坚信发展低碳将为山西经济的持续发展找到一条新出路,山西财政将持之以恒地为发展低碳经济提供政策支持和资金保障。"山西省财政厅主要领导表示。

党中央、国务院对发展低碳经济高度重视。在去年中央经济工作会议上，将发展低碳经济作为调整优化产业结构、转变经济发展方式的重要内容进行了强调和部署；在刚刚召开的十一届全国人大三次会议上，温总理在《政府工作报告》中也明确提出："要努力建设以低碳排放为特征的产业体系和消费模式"，这些都表明了中央决心下大力气加快发展低碳经济的政策取向。

为积极贯彻中央精神，山西财政在推动低碳经济发展上迈开步子，效果也初步显现。在刚刚过去的 2009 年，省级财政积极发挥财政资金的引导作用，共筹措资金 50 多亿元，用于支持实施节能减排和淘汰落后产能重点工程，积极推进蓝天碧水工程和造林绿化工程，支持汾河流域、太原西山地区和大同、阳泉等城市的生态环境治理修复，采取"以奖促治""以奖代补"等方式支持农村生态环境治理，对山西省主要河流实行跨界断面水质考核生态补偿。同时，山西财政部门通过不断加大与国际金融组织和外国政府的合作力度，积极争取其在旅游、节能减排、清洁发展机制方面的贷、赠款，充分利用外来资金和技术优势。

通过采取一系列的政策措施，山西省节能减排事业发展不断深入，生态环境得到明显改善。截止到 2009 年 12 月末，山西省 11 个重点城市空气质量二级以上天数平均达到 337 天，同比增加 9 天，10 个重点城市和 70 个县（市）空气质量达到国家二级标准；二氧化硫排放量较上年下降 3.6%，提前一年完成了"十一五"减排目标，化学需氧量排放量较上年下降 2.7%；"十一五"前三年万元 GDP 能耗累计下降 13.32%，完成"十一五"节能总目标（22%）的 57.5%，能耗累计降幅位居全国第五，尧舜故都的山西，迎来了久违的碧水蓝天！

五方面举措，财政扶持加速低碳行业全面提升

当前，加快发展低碳经济已成为我国经济战略总体布局中的关键环节。将发展低碳经济和绿色经济作为战略取向，从全局高度及早加以谋划、加以推进，培育低碳产业，推广低碳生产，倡导低碳消费已经成为山西省 2010 年全省经济工作的重点之一。

山西省财政厅主要领导表示，"为更好地贯彻落实国家和我省关于加快低碳经济发展的一系列决策部署，山西财政将在今年的工作中进一步发挥财政职能作用，着力加大对低碳经济发展的资金支持和政策引导工作力度，重点做好加大低碳产业扶持力度、大力支持清洁能源推广使用、促进提升自主创新水平、继续支持节能减排事业发展以及推进实施生态兴省战略五个方面的工作。"厅领导告诉记者，面对不可逆转的世界低碳经济发展趋势，山西要想加快实现由高碳经济向低碳经济转型，面临的压力大、任务重、困难多。今年，山西财政将进一步强化财政宏观调控职能，不断建立健全财政扶持低碳经济发展的政策措施，大力支持山西省低碳能源与低碳技术的发展，切实推动山西加快构建新型经济体系和产业结构，实现社会经济发展由高度依赖能源消费向低能耗、可持续发展方式转变。具体来讲，就是要通过统筹预算内外资金、健全配套财税政策、创新财政扶持手段等多种措施，从生产、流通、消费各个环节加以引导，从科技研发、示范推广、产业化全过程加以推动，从资金投入、财税政策、机制创新等各个方面加以支持，推动煤层气、天然气、焦炉煤气、煤制气"四气"产业一体化、集约化发展，加快建设以低碳为特征的能源、工业、建筑、交通体系，推动经济发展从资源依赖型向创新驱动型转变。

"低碳经济事关经济长远发展，事关百姓生活福祉。支持低碳经

济发展,财政部门使命光荣、责无旁贷。下一步,山西财政将继续贯彻落实科学发展观要求,进一步创新思路、完善措施、加大力度,切实以更加有力的政策资金支持,推动我省低碳经济发展,努力使三晋大地天更蓝、地更绿、水更清、空气更清新,全省人民生活环境更加美好、和谐!"言语间,受访者充满深情。

(原载 2010 年 3 月 12 日《中国会计报》)

高碳大省的"低碳发展"步伐

郭　中

温家宝总理在《政府工作报告》中明确提出,"要努力建设以低碳排放为特征的产业体系和消费模式",把加快发展低碳经济作为调整产业结构、转变生产方式的主要政策措施。

对此,来自能源大省也是高碳大省的山西省财政厅主要领导感受格外真切而深刻。

作为煤炭大省和全国重要的能源基地,山西经济具有典型的高碳特征,化石能源煤炭以及与此密切关联的焦炭、冶金、电力等主导产业,多数是高耗能高排碳产业;火电是排放二氧化碳的最大行业,山西省在占全国1/70的国土上生产着1/16的火电,烟尘排量全国最多。

针对山西特殊的产业结构和环境状况,山西省委、省政府提出"转型发展、安全发展、和谐发展"的战略目标,并先后制定出台了一系列调结构、促转型的政策措施,着力解决山西产业结构单一化、重型化、初级化问题和高耗能、高污染、不可持续问题以及经济效益不高、竞争力不强的问题。

经过艰苦努力,截至2009年12月末,山西提前1年完成了"十一五"减排目标,完成"十一五"节能总目标(22%)的57.5%,能耗累计降幅位居全国第五,山西低碳经济发展迈出了坚实有力的步伐。

厅领导介绍说,近几年来,山西财政在推动低碳经济发展方面开展了有益的探索,先后设立产业发展专项资金、节能减排和淘汰落后产能专项资金、自主创新专项资金、新能源与节能环保产业发展专项资金等多个专项资金,通过以奖代补、拨款补助、财政贴息、财政担保等方式,支持运用高新技术和先进适用技术改造提升煤、焦、冶、电等传统产业,推动煤化工等依托资源优势的新兴产业发展壮大,鼓励以文化旅游业和现代物流业为主的各类服务业加快发展,支持实施节能减排重点工程建设和生态环境综合治理,切实发挥了财政资金"四两拨千斤"的引导带动作用。

研究建立了省对县级生态转移支付制度,多年来,对壶关、右玉等6个生态建设较好、努力程度较高的县(市、区)实施生态建设保护给予转移支付补助;通过争取国际金融组织与外国政府在旅游、节能减排、清洁发展机制方面的贷赠款,充分利用其资金及技术优势推动山西省旅游事业发展和加强环保治理。2009年,山西省财政就筹措资金50多亿元,支持山西实施节能减排和淘汰落后产能重点工程,推进蓝天碧水工程和造林绿化工程等建设。

今年,山西财政还将进一步发挥财政职能作用,着力加大对低碳经济发展的资金支持和政策引导工作力度,重点做好五方面工作。

一是加大对低碳产业的扶持力度。通过统筹预算内外资金、健全配套财税政策、创新财政扶持手段等多种措施,从生产、流通、消费各个环节加以引导,从科技研发、示范推广、产业化全过程加以推动,从资金投入、财税政策、机制创新等各个方面加以支持,推动经济发展从资源依赖型向创新驱动型转变。

二是大力支持清洁能源推广使用。加大与外国政府和国际金融组织合作力度,做好贷款项目申报工作,积极争取国际金融组织和外国政府在农村沼气等清洁能源利用方面的贷赠款;大力推进"太阳能屋顶工程""金太阳示范工程",对"四气"普及使用及高效节能照明产品推广给予财政补贴,切实引导大众消费观念向低碳消费转变。

三是促进提升自主创新水平。充分发挥省创业风险投资引导基金和自主创新专项资金的扶持带动作用,支持重大科技项目和技术创新工程,支持科技成果转化;对企业技术改造项目、技术创新活动尤其是企业在发展循环经济、绿色经济、低碳经济方面的技术创新活动予以财政资金补贴和税收政策优惠,提升企业集约高效发展的积极性。

四是继续支持节能减排事业发展。加大节能减排和淘汰落后产能投入力度,支持开展国家和省重点节能工作,加快循环经济重点项目建设,对淘汰落后产能企业转产发展给予财政扶持;支持配合有关部门通过工程手段、技术措施、法制约束等途径增强节能减排实效;发挥政府采购导向功能,鼓励和推动节能环保产品的生产经营。

五是推进实施生态兴省战略。继续推进实施蓝天碧水工程、造林绿化工程、生态环境治理修复"2+10"工程和"十一五"环保规划;积极完善生态转移支付制度,切实强化财政转移支付政策对生态环境建设的导向性作用。

(原载 2010 年 3 月 13 日《中国财经报》)

财政惠民力度大　措施多

郭　中

　　"2009 年,山西全省财政一般预算支出增量的 8 成用到了民生领域,今年的财政惠民力度更大,措施更多。"山西省财政厅相关领导告诉记者。

　　去年,山西财政收入出现了近年罕见的低增幅,但全省各级财政部门大力调整优化支出结构,严格压缩一般性支出,切实加大资金整合力度,重点支出得到全力保障:全省农林水事务、教育、社会保障和就业、医疗卫生、环境保护、公共安全等民生领域支出达到 1013 亿元,增长 20% ;"十件实事""五个全覆盖"及"省城十大重点工程"等重点工作保障资金全部落实到位,财政资金投入达 150 亿元。与此同时,省财政着力加大对市、县转移支付力度,对收入降幅大、收支矛盾突出的财政困难县增加一次性转移支付补助资金 9 亿元,全年累计下达省对市、县转移支付资金 263.1 亿元,增长 21.3% ,增强了基层财政对民生事业的保障能力。

　　2009 年,各级财政部门认真落实各项涉农补贴政策,出台了多项地方性惠农补贴政策。积极推进教育均衡发展,农村中小学公用经费保障标准高于全国平均水平,顺利启动全省义务教育学校绩效工资改革,525 万名城乡中小学生享受到免费义务教育,130 余万名大中专院校家庭经济困难学生受到资助。认真落实积极的就业政策,支持城镇新增就业 42 万人。积极完善基层医疗卫生服务体系,城镇居民基本医疗保险提前 1 年实现全覆盖,新农合补助水平稳步提高。进一步加大社会保障力度,连续 5 年调整提高企业退休人员基本养老金待遇,新型农村社会养老保险试点有序推进。支持开工建设廉租住房、经济适用房、棚户区改造、农村困难群众危房改造 35.9 万套,大批群众住房困难得到解决。

"2010 年,山西省民生事业发展任务十分繁重,作为民生事业发展的资金保障部门,财政部门责任更大、任务更重。"厅领导表示,今年全省财政工作思路中明确提出要"保障民生促和谐",并在今年的预算安排中,千方百计克服财力缺口大的困难,仅省级财政就压缩 2009 年支出基数 6 亿元,调整支出结构、整合存量资金 12.4 亿元,保证了"六个确保"(保"吃饭"、保运转、保民生、保稳定、保改革、保发展)所需资金安排到位,做到了收支平衡。

厅领导还向记者介绍了 2010 年山西省财政保障和改善民生的几项工作重点。

一是认真落实强化惠农政策。财政支出要优先支持农业农村发展,预算内固定资产投资要优先投向农业基础设施和农村民生工程,土地出让收益要优先用于农业土地开发和农村基础设施建设,确保财政对农业的投入增长幅度高于财政经常性收入增长幅度。今年省财政安排"三农"资金 136 亿元,同口径增长 8%。"根据山西省情况,我们还将再研究实施一批支持'三农'发展的政策措施。"郑建国说。

二是努力稳定和扩大就业。在扎实落实就业扶持政策延续 1 年,支持加强职业技能培训和公共就业服务,大力开发公益性就业岗位,加大对就业困难群体就业援助力度等措施的同时,山西还将大力发展就业容量大的劳动密集型产业、服务业和民营经济,建立健全公共投资带动就业增长的机制,增加就业岗位。

三是推动教育优先发展。包括继续落实农村义务教育经费保障机制改革和城市义务教育阶段学生免学杂费政策,重点保障家庭经济困难学生、进城务工人员子女、农村留守儿童和残疾儿童能够上得了学、上得起学;完成中小学校舍安全改造加固任务;支持农村教师培养培训,推进教育信息化和优质教育资源共享,促进城乡、区域义务教育均衡发展等等。

四是促进医疗卫生事业发展。全面落实医药卫生体制改革方案。支持完善基层医疗卫生服务体系。新型农村合作医疗和城镇居民基本医疗保险财政补助标准由每人每年80元提高到120元,其中,中央提高20元,省和市、县各提高10元。

五是大力完善社会保障制度。继续上调企业退休人员基本养老金,搞好新型农村社会养老保险试点,支持解决未参保集体企业退休人员基本养老保障等遗留问题,稳妥推进事业单位养老保险制度改革。进一步完善城乡低保制度,建立与物价变动相适应的城乡低保标准动态调整机制,适时调整优抚对象抚恤和生活补助标准。

此外,还要大力支持实施保障性安居工程,加快发展公益性文体事业,积极支持推进其他领域改革。

（原载 2010 年 3 月 16 日《中国财经报》）

抓住关键环节促进财政科学化精细化管理

郭 中

山西财政在全面推进科学化精细化管理过程中,抓住关键环节,着力在完善制度、创新机制、"双基"管理等方面求突破,取得积极成效。

以完善法规为重点,着力在制度建设上求突破。近两年来,我省颁布实施了《山西省农业综合开发条例》《山西省耕地占用税实施办法》,完成了《山西省煤炭基金稽查管理办法》立法程序,有序推进《山西省会计条例》(修订)的立法工作。积极配合省人大、省政府法制办做好法规、规章的论证、协调和草案修改及规范性文件的前置审查工作。2010 年,共审核法规规章草案 44 件,完成规范性文件前置审查 9件。山西财政厅制定了财政监督检查公示制度,进一步明确了财政监督工作程序、工作纪律和责任追究;与有关部门联合制定了工业经济稳定运行调节资金管理办法,着力解决制约我省工业经济健康运行的突出问题;出台了政法经费绩效考评管理暂行办法,加强对政法经费的考核和管理,努力提高资金使用效益。

以提高绩效为重点,着力在机制创新上求突破。加强预算编制管理,细化预算编制内容,强化财政预算约束,要求有预算分配权的主管部门和其他有关部门要严格按照时限下达预算;对于涉及民生方面的支出和配套中央的资金,继续采取提前下达或预拨、年终清算的办法及时拨付。建立完善的预算支出执行责任制度,把上一年预算执行情况作为编制下一年预算的重要参考,督促部门按要求执行预算。全省11个市财税库银税收收入电子缴库系统全部上线,并覆盖到全省146个国税分局、113个地税分局、105176个纳税户。

严格财政监督检查,逐步建立了覆盖所有政府性资金和财政运行全过程的监督机制。严格煤炭可持续发展基金征收管理,2010年1月~10月,查出欠缴漏缴煤炭可持续发展基金15.88亿元,为确保煤炭可持续发展试点政策的顺利推进提供了有力支撑。

以加强管理为重点,着力在"双基"管理上求突破。在基础数据管理方面,我厅建立了包括单位基本信息、行政事业单位人员编制和实有人员结构信息、学校学生结构和规模信息、资产信息在内的省直行政事业单位基础信息数据库,实现了信息动态管理。根据国家、省支出政策以及物价变化等情况,对省级部门预算定员定额标准体系进行了适当完善,从2010年起试行将一级主管部门的财务管理费和列入省人大立法计划的立法专项经费进行标准定额化管理,项目支出标准体系不断完善。将所有财政性资金安排的项目一律纳入项目库管理,加强项目的申报、排序和审核管理,建立健全重大项目支出事前评审机制,项目支出在清理的基础上实现延续项目的滚动管理。在全省财政企业效益月报中增加了山西省四大支柱产业、省直重点监管国有企业和五大重点煤炭企业集团的主要经济数据指标,设计用资产负债率、销售利润率和企业创税率三个财务比率对纳入财政监管企业的整体经营情况进行更加全面详细的分析,提高了月报的科学性、资政性和实用性。加强行政事业单位财务管理,将医院、大中专院校、职业教育机构、学会、研究会、协会、基金会等非营利性组织财务会计报告纳入注册会计师审计范围,支持会计师事务所拓展企事业单位内部控制等多元化专业服务,扩大会计事务所社会服务面。

在加强乡镇财政建设方面,我厅制定了《关于充分发挥乡镇财政职能作用切实加强乡镇预算管理和资金监管工作的实施意见》。2010年,山西财政厅选择20个乡镇财政所作为省厅乡镇财政工作直接联系点,及时分析、研究乡镇财政管理工作中遇到的困难和问题,提出解决办法。积极推进乡镇财政预算管理精细化,要求乡镇财政将税收收入、非税收入、上年结余资金等所有收入全部纳入预算管理,实行综合预算。加强乡镇财政监管职能,充分利用乡镇财政贴近农村的优势,要求乡镇财政积极参与专项资金的监督管理,管好用好涉农资金,严格规范财务收支行为。稳步推进"乡财县管乡用"改革,在保持乡镇预算管理权、财政资金所有权、使用权和财务审批权不变的前提下,以乡镇为独立核算主体,由县级财政部门负责管理乡镇财政资金并监督使用,强化乡镇预算约束力,规范乡镇支出行为,积极遏制乡镇债务的增加。

(原载 2010 年 12 月 28 日《中国财经报》)

在山西先行试点煤炭资源税改革

郭　中

　　2010 年 12 月,国家批准山西为资源型经济转型综合配套改革试验区,给予体制机制上的"先行先试"。为此,全国人大代表、山西省财政厅厅长郑建国建议中央批准今年在山西先行试点煤炭资源税改革政策,加快推动该省国家资源型经济转型综合配套改革试验区建设。

　　郑建国表示,山西作为以煤炭等资源开采为主的能源和原材料供应基地,为全国经济社会的可持续发展做出了突出贡献。但长期高强度的资源开发,导致山西支柱产业单一粗放,生态环境破坏严重,资源利用程度偏低,安全生产事故频发,资源枯竭问题逐渐暴露,资源型经济转型发展的深层次矛盾和问题日益突出,严重制约着山西经济社会的可持续发展。国家批准山西为资源型经济转型综合配套改革试验区,对加快山西经济转型发展、缩小区域发展差距、增强国家能源安全保障以及构建和谐社会都具有重要的全局和战略意义,同时也可为全国资源型经济地区转型发展起到示范作用,从而推动其他资源型区域转型发展。

　　据了解,从 2010 年 6 月 1 日起,国家在新疆先行试点实施石油、天然气资源税改革,由"从量定额"改为"从价定率"征收。从 2010 年

12月1日起,试点范围又扩大到西部大开发地区。去年8月份,山西省人民政府向国务院呈报了《关于先行试点煤炭资源税从价计征政策的请示》,建议今年在山西省先行试点煤炭资源税改革,实行从价定率征收。一是有利于抑制对煤炭资源的过度开采,有效保护国家战略资源;二是有利于完善资源产品价格形成机制;三是有利于建立地方财政收入稳定增长机制,增加资源地财政收入,为资源型经济转型发展和生态恢复治理提供可靠的财力支持;四是山西省煤炭企业、煤炭产品类型全面多样,在全国具有普遍代表性,煤炭资源税改革在该省先行试点,可为全国煤炭资源税改革积累一定的经验,有利于在全国顺利推开。

按照国家资源税改革方案,煤炭资源税由从量定额计征改为从价定率计征,税率为2%至5%。郑建国表示,考虑山西省资源型经济转型历史遗留问题较多,包袱沉重,改革成本高、难度大,需要巨额的财力支持,建议该省煤炭资源税按5%从价定率计征。

(原载2011年3月9日《中国财经报》)

为再造一个新山西做贡献

赵　慧　郭　中

走出跨越发展的新路子,再造一个新山西,财政部门应如何作为? 2012 年两会期间,全国人大代表、山西省财政厅厅长郑建国接受本报记者采访时,介绍了山西省财政为实现转型发展,支持开展国家资源型经济转型综合配套改革试验区试点的情况。

2010 年 12 月,中央批准山西省为国家资源型经济转型综合配套改革试验区。围绕转型发展、再造一个新山西这一大局,2011 年,山西省各级财政部门努力拼搏,锐意创新,全年财政预算总收入 2000 亿元,完成 2261 亿元,一般预算收入 1000 亿元,完成 1213 亿元;全省一般预算支出执行 2369 亿元,增长 23%,为转型发展提供了较好的财力基础。

同时,山西财政更加重视从体制机制上支持转型发展。2011 年,省财政厅研究提出了综改区财税体制改革机制创新实施意见,制定并实施了具体行动方案。向财政部提出了有利于山西省资源综合利用的税收政策建议 29 条,最终在国家税收政策中得到充分体现。完善了财政奖补办法,支持建立健全淘汰落后产能、合同能源管理、排污权交易试点等生态环境产权制度。

　　2011年,省财政还综合应用增资扩股、专项扶持、费用补贴、上市奖励等政策措施,推动地方金融企业发展壮大,支持构建与转型综改相适应的资本市场。省财政拨付国有企业改革资金24亿元,推动了国有企业兼并重组、改制搞活、关闭破产和分离办社会职能。

　　科学确定煤炭可持续发展基金征收标准,扎实开展监督稽查,全年筹集煤炭可持续发展基金185亿元,矿山环境治理恢复保证金50亿元和煤矿转产发展资金26亿元;设立新材料和节能环保两项创业投资基金,总规模达5亿元;新增省本级产业发展资金5亿元,总规模达到8.5亿元,一大批传统产业转型升级、新兴产业发展壮大项目得到扶持。

　　尽管转型综改试验区建设取得了一定成就,但郑建国表示,由于历史原因形成的资源型经济积累的难题多、负重大,转型综改试验区建设的进度与国家赋予山西的使命和期望还有很大差距,山西转型发展的任务还相当艰巨,面临的困难和问题还很多。为此,郑建国在今年两会上提出建议,希望国家给予山西更大力度的支持和帮助。

　　他建议,在山西实施煤炭资源税改革,并比照西部大开发政策给予山西省税收优惠政策。山西作为全国煤炭工业基地,煤炭企业、煤炭产品类型全面多样,在全国具有普遍代表性,可以在山西先行试点煤炭资源税从价定率计征改革,为煤炭资源税改革积累一定的经验,有利于在全国顺利推开。同时,建议比照西部大开发税收优惠政策,对设在山西省范围、符合《西部地区鼓励类产业目录》的鼓励类产业企业减按15%的税率征收企业所得税,以促进山西省的资源型经济结构调整。

　　同时,将山西省生态保育和水源涵养区列入国家重点生态功能区,对山西水源保护和生态恢复给予支持。长期以来,山西在为国家输出大量煤炭、电力等基础能源产品的同时,付出了沉重的生态环境代价。另外,由于煤炭资源成本"外部化",资源开采引发的一系列生态修复、环境治理、社会保障等费用支出均未列入煤炭产品成本构成,使得山西省这一资源性产品输出地的企业和政府没有在价格上得到补偿,形成了巨额的历史欠账。虽然 2007 年开始征收煤炭可持续发展基金,但与多年的历史欠账相比,差距很大。

郑建国表示,为进一步维护生态安全,建议中央对山西省水源保护和生态恢复给予支持,将山西省京津风沙源治理区、五台山水源涵养区、太行山南部生态保育区等 6 个生态功能区涉及的 26 个县纳入国家重点生态功能区范围,进一步加大对山西省水源保护和生态恢复的支持力度,扩大生态环境转移支付补助范围。

此外,郑建国还建议,考虑到资源型城市转型问题突出等实际情况,将大同、阳泉、晋城、临汾 4 个地级市和介休、原平、古交 3 个县级市列入国家资源枯竭城市或参照享受政策的范围,给予相应的政策资金扶持,从而加快推进山西的转型综改试验区建设。

（原载 2012 年 3 月 8 日《中国财经报》）

为转型发展提供财政保障

解希民　郭　中

　　作为煤炭大省,十年来,山西在经历了经济快速发展后,驶入转型发展之路,经济社会发展成就斐然。与此同时,财政改革与发展也取得了有目共睹的成绩:财政实力不断壮大,财政宏观调控能力不断增强,公共财政覆盖面不断拓宽,财政强农惠农力度不断加大,财政事业发展的基础不断牢固,财政自身建设不断强化……

　　过去的十年是山西加快发展的十年,也是充满艰辛,充满挑战的十年,有顺境坦途,也有险滩暗流,更有迎难而上、果断出击的决心、勇气和智慧。十年中,山西经历了经济的高速发展,也面对着产业结构不合理带来的猛烈冲击。面对一个个难关险隘,面对一个个重大挑战,山西省委、省政府以科学发展观为统领,坚定不移地走转型发展之路,保增长、调结构、惠民生,全省经济社会向又好又快发展迈进了一大步。

　　有数据显示,十年来,山西财政实力不断壮大,收支规模实现跨越式增长。仅"十一五"时期,全省财政总收入累计完成7116.17亿元,年均增长19%,一般预算收入累计完成3704.76亿元,年均增长21.4%,分别是"十五"时期的3.24倍和3.39倍;全省一般预算支出累计执行6770.6亿元,年均增长23.6%,是"十五"时期的3.04倍。

可以用"六个实践之路"来概括"十一五"时期山西财政改革发展成就:这五年,是山西财政收支规模跨越千亿元大关、财政实力显著增强的五年,全省财政部门以依法聚财、科学理财的实际行动,走出了一条不断壮大地方财政实力的实践之路;这五年,是山西财政宏观调控能力不断增强、经验日趋丰富的五年,全省财政部门以有保有压、科学调控的实际行动,走出了一条财政促进经济又好又快发展的实践之路;这五年,是山西财政惠民投入更加有力、惠民范围更加广泛、惠民机制更加完善的五年,全省财政部门以保障民生、富民利民的实际行动,走出了一条财政支持构建"和谐山西"的实践之路;这五年,是山西财政支农政策机制不断完善、投入力度不断加大、覆盖面不断拓宽的五年,全省财政部门以服务"三农"、发展"三农"的实际行动,走出了一条财政支持城乡统筹发展的实践之路;这五年,是山西财政改革不断引向深入、财政管理更加科学精细的五年,全省财政部门以大胆探索、勇于创新的实际行动,走出了一条健全完善公共财政体系的实践之路;这五年,是财政干部队伍和财政机关建设全面推进、成效显著的五年,全省财政部门以立足财政、狠练内功的实际行动走出了一条打造高素质财政干部队伍、建设和谐型财政部门的实践之路。

从山西看,转型发展成为全省"十二五"发展战略目标,对此,山西各级财政部门将着重把握"四个方面",即:以全新的理财观念促进转型发展,以科学的体制机制保障转型发展,以过硬的业务本领推动转型发展,以扎实的工作作风服务转型发展,为山西转型发展提供坚强有力的财政支撑。

今年以来,面对错综复杂的外部经济环境,山西各级财政部门突出转型总目标,继续实施积极的财政政策,加强财政调控稳增长促转型,优化支出结构保重点保民生,推进科学理财提效能增效益,取得了新的成绩。全省财政运行呈现出"收入总体保持较快增长、支出进度加快保障有力、工作应对及时措施务实"的良好局面。1月~8月,全省财政总收入完成 1919.51 亿元,同比增长 16.37%,增收 270.08 亿元。其中,一般预算收入完成 1091.67 亿元,同比增长 21.27%,增收 191.46 亿元。全省一般预算收入增幅高于全国平均增幅 7.19 个百分点。全省一般预算支出 1502.43 亿元,同比增长 29.47%。支出进度比上年同期加快 0.96 个百分点,全省财政支出的时效性和均衡性有所提高。

纵观今年的工作,促转型仍成为山西财政工作的重点——

为推进产业结构优化升级,山西财政拨付煤炭可持续发展基金 15.9 亿元,支持发展资源地区转型和接替产业项目 460 个;筹集省级产业发展专项资金 8.5 亿元,支持先进装备制造、现代煤化工、新材料、新能源、物联网和特色食品等新兴产业发展;拨付旅游、文化、会展资金 9616 万元,支持组建文化旅游产业投资集团和开展旅游宣传;拨付资金 9.8 亿元,支持国有重点煤炭企业分离办社会职能,支持 13 户国有企业实施关闭破产计划。

为推进科技创新能力提高,新设立 3 支创业投资基金,加上去年设立的 2 支,5 支基金规模达 12.5 亿元。下达资金 5519 万元,支持科技基础平台建设项目 62 个;下达资金 2.51 亿元,资助基础研究计划项目 82 个、重大科技专项计划项目 56 个、科学技术发展计划项目 146 个,等等;下达资金 1.45 亿元,支持 2 个国家重点实验室、12 个省属科研院所中试基地、18 个省属科研院所实验室、38 个重点学科加快建设。

为推进节能减排和生态建设,组织申报国家节能项目、淘汰落后产能项目及关闭小企业项目 140 个,争取中央资金 3.7 亿元;对省内淘汰落后产能项目给予资金补偿 1.17 亿元。争取中央补助资金 1.48

亿元,支持既有居住建筑供热计量和节能改造753万平方米。下达节能专项补助资金1.63亿元,支持节能项目59项,资源综合利用节能项目13项,项目总投资15.04亿元。下达资金3.5亿元,支持农村环境综合整治。下达资金2亿元,用于潞安采煤塌陷区治理示范工程建设和大同塔山特厚煤层资源综合利用示范基地建设。争取中央基建投资预算资金4.7亿元,支持城镇供水设施建设项目23个,节能重点循环经济、资源节约重大示范项目及重点污染治理工程24个。下达专项资金2.7亿元,对56个城镇污水处理设施配套管网建设项目实施了"以奖代补"。下达资金1.08亿元,支持实施了重金属污染防治、主要污染物减排和36个省级环保项目建设。下达建设资金3.4亿元,用于"三河三湖"水污染防治、汾河水库湖泊生态环境保护、跨界断面水质考核生态补偿奖励及水土保持。拨付资金8.4亿元,支持推进林业生态示范项目建设和造林绿化工程及天然林保护工程。下达国家生态功能区转移支付资金5.9亿元,推动县级加强生态环境保护。

为推进城乡统筹发展,山西财政对财政总收入3亿元以下的县工业企业每年新增增值税、企业所得税省集中部分实行返还,对县级税收收入每年新增部分,按省集中增加额的20%奖励给县作为发展资金;对扩权强县试点县,省、市财政按上缴省、市级收入增加额的50%实施奖励,作为试点县的发展资金;制定了《革命老区转移支付资金管理办法》,加大了对革命老区的转移支付力度。2012年共下达县级财力保障奖补资金28.4亿元,比上年增加5.7亿元,增幅达25%。4.6亿元异地扶贫搬迁资金全部到位,支持全省10万人异地扶贫搬迁。

"眼下,山西财政正努力做好五项工作:全力发挥调控职能稳增长,切实加强支出管理惠民生,紧盯年初目标任务抓收入,加强财政管理上水平,深化财税体制机制改革添动力。"郑建国表示。

(原载2012年11月13日《中国财经报》)

政采助力"新山西"建设正当时

郭　中　程红琳

　　"政府采购有助于推动我省科学发展、加快我省社会经济转型,助力建设'新山西'。"中共十八大代表、山西省财政厅厅长郑建国日前接受记者采访时表示,在山西省经济社会转型发展的新时期,政府采购将成为推动这一转型发展的重要力量。

　　资料显示,10 年来,山西省政府采购持续扩面增量,采购规模已由 2002 年的 11.9 亿元,跃升至 2011 年 136 亿元,采购规模翻了 11 番。与此同时,采购范围不断扩大,政府采购已涉及经济建设、"三农"、科教文卫、社会保障、行政政法等多个方面。

　　"如果说在政府采购改革初期,我们看重采购规模、节资效果等一系列数字变化,在山西省转型发展任务艰巨的今天,我们更关注政府采购逐步彰显出的政策效应。"郑建国表示。

　　"民生为本"是山西转型发展的出发点和落脚点。在山西,一些影响重大,涉及千家万户的重点项目陆续纳入了政府采购管理范畴。由此诞生了一些备受瞩目的民生工程,例如,中小学免费教科书项目、全省重点污染源在线监控项目、疾病预防体系建设项目、农村基层医疗体系建设项目、保障性安居工程项目等,成为公共财政和政府采购新的工作亮点。

"鉴于我省经济的特殊性,要在转型中实现增长,在增长中加速转型,就必须直面资源型地区转型这一难题。"郑建国说。在 2010 年确定成为"国家资源型经济转型综合配套改革试验区"后,山西省迎来转型发展有利政策环境和重大战略机遇。通过政府采购引导产业转型,充分发挥政府采购在产业转型中的作用,山西省也交出一份沉甸甸的成绩单。

在促进节能环保产业发展方面,山西省要求各单位严格按照节能环保产品目录要求进行采购,鼓励节能环保产品政策落到实处;在推动旅游产业大发展方面,山西省推进旅游与文化深度融合,从《太原市旅游指南》的印刷品到乔家大院民俗博物馆室外消防工程再到旅游文物的修葺工程项目,政府采购不断跟进;在促进高端产业发展方面,政府采购对于技术链条或产业链条的高端产品给予一定的政策扶持,促进山西省加快引进和研发先进技术。

"下一步,我们将充分发挥财政奖补和税费调节功能,提高节能节水和再生利用产品占政府采购的比重,对购买节能与新能源汽车、高效电机、高效照明产品给予补贴,推动'节能暖房'工程,支持重点节能工程建设,推进重点领域节能,促进淘汰落后产能和新能源加快发展,推动能源清洁利用和资源综合利用。"郑建国说。

"财政资金的使用效果关系到人民群众切身利益,关系到能否有效发挥预设政策功能,这就需要我们对资金支出的过程及其效果进行经常性的综合评判。"郑建国表示,山西省目前已有一套较为合理的政府采购监管模式,但仍需要在实际执行中,适时修正,探索出更好和更合理的模式。

郑建国认为,在山西省转型发展的关键时期,政府采购需努力实践科学发展观,着力提高法律制度的执行力,维护政府采购"三公"及

透明度原则,并着力做好以下工作:

一是继续以细化操作执行流程为重点,完善政府采购规章制度体系。要继续把完善政府采购制度体系放在突出位置,重点做好填补空白和完善细则工作,努力提升可操作性。重点完善操作执行的规章制度,解决制度缺失问题;在操作执行中,按照纵向到底、横向到边的要求,制定完善政府采购制度办法,解决制度规定不严格、操作性差等问题。

二是加强预算执行管理及监督检查,创新政府采购监管方式。要按照构建分工制衡的政府采购监管体系的要求,不断完善工作机制,推动监管方式创新:首先是加强政府采购预算执行管理,推进政府采购管理与预算编制、资金支付、资产管理等的有机融合,完善政府采购预算编制工作。其次是建立健全监督与处罚并重的政府采购动态监控体系。加大对政府采购重点环节的监控力度;加大对采购当事人违法违纪行为的处罚力度,以查处促管理。最后是将参与政府采购的其他群体纳入监管范围,建立健全考核评价机制,促进政府采购诚信体系建设。

三是积极扶持中小企业发展并扩大扶持范围和力度。要强化落实政府采购政策功能,更好地服务经济社会发展。要进一步完善促进节能减排的政府采购政策,加大绿色采购力度,提高节能节水产品和再生利用产品比重。完善政府采购信息安全的政策措施,建立采购信息安全产品的审查机制。适时制定政府采购支持中小企业发展的实施意见。加强监督,强化政策执行监督检查,建立完善的绩效评价机制,努力提高政策执行效果。

四是以建立培训长效机制,提高从业人员专业化水平。鉴于政府采购工作具有很强的专业性特点,涉及学科多,工作时效性强,需要高素质的政府采购人员来执行。为此,要建立和完善培训及考核制度,形成教育培训的长效机制并制定从业人员行为规范和行为准则,完善采购代理机构内部控制机制。

（原载 2012 年 11 月 26 日《中国政府采购报》）

以标准化建设促规范化采购

袁瑞娟　郭　中

　　加大政府采购标准化建设力度、推动政府采购监管方式改革、加强政府采购规范化建设等将成为山西省当前和今后一个时期的工作重点。这是山西省财政厅党组副书记、副厅长石常明在日前召开的山西省政府采购工作会议上提出的。

　　6月21日,山西省政府采购工作会议在临汾市召开。会议结合全国政府采购工作会议精神,根据山西省政府采购制度改革实际,明确了"十二五"时期全省深化改革的基本思路,并就当前和今后一个时期的重点改革任务进行了部署。

　　石常明在讲话中指出,目前,山西省政府采购制度改革已进入攻坚阶段,强化和提高政府采购执行力度,努力实现政府采购工作全面协调发展是全省深化政府采购制度改革的主要目标。当前和今后一个时期重点推进的政府采购工作任务包括:一是在推进服务项目采购和完善工程管理制度、扩大政府采购管理范围方面取得新突破。二是在加强政府采购法律法规体系建设方面取得新成效。三是在推动政府采购操作执行标准化管理方面取得新业绩。四是在推动政府采购监管方式改革上取得新创举。五是在发挥政府采购政策功能方面取得新进展。六是在推进政府采购信息化方面迈上新台阶。七是在建设专业化的政府采购从业人员队伍方面取得新发展。

此外,"十二五"期间,山西省还将按照构建分工制衡的政府采购监管体系的要求,不断完善工作机制,推动监管方式创新。一要加强政府采购预算执行管理,推进预算编制、资金支付、资产管理等的有机融合。进一步完善政府采购预算编制工作。加强采购计划审核,切实防止重复采购、盲目采购、超标采购等现象发生。二要进一步完善财政、审计、监察部门协同配合的监管机制。三要建立健全监督与处罚并重的政府采购动态监控体系。四要建立健全对采购单位、评审专家、供应商、集中采购机构和社会代理机构的考核评价机制、不良行为公告制度和政府采购市场禁入制度,促进政府采购诚信体系建设。

（原载 2011 年 6 月 29 日《中国财经报》）

改革创新篇

看山西如何在困境中理财

郭　中　薛朝阳

始于 2012 年底的经济下行寒流,到 2014 年上半年更为凛冽。

山西主导产业煤炭等资源型产品价格持续下跌,影响全省 GDP 近 3000 亿元。经济增速的快速下滑也连累到财政收入逐级下行。收入增速从 2012 年的 25% 下降到 2013 年的 12.1%,再到今年上半年的 3.5%。

从 2014 年上半年财政收支数据看,山西全省公共财政收入完成 1003.1 亿元,同比仅增长 3.45%,增收 33.5 亿元。而全省公共财政却累计支出 1350.7 亿元,同比增长 8.3%,增支 104 亿元。山西经济进入中低速增长"新常态",财政收支面临较大压力。

面对严峻复杂的经济形势,山西省财政部门认真落实省委、省政府各项工作部署,增强市场思维、底线思维和效益思维,有保有压,统筹兼顾,提质增效,千方百计把财政资金用好用活,把有限的资金用在"刀刃"上。

政府过紧日子,百姓过松日子

财政资金,取之于民,用之于民,它一头连着政府,一头连着百姓。

财政资金什么地方该省,什么地方该花,财政部门心中有数。保障和改善民生始终是山西公共财政的优先支持方向。压缩一般性支出,政府过紧日子;资金向民生领域倾斜,让百姓过松日子。

压缩一般性支出,今年山西省财政部门仍没有手软。在去年大幅压减一般性经费3.49亿元的基础上,2014年继续对会议费、培训费、"三公"经费、业务管理费和工作经费等支出按10%的比例予以压减。"三公"经费执行情况季报等一项项严控政府一般性支出的制度和举措不断推出,给包括"三公"经费在内的一般性支出拧紧了闸门。

2014年,政府过紧日子节省出的资金,全部用在民生事业上。上半年,山西省财政将压缩行政支出的1.36亿元全部用于支持就业。积极出台了小微企业吸纳劳动力就业"七补五缓"政策、促进高校毕业生自主创业"七补一免一优惠"政策、高校毕业生"双岗开发"计划等一揽子政策措施,鼓励小微企业吸纳劳动力就业,鼓励高校毕业生自主创业、到基层就业。并努力通过政府机构购买基层社会管理和公共服务岗位的方式促进高校毕业生就业。

8月25日,太原市2014年政府购买基层公共服务岗位岗前培训班开班,4期培训班将有1200多名大学生受惠。正接受培训的太原理工大学应届毕业生白小杰表示,自己所学冶金专业很难一下子找到合适的工作,政府购买岗位支持就业的举措为他解决了就业难题,培训结业后自己就能到阳曲县杨兴乡工作了。山西大学哲学系应届毕业生梁音子、华侨大学研究生毕业的李彤等都表示将珍惜政府提供的就业岗位,走好迈向社会的第一步。

山西省创业就业基金监管中心副主任秦文鸿表示,目前,政府出资近2亿元购买的6992个基层公共服务岗位,促进高校毕业生就业的工作已经展开。

压缩一般性支出的同时,山西财政持续增加保障和改善民生的投入。2014年,省财政增支42.6亿元提高了企业基本养老金水平,人均提高219元/月,全省162万企业离退休职工受惠;增支10.3亿元,城乡居民医疗保险财政补助标准人均提高40元,全省2563万人受惠;增支7亿元惠及城乡低保对象,城市和农村最低保障标准分别提高25元和22元,全省近240万城乡低保对象受惠……

上半年,全省公共财政支出的1350.7亿元中,用于保障和改善民生的支出达1126.6亿元,同比增长了9.2%,增支95.4亿元,支出规模和支出增量分别占总支出和支出增量的83.4%、90.9%,创下了历年新高。

为全省企业注入新的发展活力

煤炭行业告别黄金十年,山西煤炭企业生存发展面临巨大压力。山西焦煤集团有限责任公司财务部部长王为民对此深有感触:"仅从2014年年初到现在,煤炭价格6次降价,吨煤价格下降了130元,煤炭价格下滑,企业经营困难。"

如何为全省煤炭企业减负支持企业发展? 山西省财政厅及时提请、配合相关部门积极行动。全省停征煤炭企业矿山环境恢复治理保证金、煤矿转产发展资金,累计为煤炭企业减负145亿元。全面开展涉煤收费清理工作,从2014年1月1日起,取缔市、县政府违规收费,取缔行业协会、省直部门及铁路运输等单位乱收费。此外,煤炭可持续发展基金各煤种征收标准降低3元/吨。从2014年7月1日起,取消了煤炭稽查管理费。2015年1月1日起,山西还将取消省煤炭厅向五大煤矿集团收取的服务费,从2014年先行压缩20%。

王为民表示,2014年,停征两金、减收一金等措施,将为山西焦煤减负20亿元,这将助力企业渡过难关。

通过清理规范,2014年山西全省预计可减轻煤炭企业负担60.87

亿元,2015 年再减负 74.64 亿元。两步改革到位后,每年至少可减轻煤炭企业负担 135.51 亿元。

在为煤炭支柱产业减负的同时,山西省财政统筹兼顾加大了对中小微企业的扶持力度,并认真落实财政"15 条政策"。2014 年 7 月底,1.1 亿元财政资金扶持中小企业公共服务网络平台建设项目的 20 个专业应用平台上线试运行。金融服务平台通过线上和线下相结合服务模式,提供融资 6.54 亿元,平台日平均点击率达 2500 次以上。物流服务平台已发展会员百余家,发布信息 31864 条。

扶持中小微企业政策给山西金开源实业有限公司带来发展的又一春。2014 年 8 月 26 日,公司产品经理王宇表示,40 万元财政扶持资金即将到账。这笔钱,公司会用来购买更新实验设备、增加试剂,将有力增强企业的技术研发能力,提升企业的市场竞争力。

据了解,2014 年,山西省财政厅对 57 户企业开展技术创新项目给予支持,提升中小企业科技创新能力。此外,省财政厅发挥中小微企业出口信用保险补助政策功效,对全省 56 户外贸企业的 5.76 亿美元出口投保出口信用保险保费给予补贴,提升了企业走出去的能力。并对 85 户当年主营业务收入首次达到 2000 万元以上的工业企业,按其当年新增增值税省级留成部分的 50% 给予奖励。

为缓解中小微企业融资难,日前,山西省财政筹资 2 亿元,采取以奖代补的方式,注入市、县作为风险补偿金,可撬动银行对中小微企业的放贷规模 5 亿元。

在财政资金、政策的扶持带动下,山西省中小微企业正焕发出新的生机。

"进""退"之间促进全省经济转型发展

为了让财政资金提质增效最大程度发挥效用,山西省财政厅调整和优化资金的支出结构,更加重视协调发展。2014年开始着力推进财政资金从竞争性领域退出工作。选取了竞争性领域43个专项进行了集中考评、审核,涉及资金24.7亿元。根据评价结果,将核减10个项目,涉及金额8.3亿元。在编制2015年预算时,省财政还将压缩涉及竞争性领域的专款项目。

财政资金从竞争性领域的逐步退出,实现了让市场在资源配置中起决定性作用。市场能做的全部让市场去做,省出的财政资金将用到更需要的地方去。

为进一步激发商业银行对企业的贷款积极性,山西省财政还将加强对省级国库现金的管理。通过以存款方式将国库存款放在商业银行,增加银行存款规模,扩大其流动性。同时要求商业银行加大对该省企业的贷款力度。2014年省财政将拿出200亿元,通过有效的激励机制,有望通过银行新增贷款600亿元,支持山西省重点产业和企业发展。

支持科技创新、技术进步,为山西省经济转型发展积聚后劲,是财政工作的重点之一。

"财政资金的及时到位,保障了科技城项目征地、拆迁等工作的顺利进行。为了放大财政资金的带动作用,准备将35亿元财政资金注入科技城投资开发有限公司,开展投融资业务吸引更多社会资金投入,进一步推进科技城基础公用设施、科技资源服务平台等建设。"2014年8月25日,山西科技创新城建设领导小组办公室综合组吴俊福组长对财政支持项目建设给予高度肯定。

山西科技创新城是该省实施创新驱动发展战略、推进综改试验区建设的重大项目。在2013年安排24亿资金支持建设的基础上,2014年,省财政厅又安排科技创新城建设资金46亿元支持科技城建设,目前已下达15亿元。

此外,山西省财政厅还从现有科技专项资金中整合2.3亿元集中用于低碳创新和重大攻关项目,强化科技对经济社会发展的引领和支撑作用。同时,该省的安居工程、校区建设、新能源建设等项目也没有被冷落,5.1亿元城镇保障性安居工程资金用于棚户区改造,3.5亿元资金支持高校新校区公共基础设施建设,1.1亿元财政资金带动银行贷款15.68亿元支持风电、光伏等新能源项目建设,筹集10.05亿元资金支持实施新十项强农惠农富农政策,3.4亿元资金支持实施乡村清洁工程。

坚持有所为有所不为,该保的领域坚决"进",该退的领域坚决"退",山西财政根据省委、省政府的总体安排部署,在"进""退"之间较好地落实了"稳增长、调结构、惠民生"的各项财政工作任务,保持了全省财政预算的平稳运行,促进了经济社会各项事业的全面发展。

(原载2014年9月4日《中国财经报》)

山西财政"危难"之中显身手

郭　中　薛朝阳

眼下已是花红柳绿的季节,但新常态下的山西经济气候仍不见回暖。受国内外经济形势影响,山西省主导产业煤炭供大于求,价格低位徘徊的状况没有根本改观,传统产业产能过剩效益不佳,宏观经济下行压力不断加大。

2015 年 1 月至 3 月,全省税收收入同比下降 20%,减收 76 亿元,而且,各主要税种和分行业税收全面减少。受此影响,一季度,全省一般预算收入同比仅增长 0.4%,增收 1.8 亿元,远低于年初 6% 的计划目标。

经济形势严峻复杂,经济下行压力加大,财政收入增速放缓,财政支出只增不减。面对压力,如何用好积极财政政策,抵御经济下行压力,稳定经济发展,成为山西当前的首要任务。为落实国家积极财政政策、扩大政府支出、为企业减税降费、提高财政资金使用效益等,2015 年以来,山西省政府"工具箱"中的稳增长财政措施正紧锣密鼓地连续推出并实施。

积极财政政策加力增效

经济发展对资金的需求日益增多,政府支出不断扩大,但收入增速下降,财政资金捉襟见肘,扩大支出的资金从哪里来?

国债资金是山西省财政资金的重要来源之一。发行政府债券与清理结转资金并举,为扩大政府支出筹集资金,是解决支出资金增量的途径之一。

山西省财政厅预算处负责人表示,2015年山西省国债发行的规模和力度将进一步加大。近日,山西省获得了121亿元的地方政府债券置换存量债务额度,将主要用于偿还部分政府负有偿还责任债务的债务本金。这既优化了山西省的债务结构,降低了利息负担,同时为山西省腾出120余亿元的资金用于促进经济发展。

2015年4月初,财政部核定了山西省2015年第一批新增国债发行额度为124亿元,比2014年增加19亿元。国债资金将专项用于支持棚户区改造等保障性安居工程建设、普通公路建设发展、城市地下管网建设改造、智慧城市建设等重大公益性项目,将对山西省保障改善民生和支持结构调整发挥重要作用。

如何唤醒财政存量资金为经济建设服务?山西省财政厅厅长武涛明确表示,"不能让结转资金睡大觉"。

从2014年开始,山西省财政厅就把盘活财政存量资金作为重点工作来抓,以期通过清理、盘活财政存量资金,来支持经济发展。

山西省财政厅要求各市财政部门把盘活财政存量资金,作为当前和今后一段时期弥补财政收支不平衡的有效措施来落实,主动作为,统筹使用,形成有效支出。2015年2月,省财政通过清理省级各部门单位2014年度国库集中支付结余资金已收回结余资金33.3亿元,比上年增加20亿元。同时,结转各部门单位继续使用的资金达128

亿元。

山西通过开源节流盘活资金,扩大资金收入,通过盘活存量资金,让财政政策"加力增效",把有限的资金用活用足,从而为山西经济发展提供了保障。

减税降费增强企业活力

经济发展新常态下,如何为企业减负,激发企业的活力,创造更大的经济效益和社会效益?

2014 年,山西扩大"营改增"试点,落实小微企业税收优惠政策,为企业减负 60 亿元,并率先在全国煤炭行业清费立税,减轻企业负担 323 亿元。

2015 年一季度,推进"营改增"和巩固涉煤清费成果已列入省政府的重点任务加以落实。"营改增"范围将扩大到建筑业、房地产业、金融业、生活服务业等领域。同时,山西将着力巩固涉煤清费成果,防止乱收费乱摊派现象反弹。2015 年 3 月份,山西还出台了减轻企业负担、促进工业稳定运行的 60 条措施,其中涉及财政的有 11 条。省财政厅已经把 11 条措施的落实列入年度重点工作任务。其中,涉企行政事业性收费的停征、取消和暂停,预计可为企业减负 9.2 亿元;继续暂停提取"两金"可减轻煤炭企业负担 142.5 亿元。稷山县一家造纸厂的负责人姚学民表示,取消涉及企业不合理收费确实减轻了他们的负担。在对小微企业免征事业性收费项目中,仅环保监测服务费一项,就能为他们企业减少 10 多万元费用。

此外,山西省财政还出台了增加企业发展资金,解决融资难融资贵问题的一系列措施。一是今年到期的 47.2 亿元省级政府特别流转金将继续用于企业流转;二是设立两支中小微企业扶持基金,可为企业提供扶持资金 5 亿元;三是再筹集 2 亿元,支持"政银企"合作,发挥财政杠杆作用,撬动金融部门增加企业信贷。按2014年放大7.5倍计算,可为企业增加资金15亿元;四是2015年4月初,针对当前企业融资难融资贵的问题,省政府决定设立企业资金链应急周转保障资金,前期安排3.3亿元引导资金,专项支持基本面良好、资金暂时困难、银行有意向续贷支持的企业融资。以上4项措施将可为企业增加发展资金70亿元。多项企业减税降费、精准调控稳增长的措施,将最大限度释放出市场潜力和企业活力。

财政资金效益明显提升

2015年,山西财政支出将统筹安排用于稳增长、促改革、调结构、惠民生的重点领域和关键环节,加大对公共服务、城市基础设施和促进消费等方面的投入。

2015年减轻企业负担、促进工业稳定运行的60条措施中,很重要的一项内容是,通过财政扶持政策可增加山西省企业发展资金187.2亿元。这得益于财政资金投入方式的转变。

为了激发民间资本活力,山西省设立了山西省产业投资基金。省财政厅通过"挤"的办法,从财政中"挤"出24亿元作为引导资金,按1:4比例引入社会资本参与共同设立战略新兴产业投资基金,力争规模达到120亿元,并主要用于新兴产业、文化产业、体育文化旅游产业发展。此举将对培育、壮大山西省新的经济增长点,实现产业转型升级发挥重要作用。

2015年2月28日,山西省产业投资基金中的最大部分——战略新兴产业投资基金顺利启动。目前,部分项目已谈妥,首期募集资金即可到位。山西科工龙盛科技有限公司已得到了1亿元的扶持。

山西省财政厅经济建设一处处长常锦全表示,设立产业投资基金改变了过去政府部门层层报项目、层层批项目分资金、点对点支持的传统模式,建立了以市场化导向为核心的产业发展新机制,有利于实现社会资本、优势资源与企业的高效对接。

据了解,2015 年,山西财政还将着重推动 PPP 模式,通过吸引社会资金试点市政供水、污水处理、垃圾处理、公共租赁住房等领域。将进一步规范项目建设和运营流程,积极收集、筛选和储备一批 PPP 项目并开展前期准备工作,优先考虑选择收益比较稳定、投资规模比较大、长期合同关系比较清楚、技术发展比较成熟的项目试点,尽快形成可复制、可推广的范例。

山西省财政系统正在主动适应经济发展新常态,坚持稳中求进,通过投资加力、清费减负、机制创新,积极促进全省经济平稳健康发展。

（原载 2015 年 4 月 30 日《中国财经报》）

山西财政变"人等钱"为"钱找人"

郭　中　薛朝阳

　　走进李家山村,遍地寻访,也只有少数几个故土难离的老年人。一个个院落和镶了瓷砖的窑洞基本上都废弃了,村路上的桑葚、院子里的花椒静静地长着。李家山是灵石县两渡镇的一个村子。由于是采煤沉陷区,这里窑洞裂缝、地下水流失,已经不适宜居住。村里绝大多数人都已经下山,或者打工,或者投亲靠友。

　　金朝阳小区是李家山村和其余 15 个村的移民小区。几栋白色的六层楼房主体已经起来。2015 年移民下来的 1600 余户农民就能入住了。与以往别的采煤沉陷区移民搬迁进度相比,两渡镇委书记李文亮说,中央、省、市、县的财政资金早早就到位了。到位资金占总资金额的 60%,一改以前地方和农民积极、上级资金迟迟到不了位的局面。

　　而这,正得益于 2015 年以来,山西省财政厅按照新预算法和山西省委、省政府"六权治本"总体要求,加快预算下达和支出进度的创新做法。

　　数据显示,2015 年 1 月～4 月,山西全省一般公共预算支出 786 亿元,同比增长 11.8%,增支 82.7 亿元。其中,民生支出 682.8 亿元,同比增长 13.2%,增支 79.8 亿元。

从加快预算下达入手

预算下达是财政支出的第一道环节。结合 2015 年新预算法的实施，山西省财政厅专门下文，对中央、省级等预算下达流程中的各环节时限提出了要求，首次明确了预算下达的具体时限。确保各级收到上级转移支付后 30 日内下达，本级安排的一般转移支付和专项转移支付分别在预算批准后 30 日和 60 日内下达。

山西省财政厅预算处的王娅萍告诉我们，2015 年财政厅批复预算提早了，在省人大批准省级预算后 11 日内将预算批复省直各部门，批复时间较往年提前了 19 天，较新预算法规定的 20 日时限提早了 9 天，从而延长了预算实际执行时间。与此同时，山西省财政厅的各部门预算管理处室主动与资金管理部门积极沟通，列出了 2015 年待分配项目资金的下达时限明细表，对资金下达进行"清单"式管理，每笔项目资金的单位报送计划时间、下达时限、责任人、分管领导都清清楚楚，责任明确。

预算时限的刚性要求克服了预算执行环节中的随意性，从而使预算下达明显加快。

2015 年 1 月~4 月省级专项资金下达预算 568.3 亿元，比上年同期增加近 120 亿元。其中，下达市、县预算 215.6 亿元，比上年同期增加近 95 亿元；对地市调度资金 147 亿元，高于上年同期 56 亿元。

专项资金管理更多实行"因素法"

与一般性支出相比，由于涉及具体项目，专项资金审核环节多，程序复杂，支出相对较慢。对此，山西省财政厅结合山西省委、省政府"六权治本"的要求，在全系统开展了"财政专项资金管理不规范问题专项整治活动"，进一步完善了专项资金管理办法，规范了资金分配程序,按时分配下达资金。尤其是对于不能按时报送分配计划的部门,省财政在规定的时限内采取"因素法"切块分配到市、县。2015年以来,省农口以"因素法"或"任务加切快分配"的专项资金已达11个,占到了专项资金预算个数的70%。"因素法"的实行,使专项资金审批权下沉,使过去农林水资金进度相对较慢的局面大为改观。2015年1月~4月,全省水利支出增长38.9%,林业支出增长26.2%,明显快于往年。

宋秀坤是山西省东山供水工程建设管理局总会计师。在祁县来远镇外的大山里,看着从隧道中进进出出满载的牵引机车,宋秀坤感觉比较轻松——2015年的资金按照投资计划每期都能足额及时到位,工程进展十分顺利。宋秀坤告诉我们,以前的资金,省里是切块下到水利厅,水利厅再拨给建设管理局,他们再给施工单位拨付,环节比较多,时间也比较长。而且往年的资金大盘计划都是"两会"以后才下达,等到了他们这里最早也是6月份。2015年,他们从1月份着手准备了1亿元资金的各项文件,算上过年休息时间,2月份财政资金就到了位,这比往年快了好几个月。

与此同时,山西省财政厅还对采煤沉陷区资金实行"预拨"。

采煤沉陷区治理是2015年山西省的重点民生项目。据了解,根据全省的投资计划安排,山西省财政厅调整了资金下达方式,将以往按投资计划下达改为在年初就根据目标任务,按政策补助标准和相关规定一次性将省级(含国家)政策资金预拨各市。灵石县两渡镇的移民搬迁小区,就是及时把占总资金60%的中央、省、市、县资金按年度目标任务预拨到镇政府账上,从而为项目的顺利进展提供了保障。

国库集中支付电子化

预算指标下达后,下一个环节就是资金从国库的支付。为了使预算下达后财政资金在国库支付环节能及时拨付,2015 年,山西省财政厅在国库支付环节重点采取了两项措施。

一是国库集中支付电子化管理。2015 年,预算指标下达后,资金使用单位只需通过网上提供相关申请和资料,而不用再来财政厅报送相关纸质文件,从而节省了时间。山西省财政厅国库支付中心副主任朱彤介绍,支付实行电子化管理后,预算指标一旦下达,一般情况下,1 天就可以将资金支付出去,比以往加快 2~3 天。

二是提高了财政直接支付起付标准。将单笔基本建设支出和其他资本性支出起付点由 5 万元提高到 200 万元,将单笔商品和服务支出、企业事业单位补助、债务本息支出和其他支出起付点由 5 万元提高到 50 万元。标准提高后,财政部门的审批环节减少,资金使用部门在一定范围内可以灵活掌握支出进度,从而进一步提高了效率。

山西省水利建筑工程局副局长钟瑞喜,同时也是东山县供水工程施工 11 标的项目经理,他说,业主资金的拨付到位与否,直接影响着工程的进度。省财政厅 2015 年的改革,让他们干起活来没有后顾之忧,只要考虑如何保证安全保证质量保证施工进度就行。这个工程,他们上的是全世界最先进的硬岩掘进机,施工的效率也大大提高。

钟瑞喜表示,项目资金的落实,从大方面说是政府资金管理的问题,从小处说是钱怎么到位的问题。作为施工单位,他们需要全力以赴完成施工任务,而业主资金的及时足额到位,对他们如期完成施工任务也是很大的促进。

(原载 2015 年 6 月 6 日《中国财经报》)

山西今起编制国有资本经营预算

吴 贤

山西省级企业国有资本收益收取工作近期正式启动。省本级于2011年进行国有资本经营预算试点,收取省国资委所监督企业2010年应上缴的国有资本收益,并编制2011年的国有资本经营预算。

据了解,截至2010年年末,山西全省国有企业资产总额达到11536.84亿元,当年完成营业总收入8515.36亿元,实现利润总额427.76亿元。其中,省国资委监管的35户国有企业资产总额达到8807.45亿元,当年完成营业总收入7425.48亿元,利润总额316.26亿元,实现净利润208.87亿元,归属于母公司所有者的净利润125.54亿元。

(原载2011年8月16日《中国财经报》)

山西重申三项规定规范财政资金支付

王　玲

　　为进一步加强财政资金安全管理,规范总预算会计和预算单位会计工作基础,近日,山西财政下发文件重申三项规定,要求所有省级预算单位从 2013 年起严格按照国库集中支付有关规定,办理财政性资金支付。

　　一是重新预留拨款印鉴卡。为做好预算单位财政直接支付申请书经办人员身份和相关手续真实性的确认工作,确保预算单位资金支付安全,该省要求预算单位重新办理预留印鉴手续。今后印鉴卡内容如有变动,要及时通过一级预算单位向财政厅提出变更申请,办理印鉴卡更换手续。省财政厅将严格按照预留印鉴卡审核办理预算单位财政直接支付申请。

　　二是规范直接支付申请书。为进一步加强和规范财政总预算会计和单位会计工作会计基础工作管理,从 2013 年 1 月 1 日起,预算单位将按照规范的格式和规定的联次报送和使用财政直接支付申请书。文件同时规定,预算单位向财政部门报送直接支付申请书时,相关手续和印鉴必须齐全,并与预留财政印鉴一致。如发生申请书格式不规范、手续不完备、联次不完整、印鉴不一致等问题时,财政部门有权不予受理。

　　三是严格归垫资金审批备案制度。为进一步规范预算单位国库集中支付资金归垫管理,加强预算单位归垫资金审批,从 2013 年 1 月 1 日起,预算单位在预算下达之前,因基建投资项目开工限时、支付基建投资项目前期费用、发生重大紧急突发事件等,需用本单位实有资金账户资金垫付相关支出时,要严格实行归垫资金事先申请备案制度。只有通过审核确认并履行了垫付资金备案手续的垫付行为,方可在预算下达后,从单位零余额账户向实有资金账户归还原垫付资金,否则将不予办理垫付资金归还手续。如发现预算单位有虚列开支、伪造合同、编造借款事项等骗取资金归垫的情形,省财政厅除责令退回已归垫资金外,还将按照有关法律法规对相关单位和责任人做出处理。

　　　　　　　　　　　(原载 2013 年 1 月 12 日《中国财经报》)

山西规范部门预算编制和执行

王 玲

2013 年,山西财政明确三项要求规范各部门预算编制和执行工作。

一是规范预算编制级次。年初预算、年中追加预算要编制到每一个基层预算单位,不能将基层预算单位的预算并入主管部门或上级单位一同编制;跨部门安排预算时,严格将预算编制到基层最终用款单位,不得编入主管部门或上级单位;系统财务中只能列入待分配预算,如通过系统财务向所属预算单位或其他预算单位分配资金时,应通过调整预算的方法将预算从系统财务调整至资金使用单位。

二是规范预算指标下达。下达预算指标时,严格按照预算文件将指标录入到基层预算单位名下,不得将指标录入到上级单位或主管部门名下;结转下年度的结余指标,也应严格对应到每一个指标结余单位,不得将结转基层预算单位的结余指标集中录入到单位或主管部门名下。

三是实行纠错处理机制。部门预算进入可执行阶段并录入指标系统后,如发现未将预算严格对应到基层预算单位进行录入和下达,将根据实际情况分别采取以下措施予以纠正:按原渠道退回指标,纠正后重新录入和下达到对应基层预算单位执行;如该指标已经执行并无法再退回到指标状态或发生重大紧急事件不适合对该指标进行调整时,由发文处室(单位)填写说明原因后继续据此执行。

（原载 2013 年 3 月 23 日《中国财经报》）

山西完善省级单位预算执行运行机制

——对未使用公务卡单位的现金支出进行重点督查，继续推进用款计划细化工作，进一步加强动态监控

王　玲

　　日前，山西省财政提出九项要求进一步完善省级单位预算执行运行机制，以继续完成好 2013 年预算执行工作，进一步提高预算执行效率，提升财务管理整体水平。

　　一是继续深化国库集中支付改革。要求严格按照划定的支付方式使用资金，继续扩大各部门驻并外单位财政直接支付范围，积极研究驻外省单位实施国库集中支付的方式。

　　二是深入推进公务卡改革。要求进一步扩大办卡、用卡范围。对未办理公务卡，未按规定使用公务卡的单位，省财政厅要进一步降低本单位授权支付比例和现金提取额度，对公务卡工作滞后、管理松懈和问题较多的单位进行通报，对未使用公务卡单位的现金支出进行重点督查。

　　三是狠抓预算执行均衡。要求严格执行"基本支出按序时进度，项目支出按项目进度"，确保预算执行均衡。2013 年省财政厅将继续

实行预算执行通报制度。

四是继续推进用款计划细化工作。要求正确理解用款计划具有的细化预算与控制支付的作用,根据实际需要申请用款计划。2013年省财政厅将对省级单位用款计划上报的细化程度进行考核试点工作。

五是降低支付退票比例。要求财务人员耐心、细致,仔细核对收款人信息,切实降低退票资金比例。

六是严格归垫资金审核。要求严格实行归垫资金事前申请备案制度,省财政厅要加强对省级单位资金归垫的监督管理。

七是进一步加强动态监控工作。要求单位在财政核定的现金使用额度范围内使用现金,严禁违规向基本户转款。从2013年起,省财政厅对省级驻并二级以上预算单位财政资金有关银行账户实施动态监控。

八是规范非税收入收缴改革。要求非税执收单位及时在非税系统中录入缴款信息,按季与财政对账。如因单位缴款信息录入不及时、对账不及时造成资金与信息不匹配,从而在季末产生未达账项,省财政厅将作为无主资金上缴金库。

九是严格预算单位银行账户管理。要求撤销无效账户、合并重复账户,对新增事项尽量采取分账不分户的核算模式。2013年省财政厅将集中精力对省级预算单位银行账户全面清查。

（原载 2013 年 4 月 11 日《中国财经报》）

换一种思路"切蛋糕"

——山西省晋城市财政资金分配制度改革调查

郭 中

如何将财政资金管好用好,使每一笔钱都花在"刀刃"上,一直是社会关注的热点。前不久,晋城市政府在分配县域主导产业专项资金时,鼓励各县、市、区上台 PK,谁的方案好,谁的思路新,分配给谁的资金就多。晋城的这一理念之变、制度之变,在全省率先趟出了一条财政资金分配的新路子,让纳税人的钱花得更科学合理、透明高效。

公开 PK 竞争财政"蛋糕"

"谁的方案好,谁的思路新,分配给谁的资金就多。财政'蛋糕'的这种全新切法,使人耳目一新,备感振奋。"2012 年 6 月 7 日,山西省陵川县旅游局副局长郭秀军兴奋地对记者说。

让郭秀军记忆深刻的这一财政"蛋糕"新切法,发生在 2012 年 5 月 19 日举行的晋城市发展县域主导产业专项资金竞争性分配评审会上。

在这次评审会上,晋城市政府拿出共计 6000 万元的财政专项资金,首次要求下辖 6 县、市、区政府围绕各自确立的县域主导产业,谈规划,讲思路,同台竞技。经过公开演讲、现场答辩、专家打分、媒体公示等环节后,各县、市、区最终"座次"排定,并根据"考分"高低分别从这块总额为 6000 万元的财政"蛋糕"中切分到了大小不一的份额。其中,得分最高的陵川县休闲度假旅游产业获专项资金 1300 万元,晋城城区商贸物流产业得分最低,仅获得扶持资金 700 万元,两地所获财政资金支持的额度相差近一倍。

据介绍,长期以来,各地在分配政府性资金时大多由政府或相关部门的领导关起门来说了算。这种分配方式的弊端显而易见:一是地方政府为了搞平衡,往往会采取吃大锅饭、撒胡椒面的资金扶持方式,这样既不利于集中财力办大事,也会使各地在使用资金时缺少应有的珍惜,以至于财政资金的使用效率低下。长期如此,势必会挫伤干事创业者的积极性,养出一批等、靠、要的懒人。二是分配权力集中在个别人的手中,缺乏透明度,极易使财政资金变成"唐僧肉"。而且各地为了能够多"跑"回资金,也易于滋生不正之风和腐败行为。

"财政的钱都是老百姓的,政府有必要把每一分钱都管理好、使用好,这是我们开展财政资金分配制度改革的初衷。"晋城市财政局局长郭治琛说。

"蛋糕"切法之变带来了什么

由"关门分钱"到"竞争分钱",财政"蛋糕"的新切法究竟会带来哪些变化?

在评审会上,晋城市把 6000 万元财政专项资金的去向交给了由省内外专家组成的评审组,而且事先对评审专家的信息采取了严格的保密措施。担任评审组组长的复旦大学经济学院党委书记石磊教授说,他们在评审中,不但要看产业总体规划方案,还要看当地政府科学发展的思路、具体实施方案、项目科技水平和发展前景等。谁的发展思路更科学、方案规划更缜密,谁就能得到更多的资金支持。

郭秀军认为,这一评审体系克服了过去资金分配由几个领导关起门来说了算的随意性,增强了透明度和科学性。既做到公开、公正、公平地使用财政资金,遏制了暗箱操作下的腐败现象,又能借助专家慧眼遴选出绩效目标最高的产业予以重点扶持,从而提高了财政资金的使用效率。

"以往分钱时难免会搞平均主义,而在此次改革中,通过集中投入,既能使有限的财力花得有重点、有质量,也让各地认识到干与不干不一样、干好干坏不一样,增强了加快发展的竞争意识和忧患意识。"郭治琛深有体会地说。

据了解,参评的6县、市、区为了争到更多的"真金白银",都使出了浑身解数:泽州县对参评的铸造产业总体规划、实施方案和演讲稿,精心打磨了一月有余;陵川县对参评的休闲度假旅游业实施方案先后修改了数十稿;晋城城区甚至还提前组织了一次模拟演讲答辩会……一位县领导说,过去申请资金时,首先想的是找上面的领导做工作;而现在是要想清楚、讲明白发展这项产业对于引领群众致富、发展公共事业有什么贡献。

"扶优"与"双赢"是一个两难抉择,令人欣喜的是,晋城财政资金分配改革使二者达到了辩证的统一。正如在此次竞争中排名靠后的一位县领导所言,准备竞争的过程,是进一步科学论证、厘清思路的过程;演讲答辩的过程,是通过与专家互动,发现问题与不足的过程。从这个意义上讲,竞争性分配不仅比出了高低,而且有利于改进工作,推动发展,无论胜败皆赢家。

让纳税人的钱花得更透明高效

日前,晋城市政府根据竞争结果,已将总数6000万元的专项资金分拨至各县、市、区。至此,这项开全省先河的财政资金分配改革画上了句号,而由此引发的热议和思考却仍在持续发酵。

作为此次评审会邀请的现场监督员之一,晋城市人大财经委副主任委员蒋志红表示,这项财政资金分配制度改革公平、公正、公开,起到竞争择优之目的,值得推广。石磊认为,如果没有这个评价体系,政府财政资金就不好做出给谁或不给谁的科学决策,不是说各县的陈述答辩就能多么准确地呈现出本地产业发展的实绩,也不是说专家的评审就绝对科学,但有竞争总比没有竞争好,总比没有公开化的机制要好。

采访中,专家也就如何进一步完善制度设计,让纳税人的钱花得更加科学合理、透明高效,提出了一些合理化建议。一是事先组织专家深入实地调研,以增强其在评审时的科学性、准确性。二是适当从先进地区请一些行业主管部门的官员和企业界人士加盟评审组,使评审既不失学术水平,也能考虑到参评产业、项目的实际操作性。三是加大参评单位获得资金的级差额度,甚至可以让排名靠后或垫底者得不到一分钱,这样更具竞争性,必将充分激发出各地加快转型跨越发展的自觉性、主动性。四是加强对资金使用的全过程监督,使之不折不扣地用到实处。

据了解,晋城市将在总结经验做法的基础上,逐步把这套竞争性机制引入生产经营性资金、部门财政预算等其他政府性资金的分配中,通过加强和完善制度建设,真正花好纳税人的每一分钱。

(原载 2012 年 6 月 19 日《中国财经报》)

厚积方可薄发

——山西省晋城市财政局改革发展纪实

郭　中　陈璟璇　秦素印

2013 年底,财政部通报 1985 个县(市)支出管理绩效综合评价结果,晋城市综合成绩全省第一,获财政部财政支出绩效评价奖励 2100 万元,占山西省绩效评价激励奖 4800 万元的近一半。

事出偶然,其实必然。这一切,是晋城市推进财政改革、强化财政管理逐步显现出来的效应。

小河有水大河满　把握大局谋划长远

时间退回到 2012 年 11 月 15 日,晋城市财政局三楼会议室,局党组正在召开市、县财政体制调整专题讨论会——

"下放财权肯定要影响市级财力。"

"县里的日子好过了,市里的日子难过了。"

"要想长远发展,咱们必须革自己的命。"

……

经过一番畅所欲言,最终统一了思想。"财政体制调整要把保护和调动各县(市、区)生财、聚财、用财积极性作为重要取向,把'放权强区、扩权强县'作为基本原则,这样才更有利于县域经济发展,只有各县发展了,全市才能真正发展。"

经过反复酝酿,晋城市财政局党组向市委、市政府专题上报了调整意见,促成了一系列改革措施的出台。

——2012 年 12 月 27 日,下发了《关于调整规范市与县(市、区)财政管理体制的通知》,决定从 2013 年 1 月 1 日起,市级所有行业和企业缴纳的税收,全部下放到县(市、区),均按照属地原则进行征管,就地缴入县(市、区)国库,对属地征缴入库的收入,市与县(市、区)按一定比例分享,保证各级既得利益。

——2013 年 6 月 26 日,出台了《关于将西北片区建设改造范围内国土受益等划归城区管理的通知》,将应上缴市财政的国土收益、城市基础设施配套费等四项职能下放城区,全力支持中心城市建设。

——2013 年 10 月 16 日,出台《关于调整市级与城区国土收入分成比例的通知》,进一步规范市辖区国土收入分配秩序。2013 年 11 月 15 日,指导泽州县出台《泽州县巴公镇扩权强镇财政体制改革实施细则》,确保 2014 年巴公镇新财政体制正常运行。

事实最有说服力。在市财政局召开学习贯彻中共十八届三中全会精神及收支形势局长座谈会上,各县财政局局长掩饰不住内心的喜悦:

"我们城区可用财力比去年增加 2.5 亿元以上,目前白水河治理工程已投资 1900 万元,吴王山绿化工程已投资 8000 万元,景西路北段延伸工程完成项目前期投资 1.9 亿元,这几个工程对改善全市生态环境、方便居民出行、提升城市品位将产生积极影响。"

"目前,我们阳城县财政总收入完成 31.47 亿元,占年度计划的90.84%。"

"市财政的支持,提升了陵川民生支出保障能力,没有市里的支持,我们不会在 1985 个县级支出管理绩效综合评价中取得全国第 31 名的好成绩。"

……

市级财政最大限度地下放财力,破除不适应的财政体制障碍,充分调动了县级发展的积极性,导引出竞相发展的局面。

一个都不能少　上下联动整体推进

"正如一个木桶能装多少水,不是取决于最长的那块木板,而是取决于最短的那块木板一样,财政系统整体水平的高低不是决定于最好的县,而是决定于最差的县。"汽车在蜿蜒崎岖的山路上爬行,车内,晋城市财政局局长郭治琛用木桶原理对随同调研的农业科长比喻着财政建设,他们要到陵川县古郊乡东庙华村,了解农民收入、检查农村街道亮化工程落实情况。

到各县不打招呼"巡查",是该市财政局局长每半年一次的必修课,到一线了解县局反映的问题是否属实,检查市局部署的工作是否落实,最近 10 天,他大部分时间在农村、工矿和企业"转悠"……

郭治琛深谙木桶理论,只有各县的提高,才有全市的提高,一个都不能拉下,市局和各县的工作必须整体推进。年初,局班子成员带领相关职能科室同志到县区财政部门传达省厅及市局工作思路、主要目标任务以统一思想,了解各县存在的问题以调整工作计划。每月,各业务科室对各县支出进度,公共财政收入完成情况,财政对教育、科技、农业投入增幅等业务指标整理通报。半年、年底市局根据《晋城市、县级财政部门目标管理绩效考核办法》,分 91 项指标,进行百分制考核,以督促各项工作有序开展。

路是走出来的突破常规勇于实践

"这对财政资金分配是一次彻底的改革,是改变过去暗箱操作的有益尝试,这是在公开透明方面迈出的重要一步。"在晋城市县域主导产业专项资金竞争性分配评审会上,原市人大副主任、评审专家牛迷书这样说。

在 2013 年度发展县域主导产业专项资金竞争性分配评审会议上,各参评县(市、区)围绕主导产业发展实绩、政府性资金带动投入、专项资金管理、预设实施方案等依次进行着陈述、答辩,评审团按照评审办法现场打分并出具评审意见。最终,6000 万元县域主导产业专项资金公开公平公正地分配到各县(市、区)。

同往年相比,2013 年的专项资金竞争性分配还增加了实地察看环节,并引入了第三方评价机制,加大了对产业发展实绩真实性的考量。

晋城市财政局每年从科技研发专项资金中拿出一定资金,采取竞争性分配方式,主要用于支持市级重点科技计划项目。同市农委联合,对 2013 年部门预算所列"设施蔬菜"专项资金进行竞争性分配,将发展"设施蔬菜"专项资金 970 万元,按阶梯式分为六个级差额度,在各县(市、区)之间进行竞争。

权力在阳光下运行身先士卒率先垂范

为让政府的每一分钱都花得明白、透明,晋城市财政局率先垂范,主动出击。2013 年 3 月,市六届四次人代会审议通过 2012 年全市和市本级预算执行情况与 2013 年全市和市本级预算草案的报告后,不到 20 天就通过门户网站向社会公开了 2013 年财政预决算报告及预算表格,其中公开的支出预算科目细化到了"款"级。之后,继续公开市本级 2012 年"三公"经费决算和 2013 年"三公"经费预算情况。同时,督促 40 余个部门在其门户网站上公开了本部门的部门预算……

为让百姓了解财政资金的去向,晋城财政不仅公开了全市的预决算报告、"三公"经费预决算情况,甚至每拨付一笔资金,都以政务信息的形式在门户网站进行公示,让老百姓清楚掌握财政拨付资金的时间、金额、具体的用途,用公开提高了政府的公信力,得到了大家的认可。

磨刀不误砍柴工　打牢基础立足久远

时近年关的一天下午,寒风凌冽,距沁水县城 20 余公里的樊村河乡财政所,小杨正坐在电脑前为乡镇民政办理支付业务。冬日的樊村河格外冷,小杨知道,要是以往他得拿出半天时间往返 40 多公里到县财政局才能办理,盯着显示器上财政一体化管理信息系统操作页面,小杨百感交集……

2013 年 6 月,他参加了该市财政局组织的全系统业务轮训,专家对一体化管理信息系统的详解,解决了他很多疑惑。以前他只见过乡里的操作页面,培训期间他清楚了县里、市里的操作页面,当时就有一种豁然开朗的感觉。

这两年他参加市局、县局的培训特别多,既增长了知识,又开阔了眼界,尤其是与该市财政局干部的交流中,小杨清楚了,市局始终在抓基层基础建设、信息化建设和文化建设,制定了"理财为民、促进公平、倡导节约、永续发展"的财政工作箴言等。他对市局的文化建设情有独钟,向往着市局的"和之家""清之室""慎之阁"……

小杨不清楚,该市财政局已投入 1000 多万元用于信息化建设,率先在全省实现了县级到乡镇的双环路联网,实现财政系统的互联,完善预算单位城域网建设,与纳入国库集中支付管理的单位联网,搭建了省、市、县、乡财政联网信息平台,完成了省到市、市到县视频会议系统建设任务并正式投入使用。

该市财政局坚持大规模、多层次、立体化培训干部,把提升干部的专业化品质作为党组的第一要务。

该市财政局的文化建设,早已向县、乡财政蔓延,不知不觉中,小杨已经成为参与者和受益者。

(原载 2014 年 2 月 18 日《中国财经报》)

创新带来"加速度"

——山西省晋城市财政局
创新理财观促工作转型升级的实践

郭　中

2014 年年初,有一则关于晋城市财政局的消息引起人们的关注,即在财政部对 2013 年全国各市、县的支出管理绩效评价考核中,晋城市财政绩效成绩显著,获山西全省支出管理绩效评价第一,并因此获得财政部的奖励。

为什么是晋城?不了解情况的人也许会这样问。但晋城市财政人心里清楚,支出管理绩效评价不过是财政局这些年管理实践工作中的一个点,一个必然结果。记者调查发现,晋城市财政局这些年在通过管理创新促财政工作转型升级方面,还进行了多方面的创新与实践。

近 10 多年来,得益于国家经济的快速发展以及当地的煤炭资源优势等条件,晋城市迎来了经济快速发展期,财政"蛋糕"也一年年做大。但是,蛋糕做大了,作为理财部门,财政局不仅没有感到轻松,反而感到担子更重了。与晋城市的理财者们面对面,记者再次感受到了所有理财者们共同面临的"钱不够花"这一永恒难题。面对难题,记者在晋城市财政局听到最多的是创新与改革。经过这些年的探索实践，晋城财政工作逐渐向服务型、民生型、绩效型、透明型、法治型转变，更加主动服务于地方经济社会发展，并取得良好成效。

构建服务型财政。该市财政开门广征意见，上门主动服务，特别是财政政策支持的项目和民生密切相关的支出都要主动听取百姓的意见，优先安排预算，把财政部门真正变成服务于大众的公共服务部门。然而，财政工作毕竟涉及许多专门的业务，因此，对晋城财政人来说，真正的服务实则是润物细无声的专业服务，也就是通过积极推动财政管理改革，尤其是运用部门预算、国库集中收付制度、政府采购、预算绩效管理等管理手段规范财政支出过程，减少因不规范、不统一带来的财政支出的"跑冒滴漏"和规范政府支出边界，提高支出效率，更好地服务于地方经济社会发展和老百姓的生活。用财政局一位负责人的话说就是，用好财政的每一分钱，就是最好的服务，也是最专业的服务。

打造民生型财政。该市调整自身经济结构，发挥煤炭资源丰富的优势，发展煤炭和煤化工为主的支柱产业，财政收入出现较大幅度的增长，为吃饭财政向民生财政转型提供了客观条件。晋城市财政在处理好经济建设与社会发展的关系、把握好量力而行与适度超前的关系、把握好增加投入和深化改革的关系上进行了深入思考。一方面，重点解决社会保障、基础教育、公共卫生、公共文化、公用设施等基本公共需求，扩大民生支出规模，切实改善民生；另一方面，进一步完善财政资金投入的政策导向，发挥市场和社会的作用，鼓励引导各方面力量参与基本公共服务供给，形成政府主导、市场和社会充分参与的基本公共服务供给机制。为了切实提高民生支出的效果，财政部门运用部门预算、国库集中支付制度、政府采购、预算绩效管理等财政支出管理手段加强了对民生支出的管理，发挥财政支出管理对民生型财政的保驾护航作用。

创新绩效型财政。该市财政部门围绕加强预算绩效管理、提高财政资金效益的目标,积极开展探索、实践,取得了明显成效,全市范围内"横向到边、纵向到底"的预算绩效管理格局逐步形成。不仅建立绩效管理机构,出台了一系列预算绩效管理办法和制度,对预算单位、绩效管理机构和第三方参与绩效评价人员进行了多次培训,对预算绩效管理实践中碰到的绩效目标确定、绩效评价指标体系的确定等难点进行了突破和反复修改,建立了绩效评价专家库和第三方绩效评价机构资质认定办法以及绩效评价结果运用办法,预算绩效管理的范围不断扩大,从 2012 年的 6 个项目扩大到 2013 年的 25 个项目,被评价的财政资金从 1 亿元增加到 10 亿元,2014 年还将扩大范围。

探索透明型财政。该市财政部门千方百计开辟让群众了解财政运行情况和财政制度的渠道,主动接受群众的监督。除了加大宣传力度,让群众及时了解财政政策之外,晋城市探索透明财政的一大特色就是加快财政信息化系统建设,近几年建设了财政业务平台单点登录系统、公文管理系统、预算指标管理系统、预算指标对账管理系统、账户管理系统、国库集中支付系统升级、财政资金电子清算管理系统、公务卡管理系统、工资统发管理系统等 10 余个管理系统和子系统。这套系统不仅将所有财政业务实行流程化管理,而且方便群众了解财政业务流程和财政管理过程,提高财政工作透明度。同时,及时将政府公共预算、政府基金预算、社会保险预算、国有资本经营预算及执行结果送交市人大审议并公布于财政信息网和主要新闻媒体,接受人大代表和公众的监督。凡是人大代表和公众对预算及执行结果持疑义的,都由主管业务部门答复和反馈。

规范法治型财政。该市财政部门在财政政策、制度、法规规范化方面下了很大功夫,所有财政业务和财政资金划拨先立规矩、定制度,后拨资金,确保资金分配过程的严肃性和规范性。该市在每项财政业务上都有严格的制度规范,比如预算绩效管理3年内出台了12项制度法规,内容涉及绩效评价管理、绩效目标管理、工作流程、绩效评价专家库管理、中介机构参与绩效评价管理、绩效管理工作考核、绩效评价结果运用等方面,每一环节都有章可循,责任明确,确保财政干部在业务流程中有规可循、执规必严、违章必究。

(原载 2014 年 7 月 29 日《中国财经报》)

把住龙头建体系　环环相扣接地气

——山西省临汾市财政局创新制度管理纪实

贺利娟　贺　斌　郭　中　郭新民

在短短的一年半时间里,山西省临汾市财政局密集出台了 62 项财政管理制度,初步建立了临汾市预算管理新体系。预算管理新体系"新"在哪? 执行效果如何? 带着一系列的疑问,记者一行来到临汾,希望在采访中找到答案。

将改革精准定位在制度建设

党的十八届三中全会提出"财政是国家的治理基础和重要支柱"。在临汾市财政局局长程明温看来,财政已从"国家经济层面上的财力保障"上升到"国家政治层面上的制度保障",而上升的基本思路就是国家层面完善立法,地方层面制度规范。

"我们基层财政干部要认清财政改革与发展的形势,正确把握财政改革发展方向,准确定位基层财政工作重点,强化制度建设。"程明温说。

正是基于这种定位,在 2013 年 4 月 19 日党风廉政工作会议上,刚从县长任上履新临汾市财政局局长的程明温提出了临汾市财政工作的新思路:建机制、树形象、抓关键、强监管。具体讲,就是围绕建机制,必须进行层级管理,责任到人的制度建设;围绕树形象,必须建立简化程序,高效服务的制度建设;围绕抓关键,必须建立严把进口,畅通出口的制度建设;围绕强监管,必须建立事前调研,事后检查的制度建设。

从 2013 年的 4 月份开始,以平均每周 1 件的速度,临汾市财政局新建立制度 62 项,分为预算编制、预算执行、支付管理和监督保障 4 类。

"通过这 62 个文件,在财政管理上实现了用制度管人、管钱、管事,达到了 3 个目标:一是预算编制真实可靠;二是预算执行合理有序;三是预算监督严格有效。"程明温说。给预算单位安上"身份证号"。

"关键在于编码。"预算科科长靳桃珲一语道破关键所在。靳桃珲将 2015 年市直部门预算单位代码称为"359 编码"。根据《临汾市财政局关于做好 2015 年部门预算单位代码编制工作有关事项的通知》,2015 年市直部门预算单位代码设置分为 3 个级次、5 个部分,分别用 9 位阿拉伯数字表示。

"每一个代码都相当于一个预算单位的身份证号,涵盖着这个单位的基本信息。"预算科副科长乔临霞介绍说,比如山西省会计函授学校临汾分校的代码是 123001084,可以看出该单位对口管理科为市财政局行政政法科,是临汾市财政局下属的事业单位,财务核算由财政局管理,单位性质为差额事业单位。

"这样的单位搁以前,按原先的单位代码编制,根本无法满足财政管理要求。"乔临霞表示,原先纳入预算的单位也有编列的代码,但代码无法体现部门、财务核算和基础单位的隶属关系,也不能直观体现该单位的管理性质,更不能适应国库集中支付、预算信息公开、决算报表的编报、财政支出绩效评价等预算管理的新要求。而新的编码，不但细化了部门预算单位基础信息录入，还对应设置了人员基本信息表、领取遗属补助人员信息表、办公房屋建筑物情况表、信息化建设运行维护情况表，"三公"经费信息数据库等基础信息的录入内容，进一步提高部门预算编制质量。同时，通过重新设定公式，对2015年部门预算生成内容、生成项目进行相应调整、细化，增加财政对社会保险基金补助、自收自支单位政策性补助等惠及民生的内容，进一步提高部门预算编制精准度。尤其是对部门预算单位基本支出功能科目使用进行统一规范和设置，进一步提高部门预算科学化、精细化管理水平。

有了预算单位的"身份证号"，在乔临霞的电脑上，想要查某个单位在职人员信息，只需打开基础资料目录下的在职人员信息表，找到代码对应的单位就能一目了然。据介绍，这个系统将来可覆盖全市的预算单位，并与各市、县财政部门联网，届时，任何信息变更都会及时传到市财政局，实现动态更新和管理。

将预算编实编细不编死

对于预算科的同志而言，最难的莫过于既要把预算编实、编细，又不能编死。以项目支出预算编制为例，项目管理是以前临汾市财政管理的一个短板，工程类项目主要表现为项目概算虚、投资追加多、资金负债重等方面；业务类项目主要表现是"多头管理，各自为政"，每个部门有一套本系统的项目申报指南和申报程序。"指定项目""关系项目""空降项目""搭车项目"等等不断出现。对此，根据部门预算改革要求，2015年部门预算编制中，项目支出预算编制分为5类。项目Ⅰ类支出主要编制与预算单位日常工作密切相关的事项，其预算额度不得超过基本支出中日常公用支出的2倍；项目Ⅱ类支出编入能够明确预测与单位工作业务事项密切相关的项目以及需要刚性配套的政策

性项目;项目 III 类支出编入在执行中需要细化分配,配套资金有弹性
变化的项目支出以及效能建设支出,其中效能建设支出预算额度不得
超出基本支出中日常公用支出的 5 倍且绝对额不超过 50 万元的限额
编列预算;项目 IV 类支出编入对自收自支人员工资福利政策性补助
和对自收自支单位工作经费政策性补助;项目 V 类支出编入除其余 4
类支出之外的统计类项目支出,视财力情况确定是否执行,不作为单
位申请资金的依据。

"在项目预算执行过程中,单位有临时支出,可以申请效能建设支
出项目,既严肃了预算执行,也具有一定灵活性。"乔临霞说,而且,各
预算单位在申请使用效能建设支出时,必须具体细化到实际支出内
容,否则不予批准。

"管"与"放"的智慧

究竟什么该"管"什么该"放"? 看似很难的尺度把握,现在,对于
经建科科长吉鸿斌却并非难事,因为一切有制度为支撑。

对于项目性支出而言,一方面要简化程序。基本支出和项目一类
支出不再层层下文、不再逐级审批,而是一次性和单位见面,资金额占
到总预算的 51%。另一方面,要强化评审、采购程序。要求使用财政
资金必须进入政府采购程序,项目资金进入投资评审程序。

为了更好地实施预算评审制,解决评审中遇到的细节问题,临汾
市财政局研究制定了两个补充规定:一是《关于进一步规范财政投资
评审工作的补充通知》,规定 50 万元以上的工程项目都要评审,具体
操作程序为:下达《评审通知书》、开展评审并出具报告、下达《采购通
知书》、采购并出具报告、下达资金文件、拨付资金。其中,对于市委、
市政府确定的重点工程项目或特(急)事特(急)办的工程项目可以边
评审边根据工程进度预拨部分资金,但不得超过相关部门对该项目批

复概算的 70%,其余资金要依据评审结果视财力和相关规定安排。这一规定,体现了"宽严结合"的原则,既合规又合理,不会因为评审程序而耽误了工程进度。二是《关于工程建设项目预算评审和政府采购有关事项的通知》,将工程建设项目中的支出费用进一步分类细化,充分明确了哪些费用必须评审;哪些费用不经过评审。这样的规定体现了适当把握"管与放"的尺度,该管的一定严格管好,不该管的一定要充分地放开。

"管"与"放"的另一个重要体现就是授权和责任,临汾市财政局上下百来号人,每个业务科室才三五个人,面对全市这么多预算单位,这么多项目和资金,无论是人力物力还是专业水准,都不可能管得过来。因此,适当的放权十分必要。但放权的同时,如何给预算单位责任的约束? 临汾市财政局找到了政府采购这一法宝。该市对 1 万元以下各类货物的零星采购、5 万元以下的各类零星工程,以及 5 万元以下的各类政府购买服务实行分散采购,各单位根据各自的采购需求制定采购方案,确定采购承办人,由承办人向 3 家以上供应商询价,按最低价原则选择报价最低的作为政府采购供应商。国库支付局依据政府采购询价备案表、工程及服务类合同和验收单、发票审核支付。

"过去,5 万元以下的维修都是找定点单位,都是些大公司,对于修葺房顶、疏通下水道一类的小事不屑一顾,现在通过分散采购,单位可以自己询价采购,不但方便,而且价格也更加低廉。"国库支付局副局长侯迎利说。

"适当的授权方便了预算单位,更重要的是,在我们的这套制度体系中,任何形式的授权都能找到对应的责任人,真正做到了层级管理,责任到人。"政府采购科主任科员秦志强说。

关偏门 开正门

在预算编制细且实的前提下,在预算执行有管有放的背景中,国库支付管理似乎变得清晰而明了。作为预算执行的资金出口,国库支付局成为制度落实的关键所在。

"现在我们国库支付局可省事了。"说话爽快的侯迎利一开口,把大家全逗乐了,"过去,接到预算单位的指标文,要50万,用途为'办公费等'。这一个'等'字含义太广了,你说我们是付还是不付?现在各科室下达指标文,每一项费用都要列得清清楚楚,有什么内容支什么钱,写着买酱油的钱就绝对不能拿来买醋,我们只要照章办事就行。"

为此,国库支付局给各单位的会计和局机关部门预算管理科的所有管理人员以及国库支付局的每位管理员人手发了一张小卡片,对支付管理中常用一些科目如何审核及审核依据进行说明,既服务了预算单位,也减少了一遍遍解释的麻烦。更大的好处就是避免了同预算单位的口舌之争,什么该支,什么不该支,完全照制度办,预算单位也没得说。

常言道,上帝给你关闭一扇门的同时,一定会给你打开一扇窗。对于临汾市财政局来说,也是一开一闭,即关掉一扇偏门,开一扇正门。首先把各单位的基本账户锁死,锁定单位的资金额度之后,预算管理科把单位的资金纳入预算管理,基本账户只许出不许进,通过九鼎支付系统保障管理手段的到位。同时,禁止市级主管部门向县级和市直单位(部门)分配没有政策依据的资金,这条路通过支付管理的办法锁死了。

关闭各单位基本账户和对下属单位资金拨付通道的同时,要求各个单位给县(市、区)级对口单位安排资金,必须通过财政部门的指标文件来下达到县(市、区),由县级财政进行管理,对于单位的一些往来资金,在非税收入系统纳入国库管理之后,在非税局开立了单位的往来账户,对各单位的往来资金,由非税局进行管理。

"与其让其走'偏门',不如使其合法化、阳光化,从暗处走向明处,对其加以限制和管控,并使其受到公开严格的监督。"临汾市财政局副局长陈文章说。

接地气　受欢迎

2014年9月23日,临汾市举办全市财政系统加强财政管理提升业务能力培训班。各县(市、区)财政局局长、业务副局长、业务股长等130多人参加了培训。这一套制度体系受到了普遍的欢迎。

浮山市财政局局长卫俊林连连称赞,"这套系统很接地气,我们县几乎实行'拿来主义',而且可操作性很强。"他告诉记者,去年,浮山市各机关有60多个临时工,根据市局的制度办法,节省了不少开支,减少了财政供养人员。

而对于吉县财政局局长李百灵而言,最大的收获在于项目预算管理中的效能建设支出部分。以往县长办公室总是门庭若市,都是为项目预算追加要钱的。现在县里成立了由财政、审计和监管等部门组成的财政资金审核小组,从2014年4月份开始,每月举办一次县长办公会,项目资金预算没安排的部分必须拿到会上讨论,根据政策决定是否批钱。"这套制度真正实现了以制度管事,以制度管人,以制度保护干部。"他说。

尽管好评如潮,但程明温和他的同事们深知:财政工作是不断改革、不断发展的,制度建设必须要时刻跟上步伐,财政改革永远在路上,制度建设也永远在路上。

短评:顺势而为主动创新

临汾财政扭住"预算编制"这个龙头,围绕预算编制、预算执行、支付管理、监督保障四个环节,环环相扣,顶层设计出一套"359"预算编码管理新体系,具有极强的革命性、系统性和前瞻性,走在了山西全省前列。

临汾财政新制度体系顺应预算管理制度改革方向,遵循新《预算法》立法精神,契合现代财政制度本质要求,真正实现了以制度管人、制度管事、制度管钱、制度管权的目的,切实保障了财政资金安全与干部安全。

临汾财政新制度体系在立足当地经济社会发展实际,兼具实用性与可操作性的基础上,还有四大亮点:一是制度之间相互联系,结合点和衔接部分明晰贯通;二是整个具体执行过程皆可找到财政、财经政策依据;三是制度中的灵活部分、授权部分都能找到责任人,钱是活的,责任是死的;四是每项制度都与财政信息化平台相融,制度通过平台和数据说话。

临汾财政新制度体系之所以能成功运行,诚如普遍共识:"大环境"是前提,"接地气"是基础,"顶层设计"是关键,"科学规范"是核心。

(原载 2014 年 11 月 4 日《中国财经报》)

山西吕梁市五项措施推动非税收入改革

吴 贤

2012 年,山西省吕梁市采取五项措施,扎实推进非税收入收缴管理改革,取得明显成效。到年底市本级所有执收执罚单位全部纳入了非税收缴系统,13 个县、市(区)全部启动了非税收入收缴制度改革。

一是抓非税系统建设,完善收缴方式。按照全省建立以计算机网络为依托的"单位开票、银行代收、财政统管"的非税收入收缴新模式,2012 年将市本级所有执收执罚单位全部纳入非税收入收缴改革范围,将离石城区 9 家银行确定为非税收入收缴改革代理银行,搭建起了财政、执收单位、代理银行互联互通的非税收入征缴网络系统。

二是抓统一票据管理,强化源头管控。坚持"以票管收"原则,市级执收单位全部使用《非税收入一般缴款书》进行收缴,改变了以往票据种类多、管理难度大的状况,强化了对非税收入的源头监控。

三是抓收缴机构整合,理清收缴流程。停止了市财政集中收费中心非税收入收缴业务,全部非税收入通过非税系统进行解缴,对收费中心原有工作人员进行分流,从机制体制上保障非税收入收缴改革的顺利推进。

四是抓非税收入征管,实现应收尽收。年初在对市直各单位非税收入项目摸底调查的基础上,向各执收单位下发了非税收入征收目标计划,并通过按季通报各单位非税收入完成情况、出台非税收入征管考核奖惩办法等措施,非税收入实现了应收尽收。2012 年市本级非税收入同比增长 22.66%,为吕梁市转型跨越发展提供了坚强的财力支持。

五是抓县级督查督导,加快改革步伐。

（原载 2013 年 3 月 2 日《中国财经报》）

吕梁强化专项资金管理

郭　中　阎广智

山西省吕梁市近日制定出台市级财政专项资金管理办法和操作规程,为建立科学规范完整的专项资金运行机制打下基础。

该《办法》厘清部门职责,明确责任主体。根据山西省"六权治本"和财政专项资金整治工作要求,全面明确了市项目实施(资金使用)单位、业务主管部门、财政、监察、审计和县、市、区人民政府及其相关部门主要职责,同时在专项资金设立、预算编制、项目申报、资金分配审批、资金使用管理、绩效评价、监督检查以及信息公开等八个环节全部落实了各相关部门(单位)的权利和责任,做到主体明确、责任清晰。

《办法》界定了适用范围,确保各类资金全部覆盖,明确规定专项资金由市级财政专项资金和中央、省对该市专项转移支付资金两部分组成,除年度部门预算中安排的单位管理维持机构运转的经常性项目支出和一次性补助支出外,中央、省、市财政安排的各类资金全部纳入专项资金管理范围。

实行复式审批,进一步规范审批程序。专项资金统一实行设立与分配环节复式审批制度,即在专项资金设立和分配环节全部实行报市政府审批制度。同时明确,所有专项资金全部执行"部门提出预算(计划),市政府批转财政审核,市政府审定"的具体程序。

实行多层次全方位监督,建立内外并重、上下同步、部门联动的监督体系。《办法》进一步明确了市、县各相关部门在监管方面的具体职责,同时按照"谁使用、谁负责"的原则,充分发挥项目单位和主管部门内部监督的职能作用,初步构建内部监督和外部监督并重、上级监督和下级监督同步、审计监督和行政监督共进的监管机制,形成在专项资金设立、申报、审批、使用、监督环节上相互协调、相互制约的新型管理体系。

优化支出结构,严问项目绩效。《办法》重点对专项资金导向、资金用途、资金配套政策等方面予以进一步明确。今后专项资金分配由因素法和项目法相结合,重点采用因素法分配方式,并逐步扩大因素法分配的比例和范围,进一步促进全市在资金管理上简政放权,增强市、县政府统筹发展的能力,增强资金分配的科学性、规范性和透明度。《办法》中明确规定专项资金实行绩效管理,积极支持第三方机构按照客观、公平、公正的原则独立开展评价,提高绩效评价的质量和公信力。同时,强化评价结果应用,建立评价结果与预算安排挂钩制度,对项目执行中问题较多、使用效益差的,除督促整改外,按程序予以调整或取消。审计和财政部门对专项资金分配、管理、使用等情况进行专项审计和监督检查,对违法违规的依法依规处理。

严格办事程序,严明岗位职责。按照横向到边、纵向到底、留有痕迹的原则,重点是制定了专项资金运行流程中的具体程序和操作规定。从专项资金设立、申报、下达、拨付到绩效评价、监督检查,对资金使用的各个环节和主管部门、项目实施单位提出了具体办理规定和要求。同时,《规程》着重对财政部门内部各个岗位职责予以明确,对每个岗位应该审核的内容作了较为详尽的描述,做到专项资金的全过程人人有责、不留死角。

（原载 2015 年 8 月 29 日《中国财经报》）

被"逼"出来的管理新模式

——山西省沁县试行民主参与式预算纪实

战雪雷　郭　中　王国柱

沁县是山西省为数不多的无煤县,资源贫乏,工业薄弱,财政收入刚刚过亿,至今依然是省级贫困县和重点财政困难县。"沁县开展民主参与式预算是自发的,也是被'逼'出来。"沁县财政局局长任守中告诉记者。

自发性:从"民主恳谈"到"参与式预算"

"一到预算编制的时候,各部门、各单位都不约而同地来到财政局要求增加预算。财政部门应接不暇,财政预算编制阻力较大。"任守中坦言。

任守中说:"大家你找我找,不如我把大家都请来,就是沁县5000多万县级可用财力,保障了工资和民生后,你看这样预算编制行不行?通过民主参与和公开透明,大家对县财力状况了解了,预算方案也理解了,局长也好当了。"

实行民主参与,进行阳光作业,让人民代表说话,让群众来评理,科学、公正地编制县级年度预算。沁县财政局在去年预算编制中尝试了民主化参与式预算编制。试点过程包括四个阶段：部门预算、列出草案，确定代表、民主参与，召开会议、共同协商，预算执行、跟踪监督。

据悉，在该县 2009 年预算中，民生预算新增不少，教师绩效工资预留了 600 万元，住房公积金 200 万元，新农合 100 万元，但各单位的公用经费标准没有提高。不过，大家通过民主科学参与预算编制，了解到财政"抠"得有理，心气顺了，社会和谐了。

科学性：广采众议民主监督

沁县的民主参与式预算，本着政府领导、广泛参与的原则，吸引人大代表、社会各界参与，试行一年，取得了明显的成效。

通过民主参与预算编制，优化了财政支出结构。在预算编制民主参与中，有人大代表提出，应该都推行对内"零"招待，对上工作餐制度、安排的招待费是不是太多了。又有代表提出，"我们不能只看到大项目、大工程，县城有些背街小巷太破了，多年也没有修缮。"为此，沁县财政局采纳了他们的建议，从招待费等行政性支出中挤出 100 万元，安排了 14 条县城背街小巷的硬化工程，群众拍手称快。

通过民主参与预算编制，监督了县预算的执行。沁县财政严格执行县人大通过的预算，原则上不搞超批拨款。县领导下乡和到机关调研，原则上不直接受理经费安排方面的报告，涉及经费安排的请示统一交财政部门研究提出意见后，报县政府在年终预算调整时或明年预算编制时落实。

通过民主参与预算编制，沁县推行了政务公开、财政预算决算公开，特别是对县重点公共支出、重点项目申报、专项资金使用情况等三个群众关心的热点进行公开。一个工程承包商在县城胜利路改造中，因地基处理不好，质量出现问题，有群众直接打电话给财政部门，要求财政不能再给该承包商工程款。

自觉性：将民主参与式预算进行到底

2008 年 12 月，山西省沁县东风小学校长任玉萍接到邀请，和 20 余位人大代表、各界人士参加年度预算座谈会，她在会上直言，县校舍安全工程配套资金 100 万元太少了。不久，财政部门向她答复，该项配套增加到 200 万元。后来，她看到人大审议的财政年度预算在沁县新闻报和政府网进行公开。任玉萍作为教育界人士代表参加了沁县刚刚试行的民主参与式预算。

经过一年的实践，任守中总结其中的经验，参与式预算试点工作体现了政府的工作目标和职责，拓宽了公众对财政支出建言献策的渠道，并将人大代表、各界群众代表、部分职能部门领导纳入财政预算编制过程，参与分配社会资源，增强对贫困财政的理解，促进了社会和政府的和谐。同时，这也促使政府将有限的财政资金投入到最需要的领域和项目中，实现绩效预算，阳光操作，保障社会公共事业全面健康发展。

记者了解到，沁县将在去年试点工作取得成功的基础上，拓展预算安排领域。在预算编制中吸收群众意见，重点选定涉及民生、群众关注的公共项目，避免过去少数领导干部拍板定项目，充分增加老百姓的话语权。

（原载 2009 年 11 月 28 日《中国财经报》）

服务+监管:忙并快乐着

——山西省乡镇财政所改革纪实之一

贺　斌　郭　中

在山西省长治市襄垣县夏店镇财政所,办公楼楼顶"为国理财为民服务"8个鲜红的大字格外引人注目,几乎成了这栋楼的标志和象征。然而,在夏店镇财政所的工作人员心里,这不仅是一句简单的口号,更是一份重要的使命。

山西省财政厅预算处薄新伟向记者介绍,农村税费改革之前,乡镇收入主要靠"三提留五统筹"。农村税费改革之后,乡镇一级的收入主要来源于上级转移支付。

但这并不意味着乡镇财政就成了无事可干的旁观者,近几年国家各项惠农政策陆续出台,农村公共服务的内容越来越多,财政用于"三农"的资金规模越来越大,乡镇财政的基础地位和作用也显得越来越重要。

为更好履行公共财政职能,推进财政科学化精细化管理,调整完善乡镇财政职能势在必行。今年6月,山西省财政厅根据财政部对乡镇财政工作的新要求,在充分调研的基础上,印发了《关于充分发挥乡镇财政职能作用切实加强乡镇预算管理和资金监管工作的意见》,明确提出将山西省乡镇财政所的职能转到"服务经济社会发展"和"强化资金监管"上来。

服务为纽做农民的贴心人

说到职能的转变,夏店镇财政所所长史培中乐了:"我们过去是收钱的,农民见到我们就躲,现在变成发钱的,跟农民的关系也好了。"

说起来轻松,可要把钱发明白、发到位却并不是那么容易的事。首先是得做好各项基础信息核实工作,交给农民一本明白账。在夏店镇财政所的资料室,一排排文件柜被塞得满满当当。史培中顺手取出一本厚厚的册子,那是 2010 年玉米良种补贴资金登记表。打开一看,户主姓名、种植面积、补贴标准、补贴金额等都列得清清楚楚,一目了然。

核实只是工作的第一步,资金的拨付才是挑战的开始。夏店镇辖 57 个行政村、185 个自然村、6800 余户、2.7 万人。2006 年以前,财政所只有 3 名工作人员,每次发放惠农补贴都得全员出动,可就算这样也要跑一个多月。碰上家里没人,还得跑上好几趟。他们不是没想过通过村会计发放,可是多了一个中间环节,容易产生截留,造成新的矛盾。

如何才能让资金拨付既高效又到位?夏店镇财政所几个工作人员就一起琢磨——给每家每户办一个存折,将补贴给农户的资金直接打进存折里,一方面快捷安全,另一方面减少了中间环节,有效杜绝截留问题。从 2006 年 10 月起,整整 3 个月,他们和镇邮政储蓄所反复沟通和协商,终于使夏店镇的农民用上了"一折通",各项补贴资金直接打进农民的账户。夏店镇"一折通"的举措取得了事半功倍的效果,得到山西省财政厅的肯定,并迅速在全省推广开来。

钱拨付出去了,还得让村民们知道。对此,夏店镇财政所,一方面通过在村里张榜公示,将补贴对象、补贴依据、补贴标准、补贴金额四项内容向大家公开:另一方面认真填写每家每户的收据,供补贴对象查询之用。

"虽然现在工作量比以前大了,但是职能的转变让我们理直了,气顺了,心情也更加畅快了!"史培中幽默地说。

为农民提供细心周到、无微不至的服务是财政所工作人员的职责。为了让农民更方便快捷地享受到公共财政带来的成果,襄垣县所辖的财政所办公楼内都设有一个服务大厅,为农民提供一站式服务,既方便又快捷。

而在晋中介休市义安镇财政所,服务不光授之以鱼,还授之以渔。财政所所长冀晓英告诉记者,由于介休市实行了"村账乡管"的管理模式,镇财政所专门设立了农村会计服务中心对村级财务进行管理。

68 岁的程夺魁是义安镇义安村的村会计,做会计工作已经整整50 年。说起农村会计服务中心,他赞不绝口。因为中心不仅为村会计们提供指导,使他们了解并熟悉各项涉农政策法规,还定期组织农村财会人员培训,提高了他们的业务水平。

监管为网堵住资金漏洞

为了进一步加强乡镇财政资金监管,为今后强化乡镇财政资金管理提供依据,山西省财政厅对全省用于乡镇的财政性资金项目数量和资金分配渠道进行了摸底和梳理。经初步统计,全省用于乡镇的财政性资金项目达70 余项。

薄新伟告诉记者,涉农资金项目纷繁,多头管理,监管成了个大问题。对此,山西省财政厅要求各乡镇财政所对项目进行监管,通过其拨付的,要做好基础数据统计核实,每年年底省财政厅将组织对乡镇财政的监管情况进行检查。各市、县财政局也按照自身情况,纷纷建立健全相关工作制度,积极加强乡镇财政资金监管工作。

其中,介休市对乡镇财政所实行"两个分类指导":一是对用于乡镇的各级财政资金进行科学分类,全部纳入监管范围,并制定不同的监管措施和方法;二是按照乡镇的个体差异,因地制宜地选择开展资金监管的方式方法。

襄垣县则取消了乡镇财政在各银行和金融机构的账户,共取消账户55个,然后由县财政在各乡镇金融机构统一开设财政专户分账户,分账户设"结算专户""工资专户""村级资金专户",各项业务由乡镇总预算会计办理,乡镇行政事业单位开设"支出专户",报县财政局备案。

而各乡镇财政所也在实际工作中积极创新工作方法,如介休市义安镇财政所在核实农村五保户、低保户、优抚对象补助情况时,采取"一观察、二比对、三询问、四走访"的四步工作法,即观察受助对象的家庭人口和经济状况,比对户口簿和救助资金领取证上的对象人数是否对应,询问资金是否足额领取,走访左邻右舍进一步核实有关情况,保证了基本情况的真实性和可靠性。

襄垣县古韩镇财政所对项目资金监管,实行"四上报""两检查""一到位"方法,保障财政性资金在工程建设中能够发挥重大效益,避免虚假立项,套取项目资金现象。即项目责任单位在申请拨付财政补助资金时,必须将"项目立项审批手续、项目评估效果、工程招投标合同、责任人和受益人"上报财政部门,建立项目工程档案;然后实地检查项目进展情况,检查项目资金筹备情况;符合规定和条件的,保证被申请的财政性资金在3日内到位。

"现在财政所的工作量是加大了,但看到资金管理更加规范,我们累点也值了。"古韩镇财政所所长张建中欣慰地说。

乡镇财政所是将公共财政阳光洒向基层的"桥头堡",上面千条线,下面一根针,作为财政支持"三农"资金的直接操作者,随着国家对"三农"问题的重视,乡镇财政的职能还将越来越多。

（原载 2010 年 11 月 6 日《中国财经报》）

构筑更加稳固的财政基石

——山西省乡镇财政所改革纪实之二

贺 斌 郭 中

"麻雀虽小,五脏俱全",这是山西省长治市襄垣县夏店镇财政所给人的第一印象。别看才两层楼,十多间房,可办公室、档案室、服务大厅却一个都不少,并且在大门正对着的楼梯旁竖立了一块指示板。

"有了这块指示板,来财政所咨询和办事的单位个人就方便多了,去哪里,怎么走,这上面都写得清清楚楚。"夏店镇财政所所长史培中说。史培中的办公室就在二楼顶头,房间被分为办公区和会议区。办公桌上,电脑、打印机等现代化办公设备一应俱全。而对面的一排沙发,则是财政所会客和开会的场所。他告诉记者,以前财政所和镇政府在一块儿办公,只有两间小办公室,摆几张桌子,再放个档案柜,要是来个人,连坐的地方都没有。现在有了独立的办公楼,不仅腾出了专门的办公室、档案室,还有为农民提供一站式服务的服务大厅。

工欲善其事 必先利其器

"乡镇财政所是财政面向乡镇的一个窗口,然而,许多乡镇财政所办公场所条件简陋,办公场地有限、软硬件设备更新缓慢,办公自动化、信息化基础较差，与当前开展工作的要求极不适应，工作进展不平衡。"山西省财政厅预算处调研员薄新伟深有感触地说，为了全面提升乡镇财政监管能力，山西省各级财政积极改善乡镇财政所办公条件，为乡镇财政工作提供良好的物质保证。省财政今年拿出2600万元作为乡镇财政建设的资金，为每个财政所补助2万元，以此带动市、县两级配套。目前资金已通过批复下达。

各市、县对乡镇财政所建设也非常重视，太原市财政局今年对重点乡镇按每个乡镇财政所5万元的标准进行了专项补助；长治市襄垣县也大力支持各乡镇财政所改善办公条件，全县11个乡镇财政所都有了自己独立的办公场所，并统一配备了相关办公设备，还投资200多万元，为县里的预算单位和各乡镇财政所都接上网络，实现了专线专网，为发挥乡镇财政所职能作用提供了必要的物质保障。

对此，史培中颇有感慨："记得我刚参加工作时，每年5份工资表全靠手抄，费时费力不说，还容易出错。现在有了电脑和打印机，效率大大提高。以前到年度决算时全靠算盘，现在拿着计算器啪啪一按数据就出来了，业务工作轻松了很多。"

不拘一格"造"人才

乡镇财政人员是乡镇财政工作的执行者，其素质的提高对于做好乡镇财政工作尤为重要。因此，在改善办公条件的同时，山西省也加强了对乡镇财政人员的培训工作，提高其财政业务能力和政策理论水平。根据《财政部关于开展乡镇财政干部培训的通知》要求，山西省财政厅制定印发了《山西省2010年－2012年乡镇财政干部培训规划》，要求三年内把全省所有乡镇财政干部轮训一次。

薄新伟告诉记者，2010年8月份，山西省开办了首期乡镇财政培训班，对各项涉农资金政策和监管要求进行培训，由厅里各涉农处室一把手亲自授课,参加培训的人员主要是市、县负责乡镇财政工作的同志和省级联系点的财政所长,培训取得了较好的效果。

由于山西省县、市普遍较小,乡镇财政干部培训工作主要任务集中在省、市两级,但是部分条件较好的县也积极参与组织乡镇财政干部培训工作。

"对于人才的培养,我们向来不遗余力。"襄垣县财政局局长郭同斌说,一方面,他们组织培训,邀请山西财经大学的老师授课,以培养全能型人才;另一方面,他们鼓励乡镇财政人员通过函授等方式提升学历,不但学费全包,还提供一定数额的补贴,现在全县80%以上的乡镇财政人员达到了大专以上学历。

而晋中介休市财政局更是注重选拔较高素质的人才充实到乡镇财政队伍中。市财政局副局长裴俊基告诉记者,介休市原来有20个乡镇,2000年乡镇机构改革后,合并成10个乡镇,为提高乡镇财政人员素质,他们从各乡镇选拔学历高素质高的年轻人进入财政所。此外,每年还要组织一两次业务培训。

"乡镇财政干部处于财政系统的'神经末梢',是联结城乡、联系群众的桥梁和纽带,也是党的惠农政策的执行者,他们素质的提高,将更好地巩固我们的'两基'建设。"薄新伟说。

（原载 2010 年 11 月 13 日《中国财经报》）

"乡财县管"后,财政所究竟该"管"啥

——山西省乡镇财政所改革纪实之三

贺 斌 郭 中

2006 年,山西省财政厅在全省的 16 个县开展"乡财县管乡用"财政管理方式改革试点,到 2009 年,试点县总数扩大到 81 个,至此,实行"乡财县管乡用"的县、市占到全省总数的 68%。

他们将政策送到农民的手中

实行"乡财县管"之后,很多支出和管理由县里负责,因此有人认为,乡镇财政不重要了。

"这是一种认识上的误区。实际上,近年来省里一直没有放松对乡镇财政工作的指导和要求。"山西省财政厅预算处薄新伟说。

他认为"乡财县管"和加强乡镇财政不矛盾,"农村税费改革之后,乡镇一级财政基本没有收入,只有支出。因此乡镇财政所的职能只能重新调整,重点转向服务和监管。所谓'乡财县管',其支配权还是在乡镇。"

2005 年 12 月,介休市开始实行"乡财县管乡用"的财政管理方式改革试点,并于 2006 年全面推行"乡财县管乡用"改革。在现行财政

体制和政策不变的前提下,以乡镇为独立核算主体,取消乡镇总预算会计和单位预算会计业务,收入上划,支出下拨;实行预算管理政策不变、乡镇资金使用权、审批权不变、乡镇会计主体的法律责任不变、债务债权关系不变的原则,以加强市财政对乡镇财政的监管力度为出发点的会计集中核算。

介休市义安镇财政所所长冀晓英告诉记者,实行"乡财县管"后,财政所专门设立农村会计服务中心,对各村财务进行统一核算管理,加强了对财政性资金使用的监督。对农户发放的款项全部实行"一卡通"发放,政府有关部门只负责有关信息的收集、核实、录入,经上级审核后提供给银行机构,由银行统一发放,这样杜绝了拖延、挪用、截留,甚至贪污的发生,保证各项资金能及时安全地发放到农户手中。

"所以说,实行'乡财县管'之后,乡镇财政的职能并没有弱化,而是在县、市一级财政的统一管理下,大大加强了。"晋中介休市财政局副局长裴俊基笑着说。

"我们成了县里'特派员'"

长治市襄垣县是山西省第一批开展"乡财县管乡用"改革试点的县,县财政局局长郭同斌告诉记者,原来的财政体制是每年县里对乡镇分配税收任务,收入由县乡分成。2006年实施"乡财县管"后,襄垣县将全县11个乡镇财政机构全部上划,人、财、物上划到县财政局,使乡镇财政所成为县财政局的派出机构和县财政局在农村的延伸,并对乡镇财政所的职能进行重新定位,以监管和服务为主。为此,局里专门成立了乡财股,对乡镇财政所的人员和业务进行垂直管理。

此外,襄垣县财政局还取消乡镇财政在各银行和金融机构的账户55个,由县财政在各乡镇金融机构统一开设财政专户分账户,分账户设"结算专户""工资专户""村级资金专户",各项业务由乡镇总预算会计办理,乡镇行政事业单位开设"支出专户",报县财政局备案。

古韩镇财政所所长张建中表示,没上划之前,乡镇各部门各自为政,其账户情况乡镇财政所很难知晓。账户统设后,各单位、各乡镇的资金情况一目了然。不但是财政系统,其他部门到乡镇的钱也直接进入财政所,由财政所统一开收据,进行票据报销。资金监管起来比以前方便了很多。

"'乡财县管'的初衷就是强化资金监管,因此要把人、财一起上划,管住人才能管住钱。过去有些乡镇不富裕,资金下去后挪用的现象较多,相互借债的情况也比较严重。'乡财县管'之后,这类问题大大减少,乡镇财政在资金监管力度上得到明显加强。"县财政局副局长常永刚说。

对此,史培中深有体会,"以前没上划,一切都在乡镇,'吃人家的饭',管起来自然束手束脚,现在不同了,我们成了县里的派出机构,监管起来更有底气。"

但是,乡镇机构上划也面临一些现实问题,郭同斌告诉记者,乡镇财政所上划后,一部分财政工作人员的身份发生了变化,由公务员编制变成了事业编制,2006年工资改革后,身份不一导致了工资待遇等各方面的不平衡,使乡镇财政人员的工作积极性受到影响。他希望上级财政能适当加大对乡镇的激励奖补力度,增加对乡镇的转移支付,以充实乡镇财力,适当提高工作经费标准,增强乡镇财政人员的工作积极性。

(原载 2010 年 11 月 20 日《中国财经报》)

山西财政监督重点瞄准"强统筹重效能"

郭 中

"财政监督作为财政管理的重要组成部分,必须紧扣财政中心工作,正确把握工作重点,切实加强收入、支出、会计、内部监督,保障积极财政政策和强农惠民政策有效落实,促进经济社会又好又快发展。"这是在山西省财政监督会议上确定的 2012 年山西财政监督工作的总基调。会议表示,山西财政监督工作重点今后将瞄准"强统筹重效能"。

山西省财政厅要求各级财政监督专职机构,要以扎实有效的工作成效主动争取单位领导特别是"一把手"的重视和支持,努力使其在财政改革的总体设计中主动谋划财政监督的发展问题,包括为财政监督机构切实提供必要的人力、物力和财力保障,并主动协调解决遇到的问题。要牵头做好"大监督"的制度设计。要有能力负起牵头责任,做好"大监督"的统筹工作。按照《财政部门监督办法》所赋予的"统一归口管理、统一组织实施、统一规范程序、统一行政处罚"的职责,各级财政监督机构要未雨绸缪,稳步提升自己的工作质量与效率,力争演好统揽财政监督全局的角色。

全省财政监督机构还将以预算编制和执行监督检查为重点,促进财政管理与财政监督的有机融合,逐步建立健全预算编制、执行和监督相互协调、相互制衡的新机制。一是围绕预算编制,开展对部门、单位人员编制的检查,及时纠正多报、混报人员编制的情况,对单位资产配置和管理使用情况、对外投资情况进行摸底,为预算编制提供真实、可靠的依据。二是围绕预算执行,切实加强收支监管。收入方面,要督促各项收入及时足额上缴,确保收入预算完整性。检查时在顾及本级预算收入的同时,也要照顾到其他各级的收入分成,不能自扫门前雪。支出方面,要加强对列入预算的政府购买性支出和转移性支出的检查,使政府各项支出都依法严格执行,促进预算执行合规、均衡、有效。三是围绕决算审查,认真核实结余、结转资金,确保预算执行结果规范、完整,做到事前审核、事中监控与事后检查相结合,提高预算编制、执行的规范性、准确性。

促进财政部门管理水平和内控机制的不断提升,也是 2012 年财政监督的一个重点。山西财政将以强化廉政风险防控为主要内容,加快健全财政内部控制机制。

(原载 2012 年 6 月 30 日《中国财经报》)

煤炭大省资源税改革破冰

郭　中　薛朝阳

清费立税后,山西政府为煤企减负至少 170 亿元

山西煤炭资源税改革方案日前已上报财政部,将于 12 月 1 日起正式实施。这标志着社会各界期盼已久的煤炭资源清费立税,从价计征改革终于破冰。改革后山西政府将为煤企减负 170 亿元以上,而且更有利于促进资源节约和环境保护。

山西兴于煤困于煤。受经济下行压力影响,各大煤企举步维艰。困难倒逼改革,山西省政府为煤企脱困实施了"三步走"战略。

规范—政策"组合拳"招招治乱

为深化煤炭管理体制改革,简政放权,规范煤炭市场秩序,进一步通过改革减轻煤炭企业负担,2014 年 6 月,山西省在上年度出台"煤炭 20 条",暂停提取矿山环境恢复治理保证金和煤矿转产发展资金,为煤企减负 145 亿元的基础上,再出重拳,率先启动涉煤收费清理规范工作。

山西省省长李小鹏担任煤炭工业深化改革稳定运行领导小组组长,并确定了以煤炭清费立税为突破口,以煤炭公路运销体制改革为

关键点,以煤炭资源市场化配置改革、煤炭证照监管体制改革、煤矿项目审批和投资体制改革、国有煤炭企业改革、煤炭法规制度建设和煤焦领域反腐败制度建设为重点,全面推进煤炭管理体制改革的总体思路。

2014年6月19日,省政府出台了《涉煤收费清理规范工作方案》,明确涉煤清费的主要任务是:取消省级专门面向煤炭设立的行政事业性收费和不合理服务性收费;取缔一切涉煤乱收费,降低部分涉煤收费和基金的征收标准;严格规范保留的涉煤收费项目。据统计,全省要取消、降低、规范的涉煤收费项目共有24项。其中,行政事业性收费16项、政府性基金6项,经营服务性收费2项。

2014年6月23日,省政府召开省、市、县三级电视电话会议,动员部署全省涉煤收费清理规范工作。李小鹏要求各级各部门要从改革大局出发,深刻认识煤炭管理体制改革的重大意义,统一思想,明确责任,坚决落实好涉煤清费的各项政策措施。

为确保工作扎实开展、不走过场,省政府3个月内连续组织三次实地督查。2014年7月份,派出6个督查组,深入11个市、33个县、110个企业和14个省直单位进行督查,对清理规范中发现的问题下发整改清单,限期予以整改。9月份,李小鹏亲自挂帅,组成9位省委常委、副省长带队的工作组,分赴全省各市,强力督促各市认真完成好涉煤收费清理工作任务。10月份,省政府持续加力,组织开展了对涉煤收费清理的"回头看",确保清费工作不打折扣。

同时,山西各市、各有关部门单位都成立了党政主要负责同志任组长的领导小组,认真开展清费工作,对督查发现的问题,举一反三,认真整改,全省清费工作实现了纵向到底、横向到边,杜绝了死角和盲区。

清费——煤企减负 4 个百分点

通过清理规范,目前省级设立的专门面向煤炭的行政事业性收费全部取消,现保留的收费和基金全部为中央批准设立的项目。各级政府、部门的征收行为得到了规范,违规收费项目全部取缔。全省共减轻煤炭企业负担 108.5 亿元。其中,煤炭稽查管理费 0.26 亿元,煤运系统收取的经销差价 74 亿元,煤炭服务费 0.46 亿元,市、县政府自设收费及各类乱收费、乱摊派 33.6 亿元。

根据省财政厅测算,2014 年山西煤炭销量预计 8.25 亿吨,以 9 月煤炭综合售价 326.31 元/吨计算,全年山西煤炭销售收入约为 2692 亿元,如果将 2013 年与煤炭资源税改革相关的涉煤税费 393.9 亿元的负担全部平移,2014 年山西煤炭企业实际负担率为 14.6%。清费减负 108.5 亿元后,煤炭企业实际负担率降至 10.6%,较清费前降低 4 个百分点,减负 27.5%。

据煤炭行业专业人士分析,此次山西清费力度之大前所未有,108 亿元只是可以统计出来的减负额,很多乱收费项目根本无法统计,如果将清理这些乱收费给企业形成的减负估计上,煤企减少的负担远不止这些。

为巩固清理涉煤收费工作成果,山西建立防止企业负担反弹长效机制。在省政府、省财政厅、省物价局官网公布行政事业性(基金)收费和涉企收费清单及监督电话,畅通乱收费查办举报渠道,公民、法人和各类组织有权拒绝缴纳清单之外的收费,并对乱收费行为加以举报。同时,画出一条"涉煤收费红线",明确规定,凡在清单之外乱收费的,一经查实,严肃追责。

立税——煤企负担继续下降

2014 年 12 月 1 日,煤炭资源税从价计征改革将在全国范围内实施,根据国家政策规定,改革后的适用税率幅度为 2%～10%。各省可根据实际情况在税率幅度范围内确定本省适用税率后报国家批准。

清费是立税的基础。山西涉煤清费规范工作的有效开展为下一步实行煤炭资源税从价计征改革奠定了坚实基础,创造了有利条件。

日前,据有关人士预测,根据中央不增加煤炭企业总体负担的要求,如果考虑山西煤炭行业可持续发展的长远需要,山西拟定的煤炭资源税适用税率有可能比 10.6% 的实际负担率还要低 2 个百分点以上,还将为煤企减负 70 亿元左右,这样,总减负额将至少达到 170 亿元以上。

(原载 2014 年 11 月 25 日《中国财经报》)

3.6万个项目审减457亿元

范 非 郭 中

　　2013年3月22日，记者从省财政厅投资评审中心了解到，该中心前不久采取现场勘测、市场询价、专家会审等方式，对省金保工程新型农村养老保险信息系统建设项目进行了科学评审。该项目拟安排总投资3874.6万元，经过评审后，被"砍"掉不合理支出1056.76万元，审减率达27.27%。

　　自2000年我省着手构筑被业内称作财政投资项目支出管理的"防火墙"——财政投资评审机构以来，类似的案例就屡见不鲜。13年来，这一道"防火墙"不负众望地累计评审项目3.6万余个，评审金额4757.94亿元，为全省各级财政审减金额457.98亿元，审减率9.62%。

　　长期以来，由于缺乏科学有效的监管、审核，财政投资的项目往往存在"概算超估算、预算超概算、结算超预算"的怪现象。为了把牢财政"闸门"，杜绝各类不合理、不合规的财政资金支出，2000年10月，在省委、省政府的高度重视下，省财政厅投资评审中心应运而生，并明确规定：凡是政府投资项目，一律"先评审，后预算；先评审，后支付；先评审，后采购；先评审，后结算"。之后，全省11个市陆续全部组建了财政投资评审机构,迄今成立相应机构的县、市区已达到56个。

我省财政投资评审系统逐步建立了一整套严密完善、行之有效的制度体系。省财政厅投资评审中心制定了3个规范行业工作的办法和3个指导性的评审指标体系,使全系统的操作规程做到有章可循。与此同时,全系统实行省、市、县三级联动和专家会审制度,确保了评审业务的专业化和高水准。截至目前,全省专家库共储备各类专家209名,拥有了强大的技术支持。

近年来,我省财政投资评审领域呈现出不断拓宽的趋势,从过去单一的工程投资和专项资金项目评审,拓展到财政重点项目支出各方面的评审;从过去单一的城市建设投资领域,拓展到民生项目的评审;从过去单一的内资项目评审,拓展到外债项目的评审。据统计,从2001年到2012年,全省评审项目年均增长208.28%,评审额年均增长130.36%。

（原载2013年3月24日《山西日报》）

山西:非营利组织财务会计报告2009年起纳入注册会计师审计范围

郭　中　李一硕　张瑶瑶

日前,为认真贯彻落实国办发〔2009〕56号文件精神、引导山西省大中小型会计师事务所协调发展,山西省人民政府办公厅发布了《关于加快发展全省注册会计师行业的实施意见》。其中特别提到,从2009年起,山西省非营利组织财务会计报告将纳入注册会计师审计范围。

山西省财政厅相关负责人表示,要充分发挥会计师事务所的中介鉴证作用,扩大社会服务面。

在巩固财务会计报告审计、资本验证、涉税鉴证等业务的基础上,依照《公司法》的规定,确保公司依法接受注册会计师审计,并将审计报告作为公司年检的必备材料。从2009年起,省内各医院等医疗卫生机构、大中专院校、职业教育机构、学会、研究会、协会、基金会等非营利组织的财务会计报告,要纳入注册会计师审计范围。

"我们力争用3~5年的时间,鼓励支持5~10家会计师事务所加入全国具有核心竞争力、能够跨国经营并提供综合服务的国内大型会计师事务所;采取兼并重组、吸收合并等模式进行强强联合,努力培养

10 家左右质量高、实力强、规模大,能够为大型企事业单位提供综合性专业服务的大型会计师事务所。"上述负责人表示。

为切实改善注册会计师行业执业环境问题,山西省财政厅将会同山西省国资委、人力资源社会保障、人民银行、税务、工商、民政、物价、监察、审计、证监、商务等有关部门,在注册会计师行业新业务拓展、优秀人才引进与合理流动、从业人员培养培训、外事外汇、税收政策、收费标准制定、跨区域发展等方面给予大力支持,并建立各部门涉及注册会计师行业管理的沟通协调机构,避免多头监管、重复检查,提高监管效能。

在对注册会计师行业监管方面,山西省财政厅将科学规划会计师事务所的数量、规模和区域分布,加强行政许可,严格市场准入。加强对注册会计师行业的行政监管,及时跟踪了解会计师事务所有关信息和动态,监督会计师事务所的业务活动,建立实施定期检查制度,重点加强对中小型会计师事务所的监管,进一步完善会计师事务所及其注册会计师的退出机制,严厉打击通同舞弊、挂名签字、兼职执业等违法违规行为。

(原载 2010 年 4 月 9 日《中国会计报》)

山西推动注册会计师行业做大做强

郭　中　马永亮

近日,山西省财政厅总会计师武涛在"拓展注册会计师新业务领域,服务山西转型跨越发展"论坛上透露,未来五年,山西省将从加快推进会计事务所联合重组、拓展业务领域、遏制低价竞争、提高信息化水平等多方面入手,推动注册会计师行业不断上台阶,为全省转型跨越发展服好务。

截至2010年,山西省有会计师事务所286家,业务收入达到1000万元以上的只有12家,占总数的5%,业务收入在20万元以下有33家,占总数的12%。全省行业收入总和不如国内一家大型事务所的收入。事务所数量多,规模小,导致整个行业集中度低,抗风险能力弱,执业质量差,恶性竞争严重,行业生态环境不容乐观。

"'小舢板'难抵大风浪。"武涛说,近年来,山西省财政部门和省注册会计师协会通过牵线搭桥、引导推动,积极支持14家事务所加盟国内大型事务所,促使15家会计师事务所实行了不同方式的联合、重组,16家事务所开始商洽合并事宜,下一步将继续加大支持力度,科学引导会计事务所实行联合、重组,支持事务所做大做强;省财政厅在按照国办56号文件率先将省直医院、大中专院校以及基金会等非营利组织的财务会计报告审计纳入注册会计师审计范围的同时,还报请省政府,将审计范围拓宽到职业教育机构、学会、研究会和协会。同时,省财政厅还积极与省工商行政管理局沟通和协商,争取尽快将所有公司财务报表审计纳入注册会计师的审计范围,进一步扩大会计师事务所的社会服务面;为遏制低价竞争,省财政厅与省物价局共同出台了《山西省会计师事务所服务收费标准》,对事务所提供鉴证服务实行政府指导价。从2010年9月1日起,对全省会计师事务所出具的鉴证报告实行防伪标识管理,进一步规范了事务所的服务收费行为。

此次论坛设置了"山西转型跨越发展与会计服务""企业内部控制与会计服务""低碳经济与碳排放交易"和"企业并购和管理咨询"等四个专题,邀请政府部门、企业界、理论界和实务界代表发表演讲,与会议代表交流互动。来自相关政府部门、企业、高校以及全省会计师事务所负责人等290余名代表出席了论坛。

(原载2011年5月27日《中国会计报》)

长治政府采购一直在创新

——山西省长治市政府采购发展纪实

郭　中　魏学东

2010 年 7 月 5 日,记者在山西省长治市政府采购中心主任徐万林的办公桌上,看到一份刚刚签订的政府采购合同书。就是这份从形式上看与其他采购合同没有任何不同的采购合同,在徐万林的眼里却很不一般。面对记者,他略显激动地说:"这是为市体育中心采购设备的合同书,这份合同书的签订,标志着我市首次对政府投资建设工程中需独立购置的重要设备及安装项目实施政府采购取得了圆满成功。"

大型工程设施招标"第一槌"

涉足政府投资的大型工程领域,是近年来长治市政府采购部门所努力追求的目标。2010 年,他们把这项工作作为政府采购的一项重要工作摆上议事日程。经过充分调研,在市政府的积极支持下,将其列入了《2010 年度长治市级政府采购目录及采购限额标准》。对市体育中心场馆重要设施进行公开招标采购,就是对大型工程重要设施进行政府采购的一次成功尝试。

市体育中心是市委、市政府建设的重点公共基础工程之一,为了花最少的钱为这一重点工程配置最好的设施,市政府采购中心将其作为对政府投资建设工程重要设备及安装实行政府采购的"第一槌",严格按照公开招投标程序,先后组织开展了4次公开招标,对体育场、体育馆、游泳馆所需电梯、全彩 LED 视频显示屏系统设备和观众席座椅、活动看台、看台走道、灯光设备及安装进行了采购,采购资金总额达到 2176 万元,比项目预算金额节约 913 万元,资金节约率达到了29.56%。

徐万林对这次采购十分满意:"我市首次对此类项目进行公开招标,取得了意想不到的效果,资金节约率达到了近 30%。与以往工程领域招投标往往超预算、超概算相比,其效果之好令人难以置信。"负责该项目经办工作的市体育局后勤中心主任武秀山也高兴地说:"真没有想到政府采购为我们节约了这么多资金,也为我个人和局领导减少了许多不必要的猜疑。"

不创新就会寸步难行

对大型工程设施进行公开招标采购,是长治市政府采购部门不断探索和创新的一个缩影。自政府采购制度在长治市实行以来,该市政府采购部门面对这一新生事物,积极探索符合实际、科学有效的采购模式,不断拓展政府采购范围,使政府采购工作走上了科学化、规范化的发展轨道。

说起政府采购工作的创新与发展,长治市财政局政府采购办主任高志峰十分感慨:"我市实行政府采购制度只有 10 年左右的时间,许多领域都是未知的,不创新就会寸步难行。如果说这几年我市的政府采购工作有所成就的话,那一定要归功于大家的不断创新。"

事实的确如此,《长治市协议采购管理暂行办法》《长治市政府采购项目方案专家论证暂行办法》《长治市政府采购监督员管理办法》

《长治市政府投资工程政府采购及资金管理工作程序》等规范性制度无一不是积极探索和创新的结果。经过几年来的不懈探索,目前长治市已基本建立了公开招标、竞争性谈判、询价采购、邀请招标、协议供货等多种形式相结合的、较为完善的政府采购模式。采购范围呈现出逐年扩大的良好势头,货物类采购实现了对一般电器设备、办公自动化设备、交通工具、通信设备、各类家具、各类专用设备等的全覆盖;工程类采购已拓展到预算金额在 20 万元以上的新建、改扩建和修缮工程,预算金额在 10 万元以上的装修、水暖管网及其他各类工程,预算金额在 20 万元以上的城市照明设备、道路绿化工程及树苗、树种采购,政府投资建设工程中需独立购置的重要设备及安装工程等;服务类采购拓展到预算金额在 15 万元以上的软件开发设计、大宗印刷和公务车辆保险、会议和公务接待定点场所。

坚持不懈的探索和创新,使长治市政府采购工作取得了令人瞩目的成绩。仅 2009 年,市政府采购中心就组织开展各类采购 340 次,并成功组织了全市行政事业单位公务用车定点保险公开招标、市公交总公司 106 台公交车公开招标项目等重大公开采购项目和活动,全年采购金额达到 19575.67 万元,节约率为 11.28%。不仅如此,他们还实行政府采购项目业务流程标前、标中、标后分段管理和项目招标负责人与项目审核验收人员相互分离制度,建立健全专家论证会、标前答疑会制度,积极开展政府采购业务执行标准化建设,基本确立了职能独立、功能连接、职责明确、相互监督、相互促进的政府采购工作机制。

面对这一成绩,长治市财政局局长车忠和并不满足:"前面的路依然很漫长,政府采购在西方国家已经有 200 多年的历史,而在我国才刚起步,还有许多人对它的认识相对不足,对《政府采购法》一知半解。特别是对我市来说,如何通过政府采购进一步促进财政支出的科学化、精细化管理,如何通过购买国货和节能产品支持民族工业和区域经济发展,保护环境,从而实现政府采购促进经济和社会发展的政策功能,还有待于我们去进行艰苦的探索。"

（原载 2010 年 7 月 23 日《中国政府采购报》）

既比价格低　更比质量优

郭　中　魏学东

　　两排崭新的办公家具占据了近半个会场,7 名专家在仔细查看,并不时地进行交流,这是最近山西省长治市政府采购中心为该市职业技术学院、人事和社会劳动保障局公开招标采购办公家具时的一个场景。在此次采购中,该市积极创新,采用了综合评分与现场测评样品相结合的创新做法。

双管齐下　堵塞漏洞

　　长治市在此次办公家具的公开招标采购中,投标人不仅提交了投标文件,还按要求提供了投标产品样品。开标现场,评标专家委员会对投标人的综合实力进行了综合评价、打分,并结合技术参数要求对投标人产品样品进行了现场查看测评,最终当场确定样品质量满足采购文件实质性要求,且综合评分得分最高的投标供应商为此次采购的中标供应商。当场封存中标供应商样品,用于履行采购合同验收时与供应商提供产品进行比对,防止供应商替换产品或以次充好。

　　长治市政府采购中心主任徐万林介绍,采用综合评分与现场测评样品相结合,用这种双管齐下的办法采购办公家具,是为了堵塞过去评标过程中存在的一些漏洞。

过去该市组织开展办公家具公开招标采购活动时，一般都采用最低评标价法。由于家具生产、销售厂家众多，产品质量标准不统一，这种采购模式对招标文件中提出的实质性要求不易把握，投标产品技术参数描述很难做到规范和全面，不仅难以满足采购人的个性化要求，也容易引发争议。而综合评分与现场测评样品的办法，不仅考虑了价格因素，且能通过样品更直观地反映投标产品的关键参数指标，适当提高了投标供应商的商务资质，有利于在节约资金的同时采购到优质产品。

对此，此次中标的供应商、长治市明峰家私有限公司总经理林明峰感触颇深，他告诉记者："产品质量好的话成本会相对较高，以老办法评标，产品质量好的供应商在价格上没有优势，较难中标，得益于这一新的评标办法，产品质量好的企业中标几率大大增加了。"

据了解，本次家具项目中标金额 70.07 万元，比预算资金 98.18 万元节约 28.11 万元。

科学评标　发挥功能

现场测评样品质量是这次采购与以往采购的最大不同点。为保证评标的专业性，该市政府采购中心主动联系市家具协会，向市财政局采购办推荐了一批经验丰富的行业专家，以随机抽取的方式产生评标委员会。

采取这一办法的另一关键是制定科学合理的采购方案、评标内容和评分标准，并取得采购人的认可。采购前，长治市政府采购中心在深入调研和充分征求意见的基础上，制定了科学合理的采购方案，对投标人业绩、财务状况，特别是产品技术参数、工艺制作等提出了明确要求，对评分标准作了详细规定，其中产品价格和技术要求分别占到了35%和30%。

"政府采购具有实现国家节能环保等政策目标和支持区域经济发展、防止腐败等功能,实行综合评分与现场测评样品质量相结合的办法,有助于实现这些功能。"徐万林说。

据了解,综合评分与现场测评样品相结合的采购办法,是长治市政府采购中心不断探索的结果,在该市政府采购的实践上仅仅是个开始。在这次采购办公家具之前,该市按照类似的办法,对长治市文化局文化下乡配套音响设备进行了采购。徐万林告诉记者:"下一步,我们将继续探索,在条件成熟时将考虑出台针对不同采购对象的具体制度和实施办法,以指导全市政府采购工作的实践。"

（原载 2011 年 2 月 15 日《中国政府采购报》）

公共项目优先使用新能源

——山西省建立新能源优先采购制度

李存才　郭　中

记者日前从山西省财政厅获悉,从 2011 年起,山西省将新能源产品列入政府采购产品目录,各级行政机关、事业单位和社会团体使用财政性资金采购时必须按规定优先购买新能源产品。

山西省财政厅有关方面负责人向记者介绍说,为进一步提升山西省经济结构,紧紧跟上国际新能源产业发展潮流,建设低碳绿色新型能源基地,实现绿色发展、清洁发展,山西省财政厅会同省内各有关部门,按照政府引导与市场运作相结合、推广应用与产业发展相结合的原则,重点在风能、太阳能、生物质能、地热能和新能源汽车等五大领域,扶持实施太阳能屋顶、金太阳示范、可再生能源建筑应用示范、地源热泵技术和地热服务、太阳能 LED 路灯照明五大工程。据了解,为扶持好五大工程,该省财政通过调整政府性资金的支出结构,整合各类有关能源方面的资金,建立"新能源产业发展专项资金",采取贷款贴息、投资补助、创业风险投资等新形式,支持新能源产业加快发展。其中,对新能源产业园区的基础设施建设包括"五通一平"所发生的银行贷款,省财政给予贴息支持;新能源产业园区统一修建的政府所有的多层标准厂房所发生的银行贷款,省财政给予贴息支持。另外,该省各地市按照省级财政的做法,根据财力状况,也相继安排了新能源产业发展专项资金。

山西省财政厅规定,自 2011 年起,凡政府投资新建的公共建筑、公园、道路、广场、街道等必须从规划和设计环节入手,强制使用新能源。凡政府补助投资的项目,要按照不低于补助比例使用新能源;完全由民间投资的项目,政府要引导和鼓励企业尽量使用新能源。同时,对新组建的全省性、分领域的新能源产业技术联盟,省财政给予适当补助支持。企业、高等院校和科研所组建的新能源技术中心、研发中心、工程中心和检验中心,凡达到国家级的,省财政再给予国家补助1 倍资金的支持;达到省级的,省财政按规定给予补助。为新能源产业技术创新提供场所服务和技术服务的孵化器、公共技术支撑服务平台、软硬件设备购置和专用软件开发等,省财政给予适当补助。其中,对"太阳能屋顶工程"中建材型、构建型光电建筑一体化项目,省财政按照中央财政补助标准同比例予以补助;对"金太阳示范工程"中获得中央认定扶持的并网光伏发电项目,除中央财政补助外,省财政再增加 5% ~ 10% 的投资补助;对"可再生能源建筑应用示范工程"中获得中央认定的省级示范城市和县级示范城市,省财政按中央补助资金的50% 给予补助;其他省级示范城市和县级示范城市,省财政分别给予不超过 3000 万元和 1000 万元的补助;对"太阳能 LED 路灯照明工程"中供电系统采用太阳能光电而照明系统采用 LED 光源的城乡道路照明工程,省财政给予单体造价 50% 的补贴;对供电系统采用太阳能光电或仅照明系统采用采用 LED 光源的,省财政给予单体造价25% 的补贴。

此外,山西省财政厅还规定,对认定为高新技术企业的新能源企业,自项目认定之日起 5 年内上缴的企业所得税、营业税、增值税的地方收入部分,由当地人民政府安排专项资金给予扶持;拥有自主知识产权的项目,除享受上述优惠外,第 6 年至第 8 年上缴的企业所得税、营业税、增值税地方收入部分的 50%,由当地人民政府安排专项资金给予扶持。对利用风力生产的电力实行增值税即征即退 50% 的政策,对以垃圾为燃料生产的电力热力实行增值税即征即退政策。

另据介绍,该省财政还从完善信贷扶持政策等方面出台了支持新能源产业加快发展的具体政策措施。

相关链接:山西的"十二五"转型

《山西省新兴能源产业"十二五"发展规划》提出围绕提高非化石能源消费比重、净化山西的战略目标,充分发挥该省资源和产业优势,以风能、太阳能、生物质能、煤层气和煤炭清洁高效利用为重点,保障能源与经济社会全面协调和可持续发展。

根据规划,该省以煤电为主的电源结构将逐步改善,到 2015 年,预计全省风电装机规模达到 1200 万千瓦,太阳能发电装机规模达到 20 万千瓦,生物质能发电规模达到 30 万千瓦,煤层气发电规模达到 600 万千瓦,合计约占全省装机比例的 20% 。"十二五"期间山西省新能源发电将进入高速发展的时期。

(原载 2011 年 8 月 3 日《中国财经报》)

转型发展篇

山西省财政"力挺"中小微企业发展

吴 贤

2012 年,山西省财政把支持中小微企业发展,作为推动经济社会稳定发展的战略重点,进一步加大支持力度,切实解决中小微企业发展活力不足问题,推动全省实体经济健康发展。

山西省财政厅按照"突出重点、分类扶持"的原则,下达专项资金近 1 亿元,着力推动中小企业转变发展方式,提升发展水平;下达 6552 万元资金,支持中小企业开展技术创新,提升企业自主研发能力。2012 年,全省认定了 21 个小微企业创业基地,并予以 1500 万元支持,切实解决小微企业遇到的创业场所难、产业发展分散、公共服务弱等突出问题;着力推动中小企业扩大融资渠道,通过"财政拿钱作引子,撬动金融机构、民间资金向小微企业投入"的办法,用 2000 万元专项资金,撬动民间资金和金融机构加大对小微企业的信贷融资支持力度。

省财政厅下达专项资金 3440 万元,用于支持该省信用担保机构扩大对中小企业的担保业务,惠及全省 1019 户中小企业、担保金额达到近 85 亿元;着力推动中小企业服务体系建设,在全省择优选定 63 个素质高、服务优的中小企业服务机构,下达专项资金 2100 万元给予重点扶持;下达专项资金 2400 万元,大力支持我省中小企业公共服务平台网络建设,为全省中小微企业投资提供广覆盖的优质服务。通过"加大强度、集约投入、竞争择优、重点扶持"的财政支持方式,对全省11 个市和 22 个扩权强县地方特色中小企业给予支持。

同时,省财政厅着力推动中小企业开拓国际市场,下达专项资金近 4000 万元,支持中小企业 229 个境外展览、111 个企业管理体系认证、52 个产品认证、213 个国际市场宣传推介、481 个境外市场调研考察和 17 个企业培训项目,提升了我省中小企业的国际竞争力;着力推动小微企业投保出口信用,改"补助"为"代缴"的支出方式,安排 110万元支持了 83 户小微外贸企业 7070 万美元出口收汇投保,支持小微企业积极参与国际竞争;着力推动小微企业创新融资工具,积极协调中信保山西分公司及金融机构联合推出出口信用保险保单融资,下达资金 150 万元对 20 户外贸小微企业运用出口信用保单从银行取得的6.3 亿元贷款给予贴息,进一步促进了企业资金使用效率提高。

(原载 2013 年 1 月 10 日《中国财经报》)

山西扶持中小微企业荐出"组合拳"

——首批 15 条财政扶持政策已开始实施,扶持资金达 10 亿元以上

郭　中

近日,山西省财政牵头制定的《进一步支持中小微企业发展的措施》已经省政府下发执行,扶持资金达 10 亿元以上。

山西作为产业结构非常特殊的一个内陆欠发达省份,今年以来经济下行压力明显加大。为此,省委、省政府采取加大政府投资、扶持中小微企业发展、促进充分就业等措施,努力支撑经济增长的连续性和发展后劲。

作为第一批扶持政策,《措施》共 15 条,内容涉及五个方面。其中包括:撬动金融的政策措施,主要解决中小微企业融资难、融资贵的问题;推动企业发展的政策措施,主要解决中小微企业发展不足的问题;吸纳就业的政策措施,主要解决增加和稳定就业岗位的问题;优化发展环境的政策措施,主要是从加大采购支持、加快资金流转等方面为企业提供宽松的经营氛围;奖励企业的政策措施,主要是鼓励企业做大做强。

被专家解读为山西史上最强中小微企业扶持政策,《措施》亮点纷呈,扶持资金达 10 亿元以上。

设立山西省中小企业发展基金。省财政每年筹措 1 亿元,5 年筹措 5 亿元,采取基金运作方式,吸收社会资本 15 亿元,共同建立总规模达到 20 亿元以上的中小企业创业投资基金,用于支持初创期和成长期的中小微企业发展。

支持各类担保公司扩展中小微企业担保业务,缓解融资困难。2013 年起,省级中小企业发展专项资金新增 5000 万元,对担保公司开展的担保费率低于当期银行基准利率 50% ,且每笔担保额不超过 500 万元的中小微企业担保业务给予财政补助。

实施"3 个 1"经营者素质提升工程。省财政每年安排专项资金 1500 万元,对选出的 100 名小微企业优秀经营者到高等院校进行系统进修培训、对 1000 名有发展潜力的小微企业主进行创业能力提升培训、对 10000 名小微企业管理人员进行专题培训。

鼓励创办劳动密集型和科技型小微企业。自工商登记之日起两年内,经人社、科技、财政等部门认定,可享受缴纳企业所得税、增值税和营业税省级留成 100% 、市县留成 50% 的财政补助。

促进中小企业加速壮大。对当年主营业务收入首次达到 2000 万元以上的工业企业,按其当年度新增增值税省级留成部分的 50% 给予奖励。

山西省财政厅厅长武涛表示:"财政作为重要经济管理部门,理应为省委、省政府分忧解愁,扶持中小微企业发展义不容辞,而且要像尖兵一样冲在最前面,为我省经济社会持续健康发展提供强有力支撑。"

据悉,在财政扶持政策出台基础上,山西将再抓紧研究出台一系列优惠扶持政策,包括金融扶持措施以及支持小微餐饮企业和电子商务发展优惠政策,有效地改善中小微企业的发展环境和条件。

（原载 2013 年 5 月 23 日《中国财经报》）

中小微企业助推山西转型发展

郭　中

　　山西省委、省政府坚持把促进中小微企业持续健康发展,作为推动全省经济社会转型发展、加快全面建成小康社会步伐的重要抓手。随着各项政策措施叠加效应的持续释放,全省中小微企业总体上保持了稳中求进的良好发展态势。

　　2013 年 1 月~4 月,全省中小微企业增加值同比增长 16.32%,高于全省规模以上工业同期增速 5.32 个百分点。其中规模以上中小微工业企业增加值同比增长 14.8%,对全省工业的支撑作用进一步显现。特别是小微企业发展活力进一步提升,规模以上小型、微型工业企业增加值同比增长 23.2% 和 34.5%,分别高于全省规模以上工业同期增速12.2个和23.5 个百分点,小型微型工业企业经济总量占全省规模以上工业经济的比重达 27.87%,环比提高 0.47 个百分点。全省中小微企业对山西省经济社会转型发展做出积极贡献,中小微企业正成为山西推动转型发展的生力军。

　　据了解,近年来,山西省中小微企业在发展中呈现出一些积极变化。发展领域由以工业为主向工业和服务业并重转变;发展重点从采掘、矿产资源等资源型行业向装备制造、精细化工、高新技术、新型材料、特色食品、现代服务业等新兴产业转变;发展路径由高耗能、高排放、低效益的粗放生产向低能耗、低排放、高效益的循环发展转变;发展模式从分散经营向集聚发展转变;发展区域从以乡村为主向以城镇为主转变,产业结构和布局日趋优化,发展质量和效益不断提高,转型发展的趋势更加明显。

为促进中小微企业发展,山西省政府近日出台设立中小企业发展基金、实施经营者素质提升工程、行政部门优先选购中小微企业产品等 15 条措施,并投入财政扶持资金 10 亿元。

（原载 2013 年 7 月 16 日《中国财经报》）

山西新创小微企业数量创历史新高

郭 中

截至 2013 年 6 月底,山西省新创办小微企业 1.72 万户,同比增长 14.67%。全省小微企业贷款余额达到 3156.4 亿元,增速高于全省银行业各项贷款平均增速 16.8 个百分点,有力支持了中小微企业的发展。

据悉,上半年该省中小微企业(法人单位)约 12.9 万户,占全省企业总户数的比重达到 99.7%。新创办中小微企业数量创出同期历史新高,比去年同期多创办 2200 户,成为经济发展的新动力。规模以上小型、微型工业企业增加值同比增长 25.2% 和 32.1%,分别高于全省规模以上工业同期增速 14 个和 21.3 个百分点,成为全省经济增长的最大亮点。

据了解,工业和信息化部、财政部对 2013 年度中小企业信用担保资金拟支持项目进行了公示,2013 年度中小企业信用担保资金拟支持项目 816 项,补助资金 18 亿元。其中,山西省拟支持项目 10 个,补助资金 4100 万元,分别占全国总数的 1.23% 和 2.28%,成为山西历年来获得国家信用担保资金补助最多的一次。

（原载 2013 年 7 月 25 日《中国财经报》）

政府给小微企业发放免费"医保卡"

郭　中

2014 年,山西将开展"法律进企业"活动,通过向 100 家法律服务需求强烈的小微企业免费发送法律咨询电话、服务卡等多种形式,突出解决中小微企业法律意识淡薄、法律知识缺乏、风险防范不够、维权渠道不畅、服务跟进不力等问题。小小卡片因此被称为企业"医保卡"。

据悉,山西省计划通过开展"法律三晋行"宣讲服务,组织律师讲师团,开展涉企法律知识宣讲。将法律服务的重点放在风险诊断咨询服务上。组织部分律师专家深入企业,对经营活动中在技术、生产、销售、管理等方面的股权结构、项目投资、合同签订、制度规范、货款清收等方面涉法涉规问题进行诊断指导服务。

按照 1 个律师事务所联系多家企业开展点对面服务的模式,建设法律顾问队伍,建立监督考核制度,完善风险防范机制,帮助企业避免重大法律失误,维护企业合法权益,促进企业健康发展。向 100 家法律服务需求强烈的小微企业免费发送法律咨询电话服务卡;通过移动、联通、电信的手机客户端,向企业和职工全天免费提供"法律百事通"微信微博和优惠提供在线法律咨询服务。

　　此外,山西还将在中小企业中开展减负维权服务。建立市、县中小企业治乱减负巡查员(监督员)队伍,增加"维权服务工作站"试点,宣传落实国家税费优惠和企业减负政策,鼓励支持企业大胆维权,并联合省减负办、纠风办等部门坚决遏制"三乱"行为,形成工作合力和有效的维权机制。

　　省财政厅有关人士介绍,为促进全省小微企业健康发展,省里专门建立小微企业"公共服务平台",为小微企业提供一揽子综合服务,并将投资上亿元财政资金给予支持。

　　　　　　　　　　　(原载 2014 年 5 月 17 日《中国财经报》)

山西扶持中小微企业效果凸显

郭 中

2013 年 1 月~7 月,全省规模以上工业中,中小微企业增加值快于全省规模以上工业增速 6 个百分点

为促进中小微企业发展,山西上半年连续出台多项政策予以扶持。在政策助推下,全省中小企业积极转型升级,退出高投入、高消耗、低产出的生产模式,转向"精、专、特、新"产品生产。

2013 年 1 月~7 月山西全省中小企业运行情况统计表明,在煤、焦、铁三个主要支撑连连受到挫败的局面下,全省中小企业经济运行稳步向好,主要生产指标继续保持增长,呈现向上态势:实现营业收入 8374.10 亿元,比上年同期增长 15.84%,其中,工业企业实现营业收入 5709.25 亿元,增长 14.46%;实现利润 635.34 亿元,同比增长 4.63%;上缴税金 498.72 亿元,比上年同期增长 10.04%。

特别值得注意的是,规模以上小微工业企业继续保持强劲增长。2013 年 1 月~7 月,全省规模以上工业中,中小微企业增加值同比增长 16.6%,快于全省规模以上工业增速 6 个百分点。其中,小型企业增速为 25.4%,比 6 月份的 25.2% 快 0.2 个百分点;微型企业增速为 34.6%,比 6 月份的 32.1% 快 2.5 个百分点。小型、微型企业继续延

续了 2013 年以来快速增长的势头,对整个工业经济的拉动力进一步增强。

延伸产业链,发展非煤产业是山西突围"困境"的良方。

在全省重点监测的 1300 多家中小企业中,工业企业 1000 家,分布在 10 个主要行业。其中,农副食品加工业、食品制造业、医药制造业、非金属矿物制品业、黑色金属冶炼和压延加工业实现营业收入呈增长之势。增幅达到两位数的有 3 个行业,最高的是黑色金属冶炼和压延加工业,增幅达到 39.29%。

全省 7 月监测上报的 21 个重点产业集群中,17 个产业集群生产稳定,发展势头较好,营业收入、利税等主要指标继续保持增长。其中,开工率达 100% 的 7 个,开工率 80% 以上不足 100% 的有 8 个。

"一般而言,宏观调控政策从制定实施到效果开始显现,都会存在一个 3~6 个月的滞后期。中小微企业发展的特殊性,决定了扶持中小微企业发展政策的滞后期更长一些。需要我们在出台政策、制定措施、贯彻落实各项工作时,根据这一特点,结合发展实际,打好提前量,找准时机,推进发展,落实好已经出台的政策和措施,努力保持中小微企业生产稳定增长,经济效益逐步改善。"山西省有关方面负责人分析说。

据了解,下一步该省将加强对经济先行指标的研判,逐步建立中小微企业经济运行监测预警机制。在推进中小微企业发展进程中,要采取措施,加强对固定资产投资、产成品库存、新增信贷规模、应收账款、工业用电量、货运量增长等国民经济先行指标的研判,逐步建立中小微企业经济运行监测预警机制。

(原载 2013 年 9 月 28 日《中国财经报》)

"财政 15 条"吹皱一池春水

——山西省创新方式支持中小微企业发展纪实

夏祖军　解希民　郭　中

处理好政府与市场的关系,是全面深化改革的核心内容。山西省从支持中小微企业入手,创新支持方式,通过发挥财政资金的撬动作用,放大银行和社会资本的市场效应,更多地让市场这只"看不见的手"在支持中小微企业发展中起决定性作用,为破解"政府与市场关系"的难题进行了有益探索。

从"点对点"到"点对面"

近几个月来,山西省掀起了一股宣讲"财政 15 条"的热潮。从省财政厅主要领导,到企业处、经建处、地方金融处等有关处室,再到地市财政局,这些"幕后管家"纷纷亮相山西电视台等媒体,宣讲政策出台背景、主要内容、政策预期。与此同时,山西省中小企业局、金融担保机构等部门单位以及受益中小微企业也现身说法,畅谈"财政 15条"的创新之举和受益情况。

一个部门代省政府起草的支持措施,何以产生如此大的反响?

先来认识一下"财政 15 条"。其全称是《关于进一步支持中小微企业发展的措施》(晋政办发〔2013〕48号),是山西省财政部门按照省委、省政府要求为促进地方经济发展的创新之举。共有15条具体措施,涉及省级财政资金10亿元。

"在经济下行压力加大、财政收入增幅下降和保民生的形势下,2013年能拿出这么多资金支持中小微企业发展,这在山西是前所未有的。"山西省财政厅副厅长常国华告诉记者,"财政15条"主要出于两方面的考虑:一方面,中小微企业发展事关当前,涉及长远,对推动山西产业转型升级、扩大就业、增加居民收入具有十分重要的意义;另一方面,中小微企业是拉动山西经济增长的重要力量。财政作为重要经济管理部门,扶持中小微企业发展义不容辞。

仔细研读"财政15条",可以发现其政策措施针对性非常强。山西省财政厅企业处处长韩海峰将之归纳为五个方面:一是撬动金融的政策措施,主要解决中小微企业融资难、融资贵的问题。二是推动企业发展的政策措施,主要解决中小微企业发展不足的问题。三是吸纳就业的政策措施,主要解决增加和稳定就业岗位的问题。四是优化发展环境的政策措施,主要是从加大采购支持、加快资金流转等方面为企业提供宽松的经营氛围。五是奖励企业的政策措施,主要是鼓励企业做大做强。

她举例说,为了缓解中小微企业融资难、融资贵,出台了设立中小微企业发展基金、支持拓展中小微企业担保业务、建立中小微企业贷款风险补偿机制等措施;为了帮助中小微企业解决用地难,省财政统筹安排6000万元,对开发区和小微企业创业基地的基础设施、公共服务建设项目,给予贷款贴息或补助支持;为了提升经营者素质,省财政每年安排专项资金1500万元实施"三个一"培训,即对选出的100名小微企业优秀经营者到高等院校进修培训、1000名有发展潜力的小微企业主进行创业能力提升培训、10000名小微企业管理人员进行专题培训,等等。

"每一项政策措施,对应的是具体的财政扶持资金,'财政15条'含金量非常高,可以说是山西近年来最强的中小微企业扶持政策。"山西省社科院副院长潘云对记者说,同过去"点对点"支持方式不同,这次出台的政策措施是一种"点对面"。体现在金融创新方面,财政部门不再把资金直接给具体的某一个企业,而是通过设立发展基金、奖励担保机构、建立贷款风险补偿机制等措施,发挥政府的引导作用,更多地利用市场运作的方式,用较少的财政资金,撬动几倍甚至十倍、百倍的银行贷款和社会资金,用于解决山西省内中小微企业的融资难问题。这里面体现的是公平和效率,财政资金面向所有符合扶持条件的中小微企业,注重为中小微企业创造公平发展的环境,财政资金实行市场化运作,大大提高了资金使用效率。

发展基金"一马当先"

山西省"财政15条"之首,是设立中小企业发展基金。

"这是我省为支持中小微企业发展而专项设立的政策性引导基金,旨在改变财政传统支持企业的方式,由直接选定项目支持转化为市场化运作。"常国华非常看重这一条,"此举既可弥补单纯市场配置中社会资本对中小微企业投入不足的问题,又能充分发挥财政资金的杠杆放大效应。"

据他介绍,山西省中小企业发展基金总规模在20亿元以上。其中,省财政每年筹措1亿元,5年筹措5亿元;按照1:3的比例,5年共吸收社会资本15亿元。基金委托专业的创业投资基金管理,通过参股等方式支持初创期和成长期的中小微企业,解决这些企业发展中资金不足的问题。

经过遴选,山西省首支中小企业创投基金落户省国信集团,由山西证券所属山证基金管理公司负责运作。

"创投基金于 2013 年 6 月注册,首期已有 2 亿元资金完成募集。其中,国信集团代政府出资 1 亿元,山西证券通过其子公司龙华启富出资 1 亿元。"山西证券副总裁、董事会秘书王怡里告诉记者,20 亿元基金规模分五期完成,每期 4 亿元,目前已全面开展基金募集和项目投资工作。

"与其他基金不同,省财政厅为中小企业创投基金设立了投资限制。"山证基金副总经理韩强介绍说,必须是山西省内注册的中小微企业,符合山西省产业政策,行业发展前景良好等。经过初选,目前有 2 家企业有条件通过投资决策委员会审定。

记者了解到,基金的市场化运作主要体现在投资流程上:选择目标企业,立项及尽职调查,制定投资框架并经投资决策委员会有条件通过,规范整理及验收通过并择机改制股份公司,基金投资目标企业,投资后管理,7 年后实现退出,然后再循环投资。

遵循这一投资流程,1994 年成立的山西省中小企业基金发展集团有限公司,在基金市场化运作上已见到成效。

"经过十多年的运营,公司在投资融资、信用担保等方面对全省中小企业、民营企业、乡镇企业进行了大力扶持,累计扶持全省中小企业近千户。"山西省中小企业基金发展集团有限公司副总经理朱江说,根据"财政 15 条",集团公司与省投资集团共同设立了"山西省小微企业创业投资基金",通过发挥政府资金的种子作用,广泛吸引社会资金,缓解中小微企业融资难问题,推动山西省中小微企业健康发展。基金规模在 1 亿元以上,全部投资山西省内符合国家鼓励类产业、创业型和创新型的小微企业,单笔投资额不高于 300 万元。

"相对于以前政府直接投资的方式,通过委托基金管理财政资金,政府部门不参与资金分配,只需给基金定规矩,由基金实行市场化运作,可以有效克服资金分配中的寻租现象,极大提高财政资金的使用效率。"常国华表示,下一步要做好中小企业基金群的设立布局工作,打通直接融资便捷渠道,真正为中小企业解决做大做强过程中的筹资难题。

5000 万撬动 50 亿

5000 万撬动 50 亿! 这听起来似乎天方夜谭,但却是事实。

这一事实源于"财政 15 条"新政。其中第二条提出,支持各类担保公司扩展中小微企业担保业务,缓解融资困难。2013 年起,省级中小企业发展专项资金新增 5000 万元,对担保公司开展的担保费率低于当期银行基准利率 50% ,且每笔担保额不超过 500 万元的中小微企业担保业务给予财政补助。

那么,这 5000 万元的专项资金究竟能为中小微企业缓解融资难发挥多大的作用? 财政为什么要从支持担保公司入手来支持中小微企业的发展?

据韩海峰介绍,截至 2012 年底,山西省中小微企业总数约 11.27 万户,其中大多数属于劳动密集型企业,贷款担保门槛高是困扰这些企业的共同难题。这个政策的出台,主要是为了借助担保公司这个平台,解决山西中小微企业因规模小、资信不足、抵押物不够,无法从银行直接贷款的问题。

政府掏钱直补担保公司到底值不值? 韩海峰的回答是:补贴担保公司等于扶持企业。在她看来,对于中小微企业而言,此举其实不仅仅是弥补了融资过程中的资信不足问题,使其有资格从银行拿到贷款,同时还能降低企业的融资成本。

韩海峰给记者算了这样一笔账:如果担保公司是按照现在低于银行基准利率的 50% 来做担保业务,500 万元贷款可为企业减少 5 万元的支出,最终下来会给企业节省一笔不小的开支。

"一笔财政补助资金撬动一笔担保贷款,按照测算,政府拿出5000万元的财政补助资金,可以给中小企业新增50亿元的贷款。也就是说,其撬动作用可以放大100倍。"韩海峰说。

在山西,从事中小微企业融资担保业务的担保公司共有230多家,山西省中小企业信用担保公司就是其中规模最大的一家。公司董事长智计文表示,担保机构会积极利用这项政策,加大对中小微企业的支持力度,无论是中小微企业的担保额度,还是小微企业在担保总额中所占的份额,都会有一个大幅度的提升。

地处太原市迎泽区的山西恒辉贸易有限公司是山西省内规模最大的化妆品专业营销公司之一。与众多小微企业一样,公司在快速发展的同时,也一度面临流动资金短缺的困局。公司总经理姜辉坦言,恒辉公司每个月占有资金达900万元,但像恒辉这样的早期创业企业由于没有足额的抵押物和信用记录,很难从银行获得中长期贷款。而寻求民营的风险投资支持,又遇到起投门槛高、资金成本高、企业获得资金耗时长的窘境。

"企业缺钱和家里缺钱是一样的,一方面发展的愿望很强,但另一方面不知道怎么弄钱,叫人十分焦急,甚至痛苦不堪。"姜辉告诉记者,"关键时刻,省中小企业信用担保公司伸出援手,帮了大忙。"2006年,经过一段时间的磋商,恒辉公司通过担保公司从银行成功获得贷款500万元。此后,公司每年都能获得500万元至800万元不等的担保贷款,前不久拿到了1000万元。有了担保贷款资金做支撑,恒辉公司在市场上迅速站稳了脚跟,2012年营业收入达到了4.6亿元。

据了解,截至目前,仅山西省中小企业信用担保公司已累计为省内4000余户中小微企业及个人担保贷款210.90亿元,在保责任额达44.64亿元。

从"抱孩子"到"养平台"

"财政15条"提出,2013年起,省财政统筹安排6000万元,对开发区和小微企业创业基地的基础设施、公共服务建设项目,给予贷款贴息或补助支持。

说起这项政策出台的背景,亲历"财政15条"起草过程的山西省财政厅企业处副处长陶克说,初创型的小微企业就像一棵弱小的幼苗,它需要在一个有人管理、充满温暖阳光、温馨的苗圃里成长,创业基地正好发挥了这样一个作用——通过财政资金对于创业基地的支持,使小微企业在创业基地里能够得到政府全方位的呵护,使它们在那里能够得到健康的成长。

山西省中小企业局经济检测处处长王年平说,小微企业要过的"坎儿"很多,而创业基地不仅能直接解决企业的用地难,也在融资、用工、准入方面提供便利,为企业减少成本,增强市场竞争力。

据了解,目前山西省小微企业分布比较散、用地比较困难,而政府的服务功能也难以有效覆盖。"如果说能把它们聚到一起抱团发展,不失为一种更好的方式。而创业基地的建设恰好为小微企业的抱团发展提供了一个很好的平台。"山西省财政厅企业处副调研员张宏斌说。

根据相关规定,山西对建成或改造完成的创业基地给予补助或贷款贴息,最高不超过200万元;对新建开工创业基地内的公共服务场所和设施改造等给予奖励补助,最高不超过100万元;对运营两年以上的创业基地,根据企业服务业绩和孵化业绩等给予奖励补助,最高不超过50万元。

"按每年财政投入6000万元计算,可以直接拉动对开发区和创业基地20亿元以上的投入,这将进一步加快我省创业和发展环境的改善。"张宏斌说。

写字楼里的"创新梦"

每家企业都有一段名为《奋斗》的青春,每一段青春故事都值得悉心记录。在太原高新区大生科技大厦这座写字楼里,有一个名为山西清华网络系统工程有限公司的高新技术企业,它是山西省最早从事计算机网络集成、软件开发的专业公司之一。这家企业共有 158 名职工,平均年龄不到 30 岁。清华网络的创新发展,折射出山西财政支持科技型中小微企业进行技术创新所做出的努力。

"清华网络的发展多亏了财政的扶持,这些年我们每年都能得到一笔数额不等的技术创新专项资金补贴。"说这话的是山西清华网络系统工程有限公司产品战略事业部经理邱鹏飞。作为山西省高新技术企业,该公司除了享受技术创新补贴外,还连续 3 年获得每年 100万元的财政贴息贷款,前不久还得到了 200 万元的财政扶持资金。在财政的支持下,清华网络加快科技创新步伐,写字楼里实现了"创新梦":这些年,公司多个项目获得科技进步奖,其中,"煤矿瓦斯监测及预警系统"被列为科技部火炬计划。

记者发现,科技创新型企业也是"财政 15 条"政策支持的重点,对于小微企业的技术创新和技术改造,财政资金也会给予一定的鼓励。

"财政 15 条"规定,从 2013 年起,山西省每年将安排 3500 万元,支持中小微企业开发和应用符合国家高新技术领域范围内的新技术、新工艺、新材料、新设备,提高自主创新能力,提升产品和服务质量,促进中小微企业科技创新,加快技术改造。

值得一提的是,山西省创新支持方式,在扶持技术创新项目时,规定每个项目最多不超过 100 万元,而且这 100 万元将通过两种方式支持:一种是贷款贴息的方式,另一种是无偿资助的方式。

那么，这3500万元对于全省中小微企业的技术改造能起到多大的推动作用呢？山西省财政厅企业处副处长贺晓玲告诉记者，按照银行同期基准利率6.56%来计算贴息的话，可以引导企业投入技术创新资金5.5亿元。

山西汇锢磁性材料制作有限公司是位于太原高新区的一家专业从事钕铁硼永磁材料及器件研发、设计和生产的高新技术企业。经过近20年持续不断的技术创新，公司获得了国际发明专利1项，国家发明、实用新型专利4项，为山西省磁材行业唯一一家拥有自主知识产权的企业，拥有业界的知名品牌，"锢磁"牌产品被评为山西省名牌产品。

"近3年来，企业累计获得技术创新扶持资金1000多万元。"汇锢公司总经理张敏告诉记者，此外，在品牌塑造上，财政也给予了一定的支持。

对于企业来说，品牌塑造非一日之功，资金投入也少不了。2013年起，山西省财政每年安排专项资金2000万元，对于新获得国家驰名商标和省级著名商标的中小微企业，分别给予分档次的奖励；并对其在省级以上主流媒体开展的广告、代言等宣传推广活动，根据专项资金额度给予最大限度的支持。

由政府出钱来支持企业做品牌推广，这在以前还不多见？对于此举，贺晓玲解释说，从山西省中小微企业的发展现状来看，无论从技术上还是从质量上，发展势头都很好。但是由于缺乏品牌意识，企业在竞争中显得较弱，政府出台此项政策就是为了帮助企业增强品牌意识，扩大产品的影响力。

"有政府支持，对企业来讲更省钱了；同时有财政政策的扶持，对我们的品牌宣传效果应该更好。"张敏表示。

助推企业技术创新、增强品牌意识，这些都是立足长远的扶持措

施。不仅如此,"财政15条"中还有一项项政策红利将帮助小微企业顺利完成蜕变:

——从2013年起,山西省财政每年安排专项资金1500万元,对选出的100名小微企业优秀经营者到高等院校进行系统进修培训,1000名有发展潜力的小微企业主进行创业能力提升培训,10000名小微企业管理人员进行专题培训,这项政策被简称为"三个一"工程。

——从2013年起,省财政每年安排1000万元,市、县财政安排相应配套资金,对金融机构为小微企业发放贷款增量30%以上的部分,给予一定风险补偿和奖励。

——山西省财政安排专项资金2600万元,对企业贸易出口、承揽国际工程和境外投资办厂参加出口信用保险所缴纳的保费给予补助。

——支持采用新型合同能源市场化节能方式,以减少能源消耗的资金支付节能服务公司完成的项目费用。对已完工可正常运行的合同能源项目,每节约吨标煤财政奖励400元。

——鼓励劳动密集型小微企业吸纳就业。对当年新招用符合小额担保贷款申请条件的人员且签订一年以上期限劳动合同的,可按人均10万元的额度申请最高不超过200万元的小额担保贷款,并由财政全额贴息。

——鼓励创办劳动密集型和科技型小微企业。自工商登记之日起两年内,经认定,可享受缴纳企业所得税、增值税和营业税省级留成100%、市县留成50%的财政补助。

——促进中小企业加速壮大。对当年主营业务收入首次达到2000万元以上的工业企业,按其当年度新增增值税省级留成部分的50%给予奖励。

这些扶持新政,最终将以一种更有效的方式汇集小微企业,让它们轻松过"坎儿",健康发展。

从基地创业到"新城"发展

2013 年 10 月 23 日,山西省中小企业创业示范基地在太原市晋源区启动建设,这是山西省首个国家级的中小企业创业示范基地。

"创业就是让项目落地变成企业,但是变成企业并不是创业基地最终的目标,因为企业越弱小,发展就越艰难,一定要让企业突破发展的瓶颈,拥有足够的成长的力量。"谈及创业示范基地建设,朱江告诉记者,"而这个基地建成后,将满足企业从成立到成长再到成熟,各个阶段不同的需求。"

据介绍,这个占地约 3300 亩、总投资 50 亿元的国家级创业示范基地,是山西省中、小企业局和太原市政府的战略合作项目,目的就是要打造一个空间集中开发、土地集约利用、产业集群发展、设施集聚配套的产城融合的空间载体。它包括 5 个片区:创业孵化区以孵化、培育中小企业,专、精、特、新技术项目研究为主;产业聚集区以中小企业生产、加工基地为主;综合服务区以示范基地综合服务为主,为入驻中小企业、技术项目提供"一站式"便捷服务;创业培训区以中小企业家综合素质培养、入驻企业员工培训、针对性职业教育为主;生活服务区则是创业示范基地内重要的基础性、功能性配套设施场所。

以厂房为例,示范基地内的宽大厂房将被立体分割成几个楼层,使用面积可以扩大几倍;环境方面,示范基地将大量增加绿化,使它更像是个美丽的社区而不是冷冰冰的工厂,它包括企业创新、生产制造、创业服务、技术联盟、宜居社区五大功能片区和手续代办、政策扶持、金融服务、租赁、广告、办公用品统采统购等十大服务平台,涵盖了中小企业发展的几乎所有需要。

"其他园区一般只有政府公共服务这一块儿,在我们这个园区增值服务特别多。"朱江介绍说,从企业入驻的工商税务手续,到政府资金的扶持,再到创业公司、融资担保公司、小额贷款公司等相关机构全部引进,为企业提供"一站式"服务。

"可以说,这个创业示范基地就是一座产业新城,它打造的是一个产业群体可持续发展的生态环境。"朱江说,基地全部建成后将引入企业 1000 家,实现年产值 100 亿元,年税收 7 亿元。

"产业新城模式将是山西省创业基地未来的发展方向。"朱江告诉记者,在山西,经过省中、小企业局和省财政厅认定的创业基地,目前已有 55 个,入驻企业 2000 多家,带动投资 32.8 亿元,吸纳就业近 2 万人。

据了解,中小企业创业基地是集孵化、成长、服务为一体的中小微企业集中发展区,它是生产小企业的工厂,培育产业集群的载体,开展公共服务的平台。其主要任务是解决大量中小项目难以落地难题和大量创业者缺乏生产经营场所难题,从而降低创业成本,鼓励创办大量的小微企业。

山西省自 2005 年开始,在全国较早开展小企业创业基地建设工作。近两年来,在国家有关政策的引导激励下,山西采取政策推动、分类指导、典型引导、资金引导等措施积极推动全省中小企业创业基地建设。目前,全省规划开建了 80 多个中小企业创业基地,近两年来认定了两批共 55 个省级中小企业创业基地,规划建筑面积 3360 多万平方米。其中,新建型创业基地规划建筑面积 230 多万平方米,占省级创业基地总面积的 6.8%,改造型创业基地规划建筑面积 3106 多万平方米,占省级创业基地总面积的 93.2%。山西省财政加大了支持中小企业创业基地建设专项资金力度,其中,2012 年支持创业基地项目 21个,安排财政资金 1500 万元;2013 年支持创业基地项目 26 个,安排财政资金 3000 万元,用于创业基地内的软硬件设施建设。

到"十二五"期末,150 个创业基地建成后,可入驻企业将达到

5000 户以上,吸纳就业人员达到 6 万人以上,带动投资总额将超过 300 亿元。

政策效果初步显现

"财政 15 条",连同随后出台的"金融 12 条"等扶持措施,为山西省中小企业发展注入了一剂"强心剂"。"政府引导,市场唱戏"的扶持方式,宛如阳光雨露,为山西省中小微企业持续健康发展营造了良好的政策环境。其政策效果至少体现在以下几个方面:

政策引导效果明显。在"财政 15 条"的带动下,山西省各市纷纷制定和出台有关政策,加大支持中小微企业发展力度,新增支持资金达 3.1 亿元。其中,太原市在财政力十分紧张的情况下,安排 1.2 亿用于建立中小微企业"助保贷"和设立中小微企业发展基金;忻州市财政局要求各县全面落实支持中小微企业政策,市本级及各县共安排 1 亿,用于支持中小微企业发展;晋中市积极行动出台支持中小微企业政策,每年新增支持中小微企业资金 0.55 亿元;运城市、晋城市增加 0.2 亿元支持中小微企业专项资金。

打造中小微企业发展基金群。作为财政部门转变传统支持方式的首次尝试,中小微企业发展基金的建立,引入了市场机制,吸引了社会资本,山西省各市纷纷行动起来。太原市财政局拿出 6000 万元引导设立太原市中小企业发展基金,目前正在签署各项协议,拟吸引社会资本 1.8 亿元;忻州市财政局出资 3000 万元,设立中小企业发展基金,拟吸引社会资本 7000 万元,目前各项工作正有序进行;晋中市结合本市实际,建立支持旅游发展基金,财政局出资 1 亿元,吸引社会资本 9 亿元,专项用于平遥古城的旅游开发。其他各市也在积极行动,全省中小企业发展基金群已粗具规模,财政支持中小企业发展资金规模得到有效放大,支持中小企业发展的力度成倍增加。

中小微企业发展势头良好。2013 年,全年预计山西省中小企业增加值同比增长17.07%,占 GDP 比重同比提高 1 个百分点以上,成为地方经济增长的一道靓丽风景线。

新创办小微企业数量为历年之最。2013 年全年新创办小微企业约3.5 万户,占全省企业总户数的比重达到99.7%,为全省经济发展注入新活力。中小微企业吸纳就业的主渠道作用进一步增强。截至2013 年底,全省中小微企业从业人员比上年同期净增加约 30 万人。

"同经济发达省份相比,我省中小企业目前仍存在科技含量低、产业结构不合理、分布不均衡等问题。"常国华表示,省财政将进一步整合优化支持中小微企业发展的各项政策体系及资金规模,积极探索支持中小微企业的有效措施和方式,助力中小微企业加快发展。

(原载 2014 年 1 月 18 日《中国财经报》)

重新认识市场的一次探路

苗福生

山西财政整合10亿元资金,并一口气出台扶持小微企业发展的15条政策,这实际上是财政在重新认识政府与市场关系之后的一次坚决探路。

财政积极支持经济发展责无旁贷,毕竟,发展是硬道理。关键是如何支持。不可否认,我国各级政府部门长期以来囿于计划经济习惯思维,在处理政府与市场的关系上,习惯于大包大揽,其结果是,政府的越位、缺位、错位不仅扰乱了市场秩序,而且破坏了市场公平竞争的基本规则。改革开放30多年的实践过程,其实就是全社会尤其是政府部门逐步学习市场、认识市场、熟悉市场的过程。必须承认,虽然市场一词对我们每个人而言,都耳熟能详,但是,正如一位哲人说的那样:熟知并非真知。联想到现实经济生活中,检讨我们政府这些年出台的有悖市场规律的诸多政策,在惊诧之余,不能不说,我们对市场,是多么的陌生。

强调市场在资源配置中的决定性作用,并不是说,政府可以不作为,关键要看怎么作为,如何作为。

山西扶持中小微企业发展,从客观上看,有其着眼长期经济结构调整的战略需求,也有眼下煤炭等资源价格偏低、经济增长乏力的现实倒逼,更有激活全社会创业活力、扩大就业的预期考量,但是不管怎么说,山西财政部门出台的扶持中小微企业发展的 15 条政策,是围绕省委、省政府的发展战略,与金融等多个部门配合,通过充分发挥财政杠杆手段,既引导、撬动市场,又甘当市场配角的一次有益尝试。这种通过充分的调研,对症下药,找准小微企业发展各阶段关键穴位的做法,当前在东部市场经济相对发达地区可能不算什么新鲜事,但放在长期依赖资源发展的中西部地区而言,这无疑具有重要的探路意义。

为中小微企业成长"帮大忙"

——省中小企业信用担保有限公司
支持中小微企业发展纪实

李若男　郭　中　张　平

"秋老虎"的余威还未褪去,闻喜英发玻璃制品有限公司董事长李顺发心头上的"急火"却降温了,因为他担心的 500 万元流动资金贷款如期到账,企业新改造的生产线可以开足马力运转了。

"连连贷"担保支起企业流动资金"渡槽"

闻喜英发玻璃制品有限公司是主要生产真彩玻璃瓶的民营股份制企业,外贸风灯系列远销欧美。2014 年,在省担保公司的担保支持下投资 800 万元对生产线进行技术改造,生产销售情况较为稳定。而 2015 年贷款到期,企业却面临两难选择:抽出生产资金还款,企业新改造的生产线就会开工不足;从其他渠道筹资,融资成本难以承受。

非常时刻,省担保公司再度伸出援手,通过"连连贷"担保,为英发玻璃解了难。

"连连贷"业务是省担保公司与兴业银行太原分行合作开展的创新产品。此项业务采取三年期授信、逐年确认,在经省担保公司和兴业银行同意的基础上,企业可不用筹集还款资金,直接办理续保续贷手续。如此,可以帮助中小微企业提高贷款效率,降低"倒贷"成本,提升贷款资金使用效率。为保证"连连贷"担保业务的持续推进,该公司积极提升风险管理,完善内部机制,做好扶持中小微企业与公司风险防控的有效平衡,实现了企业客户与公司发展的共赢。

省担保公司表示,作为政策性担保机构,公司将坚持"行业化、链条化、模块化、区域化"担保业务"四化"模式,持续创新产品,扩大扶持中小微企业。截至目前,已有山西青科恒安、太原重形钢结构、朔州润臻新技术有限公司等10户中小微企业成为"连连贷"用户,涉及贷款金额1亿元。

互联网金融担保引来资金"及时雨"

"真没想到这么快就能用上款,太及时了!"太原金阙尚品公司的雷俊德对省担保公司通过 P2P 平台为他们企业迅速募集到资金非常感慨。其实,省担保公司通过互联网金融为中小微企业募集资金不止金阙尚品公司一家,自2015年5月以来,已为7家企业通过网上平台进行募集,涉及金额近1600万元。

与传统行业不同,"互联网＋金融"具有小额、快捷、便利的特点,在资金配置效率、渠道、运营模式、交易成本、系统技术等多方面具有优势。面对经济发展新常态和我国大力发展普惠金融的形势,省担保公司积极对接互联网金融,多次召开会议研究部署和督促推动。截至6月底,公司已有7个项目在网上平台成功募集,为山西千年晋绣、太原金阙尚品、东龙丰田、财苑印刷等7家企业合计募集金额1550万元。下一步,省担保公司将积极探索研发与互联网金融相关的"线下风控尽调"业务的实施细则,使该业务进一步规范化,并加快推进与"晋金所"、山西证券、中合盛等单位的业务合作与协同发展,争取早日签订协议,为 P2P 贷款、众筹融资等互联网金融业务的大规模推进奠定基础,为我省中小微企业提供更多的融资渠道,以更高的效率扶持更多的中小微企业。

"供应链"担保让千万个"细胞"活起来

太原香雪商贸公司是一家从事面粉销售的民营公司,多年来因为规模小,可抵押物少,总资产只有 130 余万元,一直不被银行认可,拿不到贷款,影响了企业发展速度。省担保公司考察了解后,认为虽然香雪公司资产少,但主要客户六味斋实力可靠,属于轻资产优质企业,决定为其提供信用贷款担保,使香雪商贸公司拿到了第一笔银行贷款,解决了困扰其多年的资金问题。

2015 年以来,省担保公司从打通符合政策支持方向的行业龙头企业供应链入手,将扶持范围延伸至目标企业供应链的各个触角。通过供应链担保业务模式,既解决了供应链外围轻资产的中小微客户的融资难题,也保障了供应链中心的六味斋的稳定发展,可谓一举两得,事半功倍,实现了共赢。同时,在总结经验的基础上,省担保公司把供应链担保业务模式"复制"到了海尔集团身上。省担保公司以海尔集团财务公司提供专项资金支持购买海尔家电的闭环买方信贷运作模式为依托,借助海尔集团对其入围实体专卖店的进、销、存数据,对我省境内实体专卖店予以批量化买方信贷担保。目前,分布在省内 5 个市、县的第一批 5 户企业已拿到贷款,户均 100 万元。

"3＋N"服务连接起资本市场"金光大道"

2014 年 12 月 25 日,"新三板"开市钟响起的那一刻,山西山大合盛新材料公司董事长王自卫脸上洋溢着自豪的笑容,作为国内混凝土行业首家在"新三板"挂牌上市的企业,王自卫当然有理由高兴。消息传回省担保公司,几年来的密切合作终于修成正果,昔日的"丑小鸭"蜕变为"白天鹅",那种成就感带来的喜悦也是实实在在的。

作为为中小微企业提供融资服务的政策性机构,省担保公司并不仅仅满足于为企业提供担保,他们希望受保的企业走得更远、飞得更高——经担保的企业在快速发展、信用提高后,或在银行直接获得贷款,或者在"新三板"、中小板和主板实现直接融资。2014年以来,省担保公司依托国信投资集团的综合优势,通过强化"3+N"合作,以省担保公司、山西股权交易中心、山西产权交易中心3家为基础,联合山西证券、山西信托等合作伙伴,形成中小微企业综合金融服务平台,提供担保、信托、产权交易、辅导上市等一揽子服务。迄今为止,与省担保公司有过业务合作的企业中已有山西山大合盛、山西科达自控、大同阳光小贷、山西精英科技等4家企业分别在"新三板"成功挂牌,占到了我省在"新三板"上市企业总数的1/4,为我省着力完善多层次资本市场融资功能做出了应有贡献。

再担保为担保行业发展注入新动力

"与省担保公司建立再担保合作关系后,我们的信用提高了,话语权增强了,业务规模扩大了。"忻州担保公司董事长菅勇胜不断地感慨。成立于2002年的忻州担保公司,把与省担保公司合作作为自身发展的重要支撑,多年来,双方合作担保额达到30亿元。现在,省担保公司与全省80%的市级担保机构和40余家县级担保机构开展了再担保、分保、共保等业务合作,业务量占到了公司业务总额的45%,全省初步形成了以"省级机构为龙头、市级机构为骨干、县级机构为基础、商业机构为补充、各类担保机构和谐发展"的中小企业信用担保体系。经公司支持的担保机构大都增强了信用,为银行所认可,能够扩大开展业务。

　　省担保公司15年间,年度担保额从起步时的7400万元增加到了如今的65亿元,增长87倍,累计支持企业6000余户,累计提供担保315亿元,共可新增产值或销售收入630亿元,新增利税63亿元,新增就业再就业岗位10万余个。

　　目前,省担保公司按照省政府和国投集团公司要求,正在有序推进增资扩股、承担政策性再担保职能工作。增资改组完成后,省担保公司将以再担保为主体,以直接担保和投资为两翼,进一步担负起传导全省产业政策、提升行业担保能力、引导行业规范经营、化解行业担保风险、扩大支持中小微企业发展的职责。未来,省担保公司有望带领省内担保机构实现资本金5倍放大的目标,为广大中小微企业提供1000亿元的融资服务。

（原载2015年8月23日《山西经济日报》）

山西财政80亿元促经济转型发展

郭　中

2009年,山西省财政厅千方百计克服财政收支困难,筹措80多亿元资金,大力支持经济结构调整和经济发展方式转变,促使全省经济转型发展迈出了坚实步伐。

煤炭资源整合是山西实现转型发展的一项重大举措。为保证此项工作顺利进行,省财政积极出台政策措施,对省属国有重点煤炭生产企业应缴采矿权、探矿权价款地方留成部分,给予可分期缴纳或转增国家资本金的政策优惠。允许资金周转困难的国有重点煤炭生产企业缓缴煤炭可持续发展基金。积极争取中央整顿关闭小煤矿专项资金1.9亿元,支持关闭小煤矿安置职工、消除安全隐患。拨付资金20亿元,帮助煤炭企业移交地方192所学校和8个公安机构,解决8户改制企业债务问题,对30户企业关闭破产给予了财政补助。

在推进产业结构调整方面,进一步增强了财政对科技自主创新的引导带动作用。2009年,省财政安排产业发展专项资金2亿元,支持发展装备制造业、现代煤化工、新型材料、食品工业等新兴产业和高新技术产业,会同有关部门出台了加快山西省醋产业发展的扶持意见。安排旅游基础设施投资3.5亿元支持旅游产业发展,设立省级文化产业发展专项资金对文化产业予以扶持,支持农村信用社、晋商银行等地方金融机构提高金融服务水平。下达科技资金 4 亿元,推动科技攻关和科研成果推广转化应用,科技创业风险投资基金、自主创新专项资金规模成倍增加,高新技术企业认定工作深入推进。

安全生产事关全省经济发展全局。数据显示,2009 年,省财政用于安全生产方面的资金达 3.67 亿元,支持开展安全生产专项整治工作,17 个重点行业和领域整治工作经费保障到位。据了解,省财政在全面贯彻省政府安全生产十项制度的基础上,还会同有关部门制定了企业安全费用提取制度和企业安全生产风险抵押金制度。有力地促进了全省安全生产状况的稳定好转。

省财政在支持节能减排和生态环境整治上也是可圈可点。2009 年,省财政筹措资金 50 多亿元,支持实施节能减排和淘汰落后产能重点工程,推进蓝天碧水工程和造林绿化工程,支持汾河流域、太原西山地区和大同、阳泉等城市的生态环境治理修复。进一步丰富财政支持节能环保的政策措施,设立了新能源与节能环保产业发展专项资金,实施省级森林生态效益补偿机制,对右玉、五台等 6 个县实施生态转移支付,采取"以奖促治""以奖代补"等方式支持农村生态环境治理,对全省主要河流实行跨界断面水质考核生态补偿。

在省财政的大力支持下,全省招商引资和对外开放水平得到进一步提升。2009 年,省财政支持山西省举行重点项目推介会和参加各种招商引资活动,加大对企业开展对外贸易和参与国际竞争的财政扶持力度,支持引进海外高层次人才来晋创业和举办首届中国(山西)特色农产品博览会,积极争取国际金融组织和外国政府贷赠款,全省共引进各类资金 1120 亿元。

(原载 2010 年 3 月 2 日《中国财经报》)

山西上半年财政收入超危机前水平

——同比增长 12.24%，增值税对财政收入贡献率达 36%

郭 中

从山西省财政厅获悉,2010 年上半年,全省财政收入完成 961.67 亿元,同比增长12.24%,增收 104.88 亿元,为年度计划的 57.51%,其中一般预算收入完成 522.88 亿元,同比增长 12.63%,增收 58.62 亿元,为年度计划的 61.28%。这几个数字释放出山西经济企稳回升、加速好转的强烈信号。

2010 年以来,山西全省财政收入运行总体延续了上年 4 季度以来逐月回升的积极态势,财政收入实现恢复性增长、增速逐月加快。3 月份以来每月的一般预算收入累计增幅均维持了 10% 以上的增速。尤其是 6 月份,全省财政总收入和一般预算收入增长态势迅猛,创出 2010 年以来的新高。

"税收收入增速加快,收入规模已超出 2008 年金融危机前的水平。"省财政厅有关负责人告诉记者,上半年,全省税收收入比金融危机前的 782.57 亿元超出 24.61 亿元,且从 2010 年 3 月份开始增速呈现逐月加快之势。分税种看,全省 14 项税收除房产税和城镇土地使用税受房地产市场宏观调控政策影响下降外,营业税、资源税、企业所得税等 12 个税种均保持较快增长。其中,规模最大的增值税继 5 月份增速转正后,贡献份额就不断提高。统计报表显示,上半年全省增值税完成 401.37 亿元,同比增长 10.53%,对财政收入的贡献率恢复到 36%。

各市、县财政收入形势继续好转也是全省财政收入增加的"助推器"。继首季转正之后,各市、县财政收入继续保持了恢复上升的运行态势。从 2010 年各月增幅来看,4 月份累计增幅为 6.44%、5 月份为 10.29%、6 月份为 12.07%。

财政收入的不断攀升,也为民生等的重点支出提供了保障。据统计,全省一般预算支出 712.68 亿元,同比增长 21.88%,增支 127.94 亿元。教育、科学技术、文化体育与传媒、社会保障和就业、医疗卫生、住房保障等重点支出共增支 57.52 亿元,增支额占到一般预算支出增支总额的 45%,有力地保障了城乡改革发展的统筹推进和民生的进一步改善,为山西省转型发展、安全发展、和谐发展提供了有力的支撑。

(原载 2010 年 7 月 13 日《中国财经报》)

能源老基地的"涅槃"

——山西省财政支持产业转型发展纪实(上)

刘国旺　李忠峰　郭　中

踏着加快经济发展方式转变的步伐,煤海山西正逐步释放出新的巨大能量。

中央的援手恰逢其时。国务院近日批准山西省成为全国唯一一家在全省域、全方位、系统性地进行资源型经济转型综合配套改革试验的区域。其主要内容是围绕产业优化升级、战略性新兴产业发展进行全面探索。

改造提升煤炭、焦炭、冶金、电力等传统产业,培育发展新型装备制造业、现代煤化工业、新型材料工业和食品工业等新兴产业,加快发展文化旅游等现代服务业,全力推进煤炭资源整合,大力实施蓝天碧水工程……走进三晋大地,记者确实感受到了这里呈现出的转型发展的勃勃生机。

在2010年7月底举行的山西省领导干部大会上,新任山西省委书记袁纯清说,山西将以煤为基,以煤兴产,以煤兴业,多元发展,实现工业新型化。

延伸煤炭产业链

山西要实现工业新型化,潜力和希望仍离不开一个"煤"字。但煤炭产业必须实现由"量"向"质"的转变,煤炭不仅要作为能源,更要作为化工工业材料和煤炭资本,为全省经济转型服务。

"我们的主要产品包括通用橡套软电缆、塑力电缆、电焊机电缆等30多个系列,上万种规格。广泛应用于煤矿、化工、电力、冶金等领域,2010年产值达5亿元,多数产品是集团内部使用。"山西宇光电缆有限公司董事长安明富告诉记者。

山西宇光电缆有限公司是晋煤集团下属的控股子公司。近年来,公司根据产业结构变化不断调整,增资扩股,扩建厂房,更新了设备生产工艺。"目前我们是山西省电缆行业生产规模最大的生产企业,全省矿用电缆就有50亿元的市场,发展空间很大。"安明富说。

电缆只是晋煤集团延伸产业链中普通的一环。

晋煤集团作为我国知名的无烟煤生产企业,近年来通过加大科技研发和成果转化,在国内煤机装备制造行业已崭露头角。

2009年,晋煤集团所在的晋城市120座待重组整合的跨区域煤矿企业缩减至43座,老字号国有企业开始了一次脱胎换骨的大变革,同时确定了做强做大煤、气、电、化、煤机制造、多种经营六大产业。

"十一五"以来,山西煤炭行业实施以煤为基、多元发展战略,强力推进转型发展,产业集中度和产业水平明显提升,煤炭经济贡献度继续提高,煤炭产业由单一的煤炭生产向煤基多联产延伸转化和资源循环利用产业转变,煤焦化、煤化工、煤电铝、煤建材等产业链已形成较大规模。

据山西省煤炭工业厅负责人介绍,"十一五"期间,全省煤炭行业非煤的销售收入完成2000亿元,比2005年提高近7倍,占全省煤炭销售收入的近一半。

2010年,山西财政着力支持符合条件的煤矿复工复产和加快技术改造,支持焦炭、冶金、建材等传统支柱产业兼并重组,煤炭行业预计全年上缴税费820亿元,占全省财政总收入的49.5%,煤炭对全省财政收入贡献度比2005年增加了24个百分点。

传统产业全循环

煤、焦、冶、电被称为山西的"四大金刚",占山西经济总量70%以上,提供了80%以上的财政收入。但产业结构单一化、初级化、重型化,使山西经济抗风险能力较弱。

结合产业特点,山西强化了两个理念:一是全循环;二是抓高端。

"只这么大的面积,就能提供一个家庭的年用电量,售价在4万元左右。"长治市漳泽新兴工业园区主任尚旭军指着一块约1平方米的多晶硅板介绍。

生产该材料的山西潞安太阳能科技有限责任公司是潞安集团的子公司,是集研发、生产、工程、贸易、销售为一体的高新技术企业。项目采用垂直一体化产业模式,覆盖除高纯多晶硅以外全部光伏产业链。

公司办公室的崔先生称,发展1GW/年太阳能项目,不但发挥了集团现有的62万KW/年电厂富余电量的成本优势,以及周边地区大储量、高品位石英砂的资源优势,还形成了"综合利用电厂—工业硅—聚氯乙烯—高纯度多晶硅—太阳能电池"完整的产业链条,具备了循环经济的发展特色。

作为长治市唯一的大型国有煤炭企业,潞安集团在全市经济社会发展中一直发挥着龙头带动作用。在转型发展方面,潞安大力发展低碳循环经济,形成了煤、电、油、化、硅五大产业。

不光长治,在晋北的忻州,鲁能建设起了具有完整产业链的铝工业循环经济示范园区,包括铝土矿、氧化铝、电解铝、铝加工、发电机组及部分资源综合利用项目。全部建成后,将成为全国第三大氧化铝生产基地。

在山西,发展循环经济的企业越来越多。加快提升焦炭、冶金、电力、建材等传统产业,实现产业结构多元化、合理化、高级化拓展,逐步实现由单一煤电"基地"向立体能源"中心"的转变。经过几年推进,已涌现出一批具有山西本土特色和产业特点的循环经济示范企业、园区和市县。

2010年,山西投入4亿余元财政性资金用于发展循环经济。同时,相关部门还制定了《山西省关于支持循环经济发展的投融资政策措施实施意见》,以充分发挥政府投资对社会投资的引导作用。

新兴产业高端化

围绕新能源资源优势,山西要做大新能源新材料产业。

长治虹源科技固态显示有限公司是一家股份制企业,2010年一期可生产电视背光模组用LED发光管10亿支,可装配100万台电视机,实现年销售收入12亿元。

公司以大尺寸液晶电视背光源为主要突破口,"点、线、面"相结合,用3年到5年时间,投资80亿元以上打造一条完整的LED产业链:衬底材料—外延—芯片—封装—电视背光模组,打造全国一流的半导体照明显示产业基地,项目达产后,可实现产值500亿元以上。

LED是一场照明的革命。随着园区内LED外延芯片和300万片LED蓝宝石衬底两大项目即将竣工,一个从衬底材料、外延、芯片、封装、电视背光到研发的全产业链条、垂直整合产业集群构架基本形成,代表着中国光电子发展先进水平和山西光电子产业发展最高水准的中国"光谷"在上党盆地崛起。

在山西,集中力量发展 LED 产业、太阳能光伏产业,已初成规模。在新材料产业上,要依托优势企业和产品,向材料制造和高端"智"造挺进,做大做强以不锈钢加工园区为代表的一批材料加工业园区。

近几年来,山西省政府每年拿出将近 3 亿元用于支持山西省技术创新和高新技术产业发展。不仅如此,财政还运用贷款贴息、项目补助、奖励等方式支持新兴产业发展。

延伸煤炭产业链条,传统产业煤、焦、冶、电全循环,新兴产业高端化……山西勾勒出了工业新型化的框架。

大力度的转型,离不开人才的支撑。

山西省委组织部省委人才办公室副主任钟占荣告诉记者,山西财政支持人才发展的战略由来已久。尤其是 2009 年以来,每年投入5000 万引进海外高层次人才,目前已引进 39 位,进入创业的 5 位。其中从美国归来的伍永安博士,已成功创办山西乐百利特公司,公司研制并生产的 LED 光源产品,达到世界领先水平。

"下一步我们准备加大力度,引入一些企业人才。目前,我们已经对全省紧缺人才做过调研,并统计成表,按照实际情况逐步引进。"大力度的转型,也离不开招商引资。

"近 5 年来,我们主办或参与主办的大型招商引资活动共 10 场,包括 3 届能博会、5 届中博会、1 届珠洽会、1 届港洽会等,取得了明显成效,为我省加快转型发展提供了源源不断的资金项目和技术、人才支撑。"山西省投资促进局局长乔亮生告诉记者,2010 年在太原举办的能博会,签下了协议和合同总金额超过 1.4 万亿元;在江西举办的第五届中博会上,引资额超过 430 亿元。

乔亮生说,值得注意的是,在众多的招商引资项目中,高端服务业方面的在增加。

大力度的转型,更离不开财政的支持。

2007 年至 2010 年 4 年,山西省财政安排使用煤炭可持续发展基金共计 590.18 亿元,其中,省级安排使用 363.34 亿元。分别用于跨区域生态环境治理、支持资源型城市(地区)转型和重点接替产业发展,解决采煤引起的其他社会问题等三大领域,资金的使用效益不断凸显。

山西省财政厅经建一处负责人告诉记者,从 2011 年起省财政预算每年新增加产业发展资金 5 亿元。在此基础上,整合省级各部门分散、重叠、交叉的各类产业发展资金大约 40 多亿元。还要用足用好煤炭企业自提自用的近百亿"企业转产发展资金"和"生态恢复治理保证金";充分发挥"两权"(探矿权和采矿权)价款的调控作用,仅六大煤炭集团应上缴的"两权"价款收入就有约 800 亿元,这项资金都通过政策引导用于转产转型。

"山西转型的总体定位是,以建设国家新型能源和工业基地为基础,建设全国重要的现代制造业基地、中西部现代物流中心和生产性服务业大省,早日建成中部地区经济强省和文化强省。"袁纯清说。

一批走新型工业化道路的企业的逐步崛起,预示着山西的发展模式经历着更加深刻的变革。

(原载 2010 年 12 月 14 日《中国财经报》)

再现"地肥水美五谷香"

——山西省财政支持产业转型发展纪实（下）

李忠峰　郭　中

蓝天碧水工程"净化"山西

初冬季节,走在山西省朔州市右玉县 150 万亩人工"森林氧吧"内,心情格外舒畅。在林海的映衬下,右玉县小五台风力发电厂的 33 座风机塔分外壮观。右玉县 60 多年来坚持不懈植树造林,彻底改变了"一年四季风、黑夜土堵门"的恶劣生态环境。

"20 世纪 90 年代右玉探明 34 亿吨的煤炭储量,但右玉选择了谨慎开发。如果挖煤破坏了植被,老百姓要骂你。"右玉县委负责人表示,"直到 2009 年条件具备后,右玉才与国电等大集团合作引进了风力、太阳能发电项目。"

输出"清洁电力"留下"青山绿水"。2006 年以来,朔州市利用风能、太阳能和矸石发电逐渐改变传统能源结构,建成矸石电厂和风力发电项目 6 个,总装机容量 105 万千瓦,并与中冶集团合作建设总投资 250 亿元的 1GWP 太阳能光伏并网发电项目。

山西国新能源集团董事长梁谢虎说,截至目前,国新能源已建设管网 1374 公里,覆盖了全省 91 个县。其中 50 个供气,同时覆盖了十大产业集群的 158 家工业用户,30 个旅游景点,累计销气量 25 亿立方米。

发展循环经济,既节能,又减排,权威数据统计显示,2005 年—2009 年,全省 GDP 增长 66%,万元 GDP 能耗由 2.95 吨标煤下降到 2.38 吨标煤,降幅 19.3%。

和加快推进低碳、绿色新能源项目实施相比,效果更明显的是推进"蓝天碧水工程"。

2006 年 6 月,山西省启动旨在改善重点城市、重点区域环境质量的碧水蓝天工程,主要针对污染最集中的中部盆地 11 个地级城市和 32 个人口密集县,这里占全省面积的 37%、人口的 58%、财政收入的 70%,污染量则达 70% ~ 80%。

"蓝天碧水工程"的第一责任人,就是各市、县的主要领导。环境保护和"蓝天碧水工程"实施情况作为干部年度考核的重要内容,在干部提拔任用中,实行环保一票否决制。

2007 年以来,山西省还建立了污染减排目标责任制,实行严格的环境保护问责制和奖惩制。在全国率先推出"环境污染末位淘汰制",累计对 1236 家污染严重的企业和 1606 套设施实行了环境污染末位淘汰。

非常举措,非凡效果。经过一系列治理,至 2007 年,阳泉、临汾、大同 3 个城市先后摘掉了环境空气污染的"黑帽子"。

2008 年,山西 11 个城市空气质量二级以上天气总数达到 3679 天,平均 334 天;8 个省辖市 35 个县、市首次达到了环境空气质量二级标准。2009 年,山西 11 个城市空气质量二级以上天气总数达到 3789 天,平均 344 天;10 个省辖市 70 个县、市区一举达到了环境空气质量二级标准。

成绩来之不易。山西省财政厅经建二处负责人介绍,以减排为目标,近几年不断增加环保治理资金投入,截至目前,2009 年—2010 年全省各级财政环保治理资金累计 11.4 亿元,涉及项目 1580 个。

采空矿区成"天然氧吧"

另一个工程,是改善矿区沉陷区工人的生活与环境,加强矿山生态修复,包括矿区植被恢复、绿化和沉陷区治理等。

站在晋城白马寺公园的最高处向远处眺望,从市区直达公园脚下的泽州北路,宽敞平坦;面积达 6000 平方米的休闲广场,打拳、跳舞、放风筝的市民越来越多;每天早晨爬山健身的人络绎不绝。谁能想到,这里以往是荒山秃岭,是人迹罕至的采空矿区。

"白马寺山是晋城市区的一道天然绿色屏障,多年来由于周边煤矿开采,导致地下水系和植被遭到不同程度破坏。"晋城市城区林业局副局长赵顺林介绍,白马寺沉陷区生态综合整治工程总面积达 60 平方公里,区域内规划有植物园、动物园、白马寺区、绿色休闲区等多个区域。

"目前正在规划建设的是总面积达 1630 亩的植物园,园区内主要以生态修复为主,规划设计有 15 处以各种高大植物为主的片林和 20 处以植物花卉为主的专类园区等,已投入 1.2 亿元。"

如今的白马寺山森林公园,绿树鲜花交相辉映,"绿、美、彩、香"与亭台楼阁融为一体。昔日煤矸山被郁郁葱葱的林木所覆盖,新建的四季园,一条条小道曲径通幽,整个园区四季有花有景。

白马寺生态区修复是山西省生态区修复的一个缩影。

山西省相关部门的资料显示,该省地方煤矿采煤沉陷区面积达到 3000 余平方公里,占全省沉陷区总面积的 60% 以上。

2006 年 4 月,国务院决定在山西省开展煤炭工业可持续发展政策措施试点工作。一年后试点工作正式实施,山西出台了向煤矿征收煤炭可持续发展基金、提取矿山生态环境治理恢复保证金和煤矿转产发展资金、有偿出让煤炭资源矿业权4项政策。

山西省发改委有关负责人介绍,2007年至2009年,山西省共安排煤炭可持续发展基金113.4亿元,用于跨区域生态环境综合治理,集中支持汾河流域生态环境治理修复与保护、太原西山地区生态环境综合整治和10个中心城市生态环境综合治理工程等重点工程。

风沙源成"生态长城"

引人注目、成效卓著的还有植树造林。

10年前,这里风沙肆虐,大风和沙尘暴日数年均80天以上,10年后,这里风平沙静,大风日数降至8.3天;10年前,这里生态十分脆弱,林草覆盖率不足16%,10年后,这里林丰草茂,林草覆盖率达到30%以上;10年前,这里满目贫瘠不毛的沙土,10年后,这里处处山青地绿鸟语花香。

这里就是山西京津风沙源治理区,包括晋北的大同、朔州、忻州3市的13个县区,工程区总面积为3087万亩。

据山西环保部门相关负责人介绍,京津风沙源治理工程启动之前,当地每年也在造林,但整个工程区有林面积不足400万亩,这足以说明在这一地区造林的艰难。

为了保证造林效果,山西省先后出台了一系列的行政法规和规范。在治理工程中采取了承包制、报账制、责任制、监理制、检查验收制和完善的档案管理制度。特别是提出了"不造无主林、不种无主草、不搞无主工程"的管理理念,在造林工程中实行了乡镇组织占30%,专业队组织占50%,大户承包组织占20%的三种组织形式,从而确保了工程建设科学有序、规范运作。

截至 2009 年底,山西省京津风沙源治理工程共完成各项治理任务 1335.96 万亩,其中林业工程完成 941.79 万亩。2004 年全国京津风沙源治理工程现场会在大同召开,与会代表参观了造林工程现场后,纷纷赞不绝口。

随着京津风沙源治理工程建设的不断推进,沙产业也逐步发展起来。据统计,晋北风沙区以种苗业、牧草业、仁用杏加工业、特色旅游业等为主的沙产业年产值约 30 亿元,占农民收入比重的 30%,工程区 13 个县(区)农民人均纯收入由 2000 年的 1757 元提高到了 2009 年的 4110 元。沙产业名副其实成为当地的"摇钱树"。

10 年治风沙,10 年硕果丰。昔日飞沙走石的风沙区,今日成为山山现林海、坡坡林草茂、沟沟披绿装的生态屏障。

"十一五"期间,京津风沙源治理工程建设进展顺利。中央已累计下达投资 24.2415 亿元,截至目前,山西省已全部完成京津风沙源林业工程建设任务,草地治理任务完成 96%,小流域治理任务完成 90%。

山西省环保厅有关负责同志告诉记者,2006 年—2009 年,全社会环保投入累计达 752.4 亿元,占到"十一五"环保规划总投入 804.1 亿元的 94%,是"十五"时期全社会环保投入 231.83 亿元的 3.25 倍。

山上绿了,身边也绿了,一系列"硬"指标也得到了细化,比如交通通道,要求高速公路两旁种树 10 排到 15 排,一级公路 5 排到 8 排,二级公路 3 排到 5 排。光是在高速公路两侧,每公里政府就给掏了 10 万元的树苗钱。这细弱的绿意,是山西人民的希望。

为真正把环境作为生产力,2009 年,山西省委、省政府提出了"生态兴省"战略,在三晋大地吹响了建设绿色山西、生态山西的进军号,到 2020 年全省森林总面积要达到 6000 万亩以上,全省森林覆盖率达到 26% 以上。绿化山西、气化山西、净化山西、健康山西是他们更高的要求。

　　"人说山西好地方,地肥水美五谷香。"相信在不久的将来,会有越来越多的来自世界各地的游人,走进气势磅礴的壶口瀑布,去感受"万里黄河收一壶"的雄壮豪迈;走进清凉世界五台山,去感受无边的绿意,做一次惬意的深呼吸……

　　　　　　　　　　　　　(原载 2010 年 12 月 18 日《中国财经报》)

开通政策"直通车" 财企接触"零距离"

——山西启动"支持企业转型发展财政政策巡回宣讲"活动

郭 中 马永亮

　　虽是周末,偌大的会场却座无虚席。2011年3月19日,吕梁上百家企业的负责人齐聚一堂,听山西省财政厅官员宣讲该省支持企业转型跨越发展的财政政策,这也标志着该省"支持企业转型跨越发展财政政策巡回宣讲"活动正式启动。

　　宣讲活动受到了广大企业的热烈欢迎。向阳生物科技有限公司总经理武成维说,自己一直忙于企业经营,对国家的政策不太了解,财政部门主动为企业服务,这对加快企业转型发展十分有益。出口量很大的汾州裕源食品有限公司董事长俞翠平说,自己以前根本不知道出口能获得财政贴息支持,回去后要积极按要求申请政策支持,把更多的特色农副产品销到国外,增加农民收入。刚从煤焦行业转入食品行业的山宝食用菌有限公司董事长李秋娥兴奋地说:"听了宣讲,更认识到我转行转对了,有财政政策的支持,我对企业发展更有信心了。"

　　山西省财政厅副厅长潘贤掌告诉记者,当地长期以来存在着政府出台政策,但并不为广大企业特别是中小企业了解的"肠梗阻"现象,省财政厅也经常遇到各类企业通过电话、上门等方式咨询政策的情况,虽然省财政已及时通过互联网发布了相关财政政策,但还是有企业不知道,有的即使知道了也存有疑惑,这一定程度上限制了政策效应的发挥。开展巡回宣讲活动是送政策到基层,送服务到企业,开通政策"直通车",让财企"零距离"接触,有助于企业特别是广大中小企业了解财政支持政策,用好财政支持政策,加快自主创新、转型发展的步伐。

据悉,吕梁是此次巡回宣讲活动的第一站,随后活动还将在全省其他 10 个市开展,确保政策巡回宣讲不留盲点。

(原载 2011 年 3 月 24 日《中国财经报》)

太原：把财政政策讲给企业听

郭　中

"以前是拿到文件自己学，现在是组织人家现场讲，形式一变，效果大不一样。这不仅有助于企业提升政策应用的能力和水平，同时还能提高政策的透明度，提高政务的公开性，扩大财政政策的影响力。"在日前举办的"太原市支持企业转型发展财政政策宣讲会"上，一位企业负责人高兴地对记者说。

当前在太原市财政企业工作中，还存在着财政政策不被企业了解的"肠梗阻"现象，财政部门经常遇到各类企业通过电话、上门等方式咨询政策的情况。这种现象的存在限制了政策效应的发挥，影响了企业加快转变发展方式的步伐。此次宣讲活动的目的就是为了便于企业了解财政政策，全面提升应用财政政策加快转型发展能力，更好地服从服务于再造一个新山西的战略需要。

据悉，来自太原市企业界和有关部门的近 400 名代表聆听了宣讲。

（原载 2011 年 11 月 8 日《中国财经报》）

煤铁之都充满魅力

——山西省长治市循环经济发展纪实

战雪雷 郭 中 王 彬 史黎武

2009 年刚入冬,"煤铁之都"长治迎来了多年来少有的一场大雪。但是,积雪中并没有煤铁城市常见的或黑或黄的杂质,即使雪花落在行人的衣服上,也只是静静地融化,不会留下污渍。

可是,就在 10 年前,"天上冒黄烟,河里流黑水,地上走煤泥,空中舞煤尘",是这座城市常见的景象。

近年来,作为山西省最早的循环经济试点城市,长治通过推动资源节约和综合利用、清洁生产,逐渐摆脱了"傻、大、黑、粗"的城市面貌,走上一条环境与社会发展良性循环的道路,相继获得国家园林城市、卫生城市、中国十大魅力城市等美誉。2009 年,长治又跨入国家可持续发展实验区的行列。

延伸产业链条打造循环经济体系

在沁源县李元镇工业园区内,分布着沁新煤矿、新源煤矿等厂矿企业,构成了沁新集团的两条主要产业链条:煤—洗精煤—煤矸石发电—棕刚玉冶炼磨料加工及粉煤灰建材的煤电材产业链、煤—洗精煤—焦化—余热发电—电石化工的煤电化产业链。

在这里，挑选出来的精煤和采用世界先进工艺生产出来的焦炭获得了比原煤更高的收益，选煤厂挑剩下的煤矸石全部成为发电厂的燃料，发电后的粉煤灰则被公司建材产业"吃掉"；余热发电厂利用焦化厂焦炉余热、尾气做动力发电，并与英国的一家公司签订了 CDM 减排购买协议，不光"消化"了炼焦产生的废气，还每年节约标煤 36.28 万吨。企业产出的电能，又给棕刚玉和电石等产品的生产提供了充足的动力。

沁新集团办公室有关负责人告诉记者，在上述两条产业链中，公司原煤入洗率达到100%，煤矸石、粉煤灰等固体废弃物综合利用率达到70%，焦炉余热烟气利用率达到100%。

据长治市发改委国土环保科科长王贵平介绍，与李元镇工业园区类似的，还有众多的循环经济园区，把煤炭相关产业紧密联系起来，将原来各自产业的点式结构提升为网式产业结构，在建立企业内部物料循环系统的同时，更大范围实现了循环经济的法则，为长治工业的快速、健康、可持续发展奠定了基础。

王贵平告诉记者，"十一五"期间，长治将建设以煤炭为基础的循环经济新型工业基地，主要围绕"肥、醇、炔、苯、油"5 条主线，发展多联产工艺，在煤焦化、煤气化、煤油化及乙炔工业等四个方面，加快产业、产品链的延伸。

与此同时，长治市致力于依托钢铁、铁矿、硅矿、白云石、石灰石培育新材料产业循环链，以粮食深加工、农业产业化为载体的生态农业循环链，城市生活垃圾和污水处理循环链，这几条产业链同步发展，形成了覆盖城市乡村，涉及企业、园区、社会的循环经济体系，基本实现资源利用最大化和废物排放最小化。

据了解，目前长治市各煤钢等企业在废水治理方面，普遍采用闭路循环工艺进行处理,企业的余热被用来发电和解决城市供暖,全市余热发电厂总装机容量约 800 兆瓦,电厂生产用水 100% 回收,工业废渣综合利用企业逐年增多,新型墙体材料生产企业已发展到 134 家。

淘汰落后产能 夯实循环经济基础

淘汰落后产能是发展循环经济的必由之路。长治市经委有关人士告诉记者,近年来,长治市重点加强了对规模小、工艺落后、污染严重企业的整治,制定了各行业淘汰落后产能、加快结构升级的实施意见,公布了冶金、化工、水泥、铁合金等行业的淘汰名单。对列入关停、取缔名单的企业按时限要求采取了停水、停电、停运、停贷、停煤等强制性措施。即使在经济下滑情况下,市政府也始终坚持淘汰落后产能决心不动摇,力度不减小,时间不放宽,而且尽可能提前淘汰,为循环经济的发展打下坚实的基础。

2007 年至 2008 年,长治市利用国家、省专项资金和市级财政投入达 1.37 亿元,实际淘汰落后产能 1130 万吨,共涉及钢铁、焦化等 7 大行业、110 户企业。2009 年计划淘汰落后产能 59.17 万吨,涉及五大行业、15 户企业。目前,除电石行业外,其他行业的淘汰落后产能工作已近尾声。

长治实行了节能准入制度,从严控制新开工高耗能项目,从源头上遏制能耗和污染增长。

此外,长治市建立了市、县两级污染源档案,实行对主要污染物减排工作的动态管理。市里明确了 67 家重点污染源的二氧化硫减排指标,向 14 家重点污染源分配了化学需氧量的减排指标,并实行月检查、季考核和重点减排项目督查制度。对依法应缴纳排污费的企业,根据企业的循环经济项目已减少的污染物排污量,由县级以上政府环保部门核减相应的排污费。

2008年,长治市主要污染物二氧化硫和化学需氧量的排放量下降幅度均好于全省水平,万元GDP综合能耗下降8.77%,规模以上工业企业万元增加值能耗下降12.5%。

新技术力推循环经济

循环经济的实现,最终要落实到新技术、新管理方式的应用上。长治钢铁厂能源科科长鲍俊标对此深有体会。

以企业能源计量为例,由于钢厂用水杂质比较多,以前的水表经常坏,久而久之,工作人员就用经验数据取代仪表计量。现在,先进的仪表能够完全适用钢厂的水质,清清楚楚地显示企业的耗水量。

鲍俊标告诉记者,在长钢,测算水、电、气等的消耗,已经全部使用仪表,各个分厂、班组再也不能在能源使用上"吃大锅饭"。技术进步对于节约能源的贡献率达到85%。

潞安矿业集团与鞍山热能院合作首创完成的高炉喷吹煤新技术,是以潞安贫煤为原料生产的高炉喷吹煤新产品,因为具有节能环保、替补焦炭的作用,先后被宝钢、首钢和日、韩等20多个国家的钢铁企业应用,受到一致好评。

据悉,长治市还在焦炭行业推广应用配型煤烧焦等煤预处理技术、低污染装煤、污染物集中处理、计算机控制等先进使用技术;在化工行业重点实施合成氨、水气系统技术改造;在电力行业积极推广变频电机和喷吹煤等节能新技术,力争"十一五"末火电能耗每千瓦时360克标煤,比"十五"末下降9.1%。

长治还用上了能源合同管理的市场化节能手段。2009年,长治两家公司通过租赁、入股、出售等形式在全市高耗能企业推广节能新技术新设备,分别与78户企业签订了能源服务合同,编制节能改造方案,总投资近1亿元,节约标煤13万吨。

2008 年,长治市 68 家企业实施了 130 个节能技术改造项目,当年完成 65 个,年节约标煤 36.5 万吨。

构建强有力的保障体系

循环经济涉及的产业结构调整、淘汰落后产能、新技术的使用、新产品的开发等等,都离不开政府的政策引导和资金支持。

记者在沁新集团看到一份统计表,表格记录了 2007 年、2008 年各级财政对其发展循环经济的支持,包括节能技术改造财政奖励项目、排污费返还、煤炭可持续发展基金返还、工业项目资金补贴奖励、科技计划项目、国债资金等,合计 4067 万元,其中焦炉余热发电工程项目就获得省财政 1154 万元的补助。

据介绍,长治市财政根据市政府的要求,采取了一系列政策推动循环经济的发展。2009 年、2010 年两年,长治市财政从煤炭可持续发展基金、煤炭准销票罚没款、国有企业上缴利润和财政预算中筹集资金,专项用于支持工业经济转型升级,发展循环经济。2009 年已拨付 1.3 亿元。凡长治市企业所实施的符合国家产业政策和市产业发展方向、对提高资源和能源利用效率有带动作用、对发展循环经济建设节约型社会有典型示范作用的项目,均可申请发展循环经济引导资金的支持。

对资源综合利用发电、煤矸石发电和垃圾发电项目,煤矸石、石煤、粉煤灰、烧煤锅炉的炉底渣及其他废渣为原料生产的建材产品,以及符合国家《资源综合利用目录》的其他产品等,经省有关部门审核,可向税务机关提出减免税申请。税务主管机关根据国家减免税的有关规定进行审核,对符合条件的予以办理。

同时,财政部门实施政府绿色采购制度,优先购买循环经济企业的产品和服务,优先选用通过环境标志认证的产品和废弃物再生品,引导绿色生产和消费。

　　长治市财政还根据财力的增长逐年增加对环保的投入,加大环境污染治理投入。2008 年下达有关项目单位污染源治理资金 3493 万元,2009 年初预算计划投入 4000 万元,目前正在对申报的项目进行审核。在 2006 年—2008 年 3 年间,市本级财政共投入 1 个亿,支持焦化、冶金、建材、化工等行业污染源治理项目 91 项。

　　从 2005 年到 2008 年,长治市生产总值由 398.75 亿元增加到 682.13 亿元,综合实力位居全省前列。而其主要污染物二氧化硫、化学需氧量在下降,综合污染指数由 2006 年的 2.35 下降到 2008 年的 1.76,稳定达到国家二级标准,连续 4 年成为华北地区空气质量最好的城市。

　　成为国家可持续发展实验区的长治,正规划建立起以新型加工制造业为主导的资源节约型国民经济体系,消除目前可持续发展所面临的障碍,向经济、社会、资源、环境相协调,经济发达、文化繁荣、人民富裕、社会安定的新型城市迈进。

（原载 2009 年 12 月 1 日《中国财经报》）

借力打力经济发展迎来新"春天"

——山西省吕梁市财政服务企业保增长纪实

郭　中　杨谈文　王三伟

2009 年,山西省吕梁市财政收入达到 165.42 亿元。

2009 年,吕梁市财政局充分利用宏观调控、贷款贴息、信用担保等手段,创造性地开展工作,有效地发挥了财政资金"四两拨千斤"作用。吕梁迎来了经济发展新的"春天"。

财政担保为中小企业播撒"及时雨"

"真是一场及时雨!"日前,山西山宝食用菌生物有限公司拿到市信用担保公司为其担保贷款的 1100 万元时,董事长李秋娥欣喜不已。

山宝食用菌生物有限公司是由一家煤焦企业转型而成的农业龙头企业,公司日产鲜菇 4 吨,带动周边 1000 余农户发家致富,被列入"513"工程省级重点龙头企业。2008 年,受国际金融危机影响,企业发展步履艰难。在市担保公司的帮助下,当年获得银行贷款 1000 万元。2009 年,再次获得省、市两级财政信用担保资金 1100 万元,企业迅速步入了快速发展轨道,实现总产值 8000 万元。

没有了资金瓶颈,吕梁企业创新能力激情迸发,市场竞争力逐渐增强。文水诚信种业依托 3000 万元担保资金,从一个家庭小作坊蜕变为山西省农业产业化龙头企业,带动 5 万农户增产增收……

保企业就是保增长。作为职能部门,市财政局把信用担保体系建设作为重要任务来抓,以此撬动信贷资金的投入。通过注入资本金,签订目标责任书等多措并举,市、县两级 14 个政策性担保机构于 2008 年 10 月底前全部成立,初步形成了覆盖全市的担保体系。同时,市中小企业担保公司经过逐年补充,资本金由 1 亿元增加到 2 亿元。2009 年,共为全市 39 户中小企业提供贷款担保 4.02 亿元。

小额贷款撬动民间资本 9 亿元

兴县退休职工王兴信承包了 30 亩耕地,想搞育苗项目,但资金短缺。无奈之下,他找到刚开业不久的鑫隆小额贷款有限公司,没想到仅用 3 天就贷到了 15 万元。

2008 年下半年以来,吕梁"三农"的融资问题日益突出。而另一方面,得益于煤炭资源的开发,吕梁市民间资本相对较丰厚。于是,一边是中小企业、"三农"经济"嗷嗷待哺",一边是民间资本暗流涌动,出现了放高利贷等一些违法违规行为。

为缓解全市中小企业和"三农"融资难的问题,并引导民间融资走向规范化、合理化、公开化,2008 年 8 月,市财政局牵头启动了小额贷款公司试点工作。

在小额贷款公司的审批及运行中,吕梁市严格执行国家有关规定,要求小额贷款公司须经政府批准设立,不得跨区域经营;"只贷不存",严禁非法或变相吸收公众存款和非法集资;发放贷款坚持"小额、分散"的原则,同一贷款人的贷款额度不得超过小额贷款公司资本净额的 5%;贷款利率上限不得超过银行贷款基准利率的 4 倍,下限为贷款基准利率的 0.9 倍。同时研究制定了一系列监督管理和风险防范的措施办法。作为小额贷款公司的审批监督部门,市财政局开辟绿色通道,特事特办,简化环节,至 2009 年底,全市小额贷款公司达到了 17 个,撬动当地民间资本 9 亿元,累计发放农业贷款 118 户,支持中小企业 526 户,发放贷款总额达 6.8 亿元。

加大投入"真金白银"助发展

2009 年,市财政局提出要在支持经济发展上实现新作为,以"政策落实、项目管理、项目争取、监督检查"四项活动为载体,千方百计筹措资金,主动而为争取项目,用财政的"真金白银"全力推动经济平稳较快发展。

全年筹集经济建设资金 40 多亿元。总投资 20.7 亿元的 658 个扩内需项目累计开工 646 个,开工率 98%,完成投资 10.56 亿元;拨付资金 9.4 亿元,重点支持了吕梁机场、太中银吕临支线、柏叶口水库、千年水库和村村通公路、吕梁市区建设;拨付技术创新、产业化改造资金 1.96 亿元,重点支持了 77 个转型项目升级改造;拨付资金 1187.15 万元,家电下乡补贴兑现率达到 84.5%,有力地拉动了农村消费;筹集资金 3.9 亿元,支持了节能减排和环境治理,促进经济协调发展。市区二级以上天气数达到 359 天,连续 3 年排名全省第一。

与此同时,严格执行国家结构性减税、"五缓四降三补贴"等企业扶持政策,减轻企业负担 5.7 亿元;及时清理取消不合理收费项目 41 项,减轻企业费赋 2.3 亿元。

吕梁财政"四两拨千斤",拨动了企业发展的激情。2009 年,全市地区生产总值预计完成 600 亿元,同比增长 2%;城镇居民人均可支配收入 13810 元,农民人均纯收入 3424 元,同比均有新增长。

(原载 2010 年 1 月 21 日《中国财经报》)

破茧重生

——看重压之下山西襄汾经济如何转型发展

郭 中 文 斌

从 2010 年 8 月下旬到 9 月初,短短 10 多天,山西省襄汾县同中煤集团签订煤焦化战略合作协议工作方案,与一汽丰田就山西韦浮特汽车零部件制造有限公司 180 万件热冲压项目推进实施达成共识,鸿达钢铁集团与国企新兴重工达成 30 万吨铸件合作项目意向……

实现发展的大转型、大跨越,五年再造一个新襄汾,丁陶大地打开思想的大门,以前所未有的力度,突破重围,做好转型跨越发展的大文章。

金融危机,安全事故,快速运行中的经济戛然而止。重压之下,困境之中,经济发展方式转变——襄汾怎么办?

两年前,快速发展的襄汾经济随着一场特大安全事故戛然而止,GDP 增速下滑、非煤矿山停业整顿、焦铁业原料供应链收紧、全县财政收入同比出现负增长、社会事业发展受到制约,事故影响程度和广度前所未有。

"屋漏偏遇连阴雨",紧接着,国际金融危机爆发,对支撑襄汾工业经济的焦、铁两大产业形成"重创"。

生铁从2008年的每吨3200元左右降至2500元左右,铁矿石价格却从原来每吨500元~600元左右涨到每吨900元~1000元左右,几乎比2008年翻了一番。企业的生存确实很艰难,有时不得不停产。

工业低迷,带来了一系列不容乐观的经济指标:2009年,全县地区生产总值完成85亿元,仅比上年增长2.6%,财政收入完成10亿元,比2008年减少近7亿元。

金融危机表面上影响的是经济增长的速度,实质上检验的是经济结构和发展方式。让襄汾的决策者和企业家们忧心的是,全县农业大而不强,工业轻重比例失调,产业单极化、产品初级化、高消耗、高污染等造成了单位GDP能耗高,环境不堪重负,资源难以为继,发展不可持续。在金融危机冲击下,必将走入死胡同。

要解决矛盾,要破解难题,唯一的路径就是加快经济发展方式的转变!怎么转?重压之下的襄汾怎么办?

危中寻机,困中求变,挖掘文化资源,培育新的增长极,推进一、二、三产业协调发展,解放思想,突破重围,负重转型崛起——襄汾这样做。

危中寻机,困中求变。

襄汾历史悠久、文化灿烂,境内文化旅游资源达200多处。"实施旅游倾斜战略,带动第三产业全面发展。"县长王国平在全县三级干部大会上做出部署。

"政府主导、市场运作、社会资本参与"。从2009年9月到2010年9月的1年间,文化旅游产业发展大力度推进:启动丁村旅游区、双龙湖景区旅游开发建设;打造文化品牌,提升文化旅游内涵,尉村跑鼓车、晋作家具制作技艺成功申报国家级非物质文化遗产;丁村文化园区、晋派家具制作基地列入山西省文化产业示范基地,予以重点扶持。

倾斜三产,协调推进一产、二产。加快非煤矿山企业复工复产步伐,加强与周边县、市的经济合作,强化原煤等供应链衔接,确保生产链条不断;牵线银企合作,完善担保公司运行机制,千方百计拓宽企业融资渠道,确保资金链条不断;清理收费项目,坚决纠正"三乱"行为,为企业发展创造一流的环境。加快焦化基地、冶金基地、煤化工基地建设,大力发展循环经济,延伸产业链条。

多措并举,襄汾工业经济在金融危急中渡过激流险滩,企稳、回升、向好。

2010 年 5 月,山西国际电力投资有限公司与襄汾县恒泰制动器有限公司共同组建了山西恒泰制动器股份有限公司。襄汾铸造业翻开新的一页。

8 月,香港建滔化工集团董事局主席张国荣在考察建滔万鑫达化工有限公司的运营和发展情况后,决定追加投资 5000 万元,加快了这一项目的建设速度。

而在农业的发展上,襄汾也试图有新的作为。

大力扶持特色农业,提高产业化水平。大力扶持龙头企业,提高农产品附加值。大力扶持品牌农业,增强市场竞争力。大力扶持农民专业合作社,提高农业组织化程度。"四个扶持"引领着襄汾农业迈向现代化。

两年,襄汾在金融危机的影响下寻找发展的机遇,在重重困难面前寻求突破,终于"破茧"而出。

整合重组,循环发展,招商引资,内外力两箭齐发,驱动经济增长,打开思想大门,转型跨越,再造山川——襄汾开始劲跑!

破茧而出,走出困境之后,在全省转型发展的洪流中,襄汾该有怎样的眼光、怎样的定位、怎样的举措? 实现怎样的重生?

全力推进现代农业发展、工业园区建设、旅游资源开发、城镇化水平提升、民生事业改善等 5 项工程,建设新型工业基地、文化旅游名区、生态宜居新城、平安和谐襄汾,实现经济总量翻一番,五年再造一个新襄汾。"十二五"期间,全县地区生产总值要达到 200 亿元,财政总收入要达到 25 亿元,规模以上工业增加要值达到 130 亿元,城乡居民收入要分别达到 21730 元和 8860 元。

襄汾的决策者定下转型跨越的发展思路和目标,也提出了实现这些目标的"路径"。

农业之长在特色,有特色才有竞争力。以三樱椒、红薯等现有优势产业为主,整合农业龙头企业,建设一批万亩,十万亩和千头、万头特色农副产品生产,养殖基地,打造"种植—酿造—养殖""养殖—沼气—种植"等循环产业链,形成"一村一品,一乡一业"的农业产业格局。

这就是农业转型发展的路径。

转型发展不是推倒重来,是对原有发展的扬弃,是一个整合提升、深化、创新的过程。这正是襄汾工业经济转型发展的着力点。

打破焦铁依赖,以焦为基、多元发展,以铁为基、多元发展。立足现有的优势生优势、转化优势、延伸优势。走出一条高碳产业低碳发展的新路子。

整合焦铁产业,全县形成焦化、钢铁、铸造三大产业集团:按照"淘汰落后、延伸链条"的原则,建设炭化室高度 5.5 米以上机焦炉,延伸发展苯系列、甲醇、二甲醚等煤化工产品,组建襄汾县焦化集团,打造千万吨煤焦化工基地。

依据"总量控制,产能转换,联合重组"的原则,提升产业装备水平,向优质钢、特种钢方向发展,组建襄汾县钢铁集团,打造千万吨冶金基地。

引导全县铸造企业走重组整合的道路,组建襄汾县铸造集团,打造百万吨铸造基地。

充分利用好地下资源的稀缺性,获得加快发展的成本优势,更多地掌握市场交换的话语权、市场竞争的主动权、市场开发的优先权。开发煤炭资源,引进中煤集团煤炭及煤化工项目。开发石膏和石灰岩,力争2015年产能分别达到150万吨和380万吨。到"十二五"末,形成千万吨煤、千万吨焦、千万吨钢铁的产能目标,成为全省重要的煤化工基地和钢铁生产基地,以三足鼎立之势,强力支撑县域经济发展。

像挖地下资源一样,挖掘文化资源。在转型跨越中,襄汾把文化旅游提到了重要的战略位置:实施以丁村开发为龙头、陶寺和汾城为两翼、"双龙湖"为腹地的旅游开发战略,加快景区开发建设,使潜在的资源优势尽快转化为产业优势。

再造一个新襄汾,曙光在前头。

(原载 2010 年 9 月 14 日《中国财经报》)

山西转型综改试验区建设步入全面实施阶段

王　玲

　　近日,山西省印发《山西省国家资源型经济转型综合配套改革试验实施方案(2013 年—2015 年)》,标志着该省转型综改试验区建设步入全面实施阶段。

　　《实施方案》中涉及全省财政部门的重大改革有 7 项,具体是:创新煤炭等矿产资源开发补偿、获利回馈收益分配体制;探索公共资源在城乡之间均衡配置促进机制;创新基本公共服务供给机制;深化资源税费制度改革;建立健全财力与事权相匹配的财政管理体制;改革和完善财政预算管理体制;推进国有资本经营预算管理体制改革。涉及财政部门的重大事项 4 项:争取环境保护税开征试点;争取有利于资源综合利用和促进循环经济发展的税收优惠政策;争取国家提高对山西的财政转移支付水平及落实东北老工业基地税收政策。

　　同时,山西省制定了《山西省国家资源型经济转型综合配套改革试验 2013 年行动计划》,对《实施方案》中 2013 年度的目标任务分解落实。其中,涉及财政部门重大事项有两项:争取国家提高对山西的财政转移支付水平、争取国家对以劣质"三高"煤为原料生产的煤制油给予减免消费税。2013 年部门专项改革中涉及财政部门的有三项:

加大财政投入力度,引导和推动企业成为科技研发的主体;改革和完善财政预决算管理体制;进一步理顺煤炭等矿产资源收益分配体制。

(原载 2013 年 5 月 16 日《中国财经报》)

山西省支持产业化经营成效显著

吴　贤

2012 年,山西省采取财政贴息、财政补助和财政有无偿相结合的扶持方式,积极扶持龙头企业和农民专业合作社,推进产业化经营发展。全年共投入资金 21.99 亿元,其中财政资金 1.41 亿元,企业自筹资金 2.54 亿元,吸引银行贷款 18.04 亿元。共扶持农业产业化经营项目 171 个,其中种植项目 29 个,养殖项目 47 个,农产品加工项目 87 个,流通设施项目 8 个。

一是大力扶持龙头企业。全年投入农业综合开发财政资金 1779 万元,企业自筹资金 9770.51 万元,扶持了 21 个龙头企业;为切实做好贷款贴息工作,主动与各贷款银行协作,全年共投入财政资金 6406 万元,吸引银行贷款 18 亿元,扶持了 78 个龙头企业,充分发挥了财政贴息资金"四两拨千斤"的作用;为突出体现扶优扶强的原则,继续采取有无偿相结合的方式投入财政资金 3360 万元,企业自筹资金 7402.28 万元,扶持了 15 个龙头企业。

二是着力培育农民专业合作社。安排中央财政补助资金的 60% 用于培育农民专业合作社,全年投入财政资金 2550 万元,自筹资金 8616.79 万元,扶持了 57 个产业特色明显、发展潜力大的农民专业合作社。通过扶持农民专业合作社,进一步提高合作社的凝聚力和生产能力,增强了组织化、规范化运作的程度。

三是创新"龙头企业 + 合作社"扶持模式。针对本省最大的乳品加工企业——古城乳业集团有限公司奶源不足、企业生产受限的影响,采取有无偿相结合的方式,一次投入省级财政资金 1000 万元,市、县财政配套资金 200 万元。通过"企业 + 合作社"的模式,扶持了 28 家直接为古城提供鲜奶的农民专业合作社,进行奶牛养殖基地建设。

同时,与省农业厅、林业厅、供销社密切配合,积极争取中央财政支持,当年投入财政资金 3675 万元,支持农业部门 18 个良种繁育、特色农产品基地建设;投入财政资金 1800 万元,支持林业部门 10 个核桃示范基地,建设面积 2.71 万亩;投入财政资金 760 万元,支持供销社组织的新型合作示范项目 10 个。

（原载 2013 年 3 月 14 日《中国财经报》）

山西扶持创业孵化基地和创业园区建设

吴 贤

截至 2013 年底,山西省已累计安排 1.5 亿元创业资金,专项用于创业师资培训补贴、创业项目补贴、创业孵化基地管理服务补贴、创业实体场地租赁费补贴和相关工作经费等支出。

据了解,山西自 2009 年以来,每年安排省级创业资金 3000 万元。创业培训师资培训补贴主要用于对承担培训任务的机构组织师资培训合格率达到 80% 以上,并取得资质合格证书的,根据实际培训人数给予一定的培训补贴。补贴标准按照国家规定的培训期限要求,每人每天给予 150 元补贴。

创业项目补贴主要用于对省级创业项目库建设单位组织创业项目征集、评审、入库、展示、推广等费用,根据创业项目征集数量和推广使用的效果给予一次性补贴。补贴标准按每征集一个项目且经过评审纳入省级库的先给予 2000 元的补贴;对推介成功被创业者使用并取得效益的创业项目,再给予 3000 元的补贴。

创业孵化基地管理服务补贴主要用于对各地建立的创业孵化基地,经评估考核达到省级创业孵化基地标准并确定为省级创业孵化基地的给予一定的管理服务补贴。补贴标准按每进驻基地一个创业实体每年给予5000元的补贴,对创业实体进驻时间不达一年的,根据实际进驻月份数折算进行补贴。进驻基地超过三年的,不再享受管理服务补贴。

创业实体场地租赁费补贴主要用于对进驻省级创业孵化基地的创业实体给予一定的场地租赁费补贴。补贴标准每平方米每天补助1元~3元,具体按基地所在区域及房租标准确定,每个创业实体每年补贴最高不超过3万元。创业实体享受场地租赁费补贴不超过3年。

(原载2014年3月25日是《中国财经报》)

先完成数字化城市建设，有奖山西省财政厅将对完成数字城市地理空间框架建设的城市实行"以奖代补"政策

郭　中　张默兰

　　山西省财政厅日前决定,对在 2010 年和"十二五"期间完成数字城市地理空间框架建设的城市实行"以奖代补"政策。

　　在此期间,对完成数字城市地理空间框架建设并经省测绘局、省财政厅验收合格的地级市每个市奖励资金 150 万元、每个县级市奖励资金 90 万元。"以奖代补"资金主要用于数字城市地理空间框架建设中方案设计、基础地理信息完善、地理空间信息公共平台建设。

　　数字城市地理空间框架是城市地理信息数据及其采集、加工、交换、服务所涉及的政策、法规、标准、技术、设施、机制和人力资源的总称,是城市国民经济和社会信息化的基础支撑平台。该项工程的建设,将为政府提供一个以三维城市模型为基础的集城市规划、建设、管理与服务为一体的智能化信息系统,实现城市信息资源的共享,为政府、企业、公共提供城市综合信息服务。

　　另据了解,为鼓励贫困县加大基础测绘经费投入力度,省财政厅

决定设立贫困县基础测绘"以奖代补"资金,对在 2010 年及"十二五"期间完成基础测绘工作的国家级扶贫开发重点县、省级扶贫开发重点县实行"以奖代补"政策,每县奖励资金 30 万元。

(原载 2010 年 10 月 12 日《中国财经报》)

山西省政府与财政部签署中国清洁发展机制基金战略合作协议

郭　中

山西省政府与财政部中国清洁发展机制基金管理中心日前在太原签署战略合作协议。双方将共同发挥应对气候变化与节能环保、新能源发展、生态建设等方面的协同效应,逐步构建有利于山西节能减排和低碳产业发展的体制机制,积极探索有效的政府引导和经济激励政策,研究运用市场机制推动温室气体排放目标的实现,推动国际先进技术引进消化吸收再创新,共同应对气候变化和开展节能减排工作。

依据协议,中国清洁发展机制基金管理中心把山西作为重要战略合作省份和业务发展的重点支持区域,充分发挥节能减排创新型融资机制作用,在新兴产业减排、技术减排、市场减排三方面与山西加强合作,积极推动山西应对气候变化和节能减排的产业化、市场化和社会化。同时,清洁基金将充分发挥资金平台优势,借助"种子资金"的撬动和引导作用,依靠投资、贷款、担保等业务手段,积极联合产业基金、商业银行、风险投资等国内专业金融机构,积极开展与国际金融机构的合作,创新融资模式,支持山西技术减排明显、成长性较好、示范作用较强的新型企业和项目。

(原载 2012 年 7 月 19 日《中国财经报》)

山西发挥出口信用保险政策
引导作用积极助推企业发展

王　玲

　　山西财政依托中国出口信用保险山西分公司的服务平台,积极协调相关部门,充分发挥政策引导作用,不断加大政策资金支持力度,使得出口信用保险政策的渗透率和覆盖面不断提升,服务经济社会发展和助推企业"走出去"跨越发展的能力不断增强。

　　2009 年,山西财政设立了出口信用保险财政专项资金,从当年的256 万元增加到 2012 年的 2300 万元,4 年增长近 10 倍;带动出口信用保险承保金额从 2009 年的 1 亿美元增加到 2012 年的 12.4 亿美元,4 年增长 12 倍,承保规模呈跨越式发展。出口信用保险对全省一般贸易出口的渗透率从 2009 年的 7.6% 增加到 2012 年的 35.2%,4 年增长 5 倍,投保企业从 2009 年的 20 余户增加到 2012 年的 234 户(其中中小企业占到 61%),对全省有出口实绩的外经贸企业的覆盖面已达到 26.5%。截至 2012 年年末,山西财政累计安排专项资金 4202 万元,对全省 251 户企业合计 18.08 亿美元出口货物投保出口信用保险所支付的保费给予补贴,有力地促进了全省外贸的跨越发展。

(原载 2013 年 3 月 19 日《中国财经报》)

"醋八条"政策推动,财政重点扶持
山西老陈醋香飘万里

王 玲

在山西省委、省政府全面打造"转型发展"的精神指引下,在"醋八条"政策推动下,在省财政积极支持下,2012 年,山西醋产业着眼实际,加大宣传,制定标准、规范管理、拓宽市场,取得了良好成绩。

一是全方位宣传山西老陈醋。2012 年在上海、武汉和成都成功举办老陈醋中华行活动,树立了老陈醋新形象、新地位,赢得了市场;举办"国际食醋文化节",成果打造"中国醋都"形象;与中央级媒体推出"山西老陈醋、山西陈醋"公共品牌宣传片,加大在"山西醋产业网"的宣传力度,运用报纸、期刊刊登广告和专页,多渠道宣传山西老陈醋。

二是制定保护"山西老陈醋"的规范办法。2012 年《山西老陈醋生产工艺规范》《山西酿造食醋质量品评标准》《山西老陈醋标准》三个标准先后制定完成,让消费者真正认识到了山西老陈醋安全的生产加工工艺和保健功效,为山西老陈醋健康、有序发展保驾护航。

三是财政积极支持。"醋八条"政策效应持续发力,山西老陈醋全国连锁经营模式全面启动,2012 年财政补助资金再次支持 58 个省外专卖店,最大程度上激活了企业拓展市场的积极性。据统计,截至2012年末,全省食醋行业在省外开办老陈醋专卖店218个,同比增长15.96%。

通过积极努力,山西老陈醋生产、销售、效业实现同步增长,2012年,全省食醋实际产量77万吨,实际销售量77万吨,同比增长4.05%;实现销售总收入为22.06亿元,增长9.91%;实现利润2.65亿元,增长0.76%;实现各项税金3362万元,比上年增长0.7%,实际上缴各项税金3327万元。陈醋销售价格为2.42元/斤,比上年1.92元/斤增长26.04%。

（原载2013年4月23日《中国财经报》）

"老醋"酿出诚信来

郭　中

腊月的并州,雪花飞舞,寒气袭人。山西省演艺中心内却是宾朋满座,暖意融融。山西首部以晋商老字号酿醋企业为原型,旨在宣传"诚信经营、依法纳税"理念的独幕话剧《责任》,正在这里隆重上演。这是继《立秋》《乔家大院》等经典大戏之后,山西推出的反映晋商精神的又一力作。

老字号企业为原型宣传依法经营和诚信纳税

《责任》讲述的是大年三十晚上,儿女们陆续赶回家,为老字号酿醋企业宁王府玉园庆退休老技师宁老爷子庆祝八十大寿,谁知电视里播放的一条有关食醋安全方面的突发新闻,瞬间搅乱了全家的喜庆气氛,并在家里掀起了一场不小的风波。于是,一家人围绕着继承传统制作工艺和扩大产品规模之间的矛盾,祖训家规与现代生产方式之间的冲突以及诚信经营、依法纳税、食品安全、社会责任等一系列问题展开了激烈的争论。

　　该剧以百姓熟知的老字号企业为原型,通过讲述老百姓的家常故事,就企业如何依法经营和诚信纳税展开了深度探讨,同时将当前社会关注的食品安全问题也融入其中,以"诚信"为纽带,让晋商精神与税收理念在时间与空间上交遇、融合、碰撞,揭示出在发展社会主义市场经济、全面建成小康社会的今天,每一个经营者不但要诚信经营、依法纳税,更要肩负起身上的社会责任的价值观。这部作品是山西省第一部话剧形式的税收宣传项目,也是山西乃至全国第一部由税务干部参演的话剧作品。

文化惠民和税收宣传的精品工程

据太原市国税局负责人介绍,在该剧立项之初,出品方太原市国税局、太原市宁化府益源庆醋业有限公司就立志于将这部剧作打造成文化惠民和税收宣传的精品工程。作品从策划、剧本撰写、内容修改到制景和排演历时近半年,剧目从主题内容、表现形式到艺术手段各个方面都进行了不断加工和完善,可以说这是一部由集体智慧和团队力量共同创作和推进的作品。

该剧邀请了山西大学文学院教授、博士生导师、山西大学广播电视艺术学专业学术带头人、话剧《立秋》编剧姚宝瑄老师和太原市艺术研究所副所长兼太原市剧协副主席、电视连续剧《红军东征》首席编剧孙国强老师联合执笔创作剧本;邀请了山西省话剧院国家一级导演吴彦姝担任导演;主要演员由山西省话剧院和太原市话剧团、太原市晋剧院著名演员组成,既有省内文艺战线的老艺术家、年龄最大的王爽昕老师,也有周恩来特型演员梁春书,最具特点的是还有国税干部参与演出。

将依法纳税与食品安全融入戏中,创新税收工作宣传形式,也是该剧的一大特色。"社会中的不和谐、不诚信,都是由于责任缺乏而导致的,借势当下中国文化大繁荣大发展之机,我们有责任通过文化作品,呼吁和唤醒每一位公众的社会责任。"在太原市国家税务局举行税收宣传独幕话剧《责任》新闻发布会上,太原市国税局副局长刘强如是说。

(原载 2013 年 1 月 24 日《中国财经报》)

山西完善地质勘查基金管理

王 玲

近日,山西省出台了《省级地质勘查基金管理暂行办法》,以完善地质勘查投入机制,提高矿产资源对全省经济社会可持续发展的保障能力。

该办法规定,地勘基金优先支持国家、省确定的重点矿种、重要成矿区带的地质找矿工作。根据矿产勘查项目的不同情况,地勘基金项目分别采取全额投资、合作投资两种方式。

办法明确,地勘基金由省财政厅、省国土资源厅共同管理。地勘基金实行项目管理,分账核算,专款专用,支出范围包括项目费和组织实施费。项目经费支出应严格控制在预算核定的额度内,按规定的费用开支范围和标准对项目进行成本核算,不得虚列、多提、多摊费用;不得扩大开支范围,提高开支标准。基金实行退出机制。地勘基金项目完成后,对不能取得矿产资源量、没有进一步勘查意义的项目,省地勘基金投资按规定程序报经批准后予以核销。对能取得矿产资源量、可供进一步勘查的项目,地勘基金全额投资的,按照国家和省有关规定有偿出让探矿权或者实施矿产资源战略储备;合作投资的,地勘基金按照合同约定处置其权益,合作的投资方有优先购买权。

(原载 2013 年 6 月 6 日《中国财经报》)

国家开发银行助力"气化山西"建设

郭 中

国家开发银行山西省分行抓住山西获批国家综改试验区"气化山西"战略提速这一契机,积极与政府、企业沟通协调,累计发放项目贷款超30亿元,走在金融同业前列。

作为我国开发性金融机构,多年来国家开发银行专注于在政府与市场之间发挥桥梁和纽带作用。国家开发银行山西省分行因近年来在融智融资支持山西发展上的卓越表现,被誉为山西各级政府的"智囊团、思想库、钱袋子"。该行经过深入调研,从金融角度描绘了山西省资源转型综合配套改革路线,即通过做大做强"煤炭"动力,延伸煤炭产业链,主要向煤层气、煤化工、煤电联营、煤炭物流、新能源五个方向扩展,逐步建立起以煤炭为中心的多元发展体系,增大摆脱煤炭路径依赖的动力。在此过程中,进一步寻找并支持新的支柱产业,最终完成资源型地区的转型发展。

按照上述思路,针对山西煤层气等行业存在的问题,国家开发银行山西分行联合山西汾渭能源开发咨询有限公司,主动开展并完成了《开发性金融支持山西"四气"产业发展系统性融资规划》("四气"指煤层气、天然气、焦炉煤气制天然气、煤制天然气)。该规划通过大量调研和系统梳理,取得了多项突破性成果:首次全面梳理了煤层气行业现行、适用的法律法规体系,首次提出行业链条各环节煤层气行业价格形成机制,成为投资主体重要参考;对山西省煤层气气权划分状况进行调研梳理并首次以示意图的形式体现,成为行业主管部门的重要参考;融政府规划、融资规划于一体,是集上游开采、中游运输、下游利用的全产业链规划;对山西省煤层气开采企业的组织形式、投融资规模、供需进行研究,提出了支持方案。从更大的层面看,该规划的重要意义在于是应对未来国际竞争的主动尝试。

在"四气"规划研究的基础上,国开行山西省分行已积极开发了嘉节燃气热电联产、中电明秀瓦斯发电等重点项目,累计向晋煤集团、蓝焰煤层气、国新能源等骨干企业的"四气"开采、输气管道及利用项目发放贷款超过30亿元。

(原载 2013 年 7 月 11 日《中国财经报》)

『三农』民生篇

山西 500 亿民间资本"砸"向农业

郭　中

伴着夏季来临,山西省项目建设也迎来热潮,特别是以社会资本为投资主体的农业项目,表现尤为活跃。经历煤炭资源整合、煤矿兼并重组后,很多社会资本从中退出,在农业领域找到新的投资点。目前,社会资本投入山西全省现代农业的资金量在 500 亿元以上。

社会资本投资领域和山西省农业资源禀赋相关度很高,而且与全省现代农业的长期发展规划紧密契合。其中,大同市、朔州市以小杂粮加工和草食畜养殖为主,发展接替和转产企业;太原市依托城郊型区域特点,发展规模化畜产品加工和城郊型农业;吕梁市立足于当地环境和种植习惯,发展红枣、核桃种植与加工;晋中市、阳泉市、长治市转产企业重点发展养殖业;临汾市、运城市依托当地果蔬资源丰富的优势,发展果蔬加工类企业。

民间资本投向农业领域,在投资规模上则体现出较高的起点。目前,山西全省在建、拟建的 1000 多个特色农产品产业支撑项目中,投资亿元以上的项目数量明显增多。其中,5 亿元以上的超过 100 个,10 亿元以上的 45 个,50 亿元以上的则有 9 个。潞宝集团与山东诸城和生集团投资 10 亿元建设的肉鸡产业化项目,肉鸡屠宰规模可达 5000

万只,预计销售收入可达 20 亿元。山西鑫四海的百万头生猪屠宰加工项目总投资 9.3 亿元,项目投产后销售收入可达 30 亿元。中科鸿基规划建设的平遥生物科技产业园、山西联盛规划建设的农业园区投资都在百亿元。

同时,社会资本投资农业的高科技、精深加工发展趋向也很明显。太原九牛牧业投资 3.8 亿元,兴建存栏奶牛 5000 头的绿色示范养殖园区,从国外引进最优良的奶牛品种和最先进的饲料收割、奶牛饲喂和挤奶设备,成为该行业顶尖技术优势组合的榜样。融森集团提取核桃壳中的食用棕色素和核桃壳焦油,中科鸿基公司通过玉米发酵生产化工原料丙二醇,宏远科技公司用蓖麻生产聚十一酰胺植物工程塑料及制品,恒田科贸公司用玉米芯生产低聚木糖等,都是利用生物技术生产高科技产品,产品附加值大幅提高。

(原载 2013 年 5 月 14 日《中国财经报》)

山西三条路径创新支农资金整合

郭　中

山西财政今年将以深入推进支农资金整合为抓手,从优化结构、规划引导、上下联动三条路径创新涉农资金整合模式,进一步提高财政支农资金使用效益。积极打造主导产业、特色产业、重点涉农项目等整合平台,引导投向相近、目标相近、来源不同的各项涉农资金集中投入。

一是优化结构促整合。以农业生产类资金为重点,包括农业生产、农田水利、土地整理、农业科技、农民培训等方面专项资金,以现代农业发展和小型农田水利建设重点县等支农综合性专项为平台,将性质相同、用途相近、使用分散、额度较小的支农专项合并,重新进行科学分类,并进一步明确支持对象、扶持环节、投入重点补助补贴标准等,健全完善涉农资金分类管理办法,集中力量推进农业生产类资金的整合和预算的统筹安排。

二是规划引导促整合。各省直农口部门,各市、县根据农业农村发展战略目标和经济自然资源条件,制定农业农村发展中长期规划,详细制订年度发展计划,引导带动涉农资金投向主导产业、区域优势产业、特色农业和涉农重点项目,集中财力解决制约主导产业、重点项目发展的"瓶颈"问题。

三是上下联动促整合。省级层面加强涉农资金管理制度建设,继续对县级整合工作实绩进行绩效考评,中央和省级财政将依据考核评估结果,对资金整合重点县和整合效果明显、成效突出的县,继续实行奖补。整合奖励资金和本级主导产业扶植资金整合使用,用于支持区域特色产业、现代农业和农业产业化发展等。继续以现代农业生产发展资金和小型农田水利建设专项资金为平台,推动省级支农资金整合,探索建立省级支农资金整合的长效机制。

县级层面继续深入开展以县为单位的涉农资金整合。按照"渠道不变、各记其功、整合使用"原则,允许以县为单位整合各类支农资金,将上级和县本级安排的财政支农资金进行适当集中"打捆",按统一规划进行集中投入,发挥好资金的整体效益。

建立以结果为导向的绩效考评与涉农资金分配相挂钩的管理机制,全面实行涉农资金管理"阳光操作",继续推进和完善报账制、公示制、专家评审制等管理方式,建立健全涉农资金管理通报制度。

同时努力实现分配依据公开化,分配程序规范化,分配结果公正化。省、市、县都要积极建立健全包括财政内部和本级涉农各部门层面的涉农资金整合和统筹协调机制,加强涉农资金整合的领导协调指导工作,为规范有序地开展涉农资金整合提供组织保证。

(原载 2011 年 5 月 5 日《中国财经报》)

八只"引擎"助推山西农机化

郭　中

财政累计安排资金 2 亿多元,扶持农业机械化发展。从 2009 年到目前,全省新增各类农机具达 14 余万台

从山西省财政厅获悉,该省从 2009 年到 2010 年上半年相继出台 8 项新政策,累计安排资金 2 亿多元,扶持农业机械化发展。据统计,从 2009 年到目前,全省新增各类农机具达 14 余万台(件)。

新增农机具购置补贴资金政策。在省级财政已安排 3500 万元预算用于农机购置补贴的基础上,2010 年新增农机购置补贴资金 500 万元,主要用于玉米收获机械、马铃薯播种、收获机械累加补贴和 25 马力以下小型拖拉机补贴。

促进保护性耕作发展政策。在全省 57 个县列入国家保护性耕作发展规划并开始实施的同时,两年省财政配套 2100 万元扶持保护性耕作工程建设,从而使保护性耕作技术在全省实施面积达到 925 万亩,继续"领跑"全国。

农业机械化关键环节作业奖补政策。省政府对农业机械化综合水平排名前 15 的县予以每县 20 万元的奖补,重点对影响山西省农机化综合水平提升的玉米、马铃薯收获环节进行作业补贴。

扶持农机专业合作社和服务体系发展补贴政策。两年时间,省财政和发改委整合资金 2000 万元,用于扶持农机专业合作社发展和农机安全监理体系建设。现在全省 400 多个"农机大院"已经和正在投入使用。

此外,还安排专项用于机械化深松整地作业补贴、农机操作手培训补贴、农机工业企业贴息贷款补贴和马铃薯作业补贴政策及现代农业示范区农机示范项目。

（原载 2010 年 7 月 27 日《中国财经报》）

布局水网变"水瓶颈"为"水支撑"

郭　中

"十二五"期间,山西大同市将投资 70 亿元实施六大水利重点工程。

"十二五"期间,山西省大同市将规划投资 70 亿元,以实施农田灌溉、饮水安全、河流整治、病险水库加固等为重点,大力实施六大水利重点工程,着力构建大同供水水网,力争使水资源开发利用实现由"水瓶颈"向"水支撑"转变,满足全市转型跨越发展用水需求。

实施水资源开发利用工程。规划投资 21.42 亿元,构建大同供水水网,实现"一河三库一湖连通",加上引黄北干线输水工程,进一步完善市区供水体系,提高水资源的供给和配置能力,使全市供水量从"十一五"末的 5.16 亿立方米增加到 7.45 亿立方米,基本满足城市工农业用水需求;以守口堡水库和龙泉供水工程为重点,加上原有的水库,建起阳高供水体系;以唐河水库、斗方石水库为重点,建起灵丘供水体系;以恒山水库、王千庄水库为重点,加上原有的水库,建起浑源供水体系;以下河湾水库和长江峪水库为重点,加上原有的水库,建起广灵供水体系。同时,兴建腾家沟、王家堡两座水库,实现为大同县年增加供水能力 1000 万立方米的目标。

实施民生水利工程。规划投资 11.38 亿元。在 2010 年实现饮水安全全覆盖的基础上,改善提高农村 37 万人的饮水标准和质量,加强饮水工程的维护和管理,实现饮水工程的可持续发展和利用;改造续建 8 处中小型灌区配套工程,力求新增节水面积 15.6 万亩,改善灌溉面积 6.3 万亩;除险加固 41 座病险水库,进一步提高防汛抗洪标准;实施好中央财政小型水利重点县项目,每年积极争取 1~2 个县,力争 5 年时间 9 个农业县区全部上项目,进一步扩大灌溉面积。

实施防洪减灾工程。规划投资 12.36 亿元,重点抓好以十里河为核心的生态环境治理工程和 11 条中小型河流、11 条山洪沟的治理,建设雨量、水位、水文报汛自动化,撤避场地和线路明确化,报汛和撤避组织规范化的山洪灾害预警体系,实现山洪治理及灾害预警体系建设全覆盖。

实施水土保持和生态修复工程。规划投资 18.39 亿元,继续实施好首都水资源和京津风沙源二期水保项目,完成水保初治面积 2784 平方公里;启动城市水系生态建设工程,以综合治理为主,将治河与治污相结合,建设健康生态河流,构建水安全、水环境、水景观、水文化、水经济一体的区域性水系。

实施水资源节约与保护工程。规划投资 6.48 亿元,继续实施以灌区续建配套和节水改造为主的农业节水工程,大力推广高效节水灌溉技术,建设高标准节水示范工程,使节水灌溉面积达到 140 万亩,提高灌溉水利用效率和效益;加大工业和节水力度,采用先进节水工艺技术,提高工业用水重复利用率;强化生活节水管理,突出抓好公共设施节水、节水器具推广和污水回用工作,减少城镇管网漏失量。进一步加强水资源保护,以治理御河、口泉河、十里河三大河流污染为重点,开展入河排污口规范化整治,全面改善地表水水质;对地下水超采区和严重超采区,继续实施最严格的禁采和限采措施,完善超采区地下水监测网络,实施城市饮用水水源地保护工程。

实施行业能力建设提升工程。进一步完善水利规划体系,强化水利规划的社会管理职能;加快建设水文、水质、地下水、水土保持、旱情和水产品质量安全监测等水利监测体系;完善防洪减灾预警预报体系;大力实施和推进水利人才战略;加强水利科技创新与国际合作。

（原载 2011 年 8 月 20 日《中国财经报》）

山西财政弥补缺水"短板"

——服务转型发展,"十二五"期间将全面启动 大水网建设,2011 年重点抓好民生水利

郭 中

山西长于煤短于水。"十二五"期间,山西将全面启动大水网建设,构建"两纵十横、六河连通"水网体系,继续加快水利基础设施建设,大力推进农村饮水、农田灌溉等民生水利工程建设,全面推进水生态修复和水保生态建设,积极推进水资源管理和水利改革,为推动山西转型发展提供强有力的水利支撑。

记者了解到,2011 年山西财政继续支持 35 项应急水源工程、重点水资源调配工程,大型泵站更新改造工程。同时巩固大中型病险水库除险加固成果,实施好 144 座小型病险水库除险加固,启动大中型病险水闸除险加固,促进兴水战略的核心工程早日完工投入运行。

省财政厅农业处负责人说,2011 年还将重点抓好民生水利,进一步巩固农村安全饮水全覆盖成果,支持有条件的村普及自来水,建立农村安全饮水长效机制,在县级抗旱服务队基础上组建农村饮水安全管理中心,负责所辖区域内饮水工程的设备维护、检修、运行、水费的征管用及严重干旱时的送水等任务。落实好农村饮水、农田灌溉水价

财政补贴政策,结合灌区末级渠系节水改造和农业综合水价改革,减轻农民用水负担。

同时,大力加强农田水利建设,实施五大盆地灌区改造,完成夹马口北扩、北赵引黄、西范东扩、河曲引黄等骨干灌溉工程及渠系配套工程,推进十大灌区节水改造、六大泵站更新改造及 50 处中型灌区节水改造,在地表水为主要水源的大中型灌区,重点开展灌溉末级渠系建设和田间工程配套。启动实施西山地区黄河水利用工程,在临汾、吕梁、忻州 3 市的黄河沿县,新建 145 处提黄灌溉工程,新增灌溉面积100 万亩。

在加强小型农田水利重点县建设方面,该省将大幅增加小农水重点县省级配套资金投入,大力度推进现有的 21 个中央小型农田水利重点县项目建设,全力确保第一批 11 个小型农田水利重点县项目建设如期完工投入运行。同时积极争取中央财政支持,以小农水重点县建设为平台,整合各级、各类农田水利资金,大投入、大力度、大强度地推进小型农田水利设施建设,努力增加全省农田有效灌溉面积和实灌面积。同步推进小农水工程管护工作,创新农民用水户参与小农水工程管护的新模式,建立小农水管护长效机制。

山西财政将全力保障防洪抗旱减灾经费,足额安排中小河流治理项目地方财政配套资金,加快推进项目建设,完善非工程防洪设施建设,提高山洪灾害防治能力。省级财政增加安排抗旱经费,全力支持抗旱和农村抗旱应急水源建设。

日前,山西省政府还就加快山西水利改革发展和水生态修复保护、促进山西资源型经济转型发展与水利部签订了省部合作备忘录。

(原载 2011 年 4 月 7 日《中国财经报》)

省财政鼎力支持大水网建设

——围绕民生水利,弥补缺水"短板"

马永亮 郭 中

水利是农业的命脉,而山西长于煤短于水。为了从根本上改变这种状况,2011 年我省财政将全力支持大水网建设,为构建"两纵十横、六河连通"水网体系,为水利基础设施建设等提供强有力的支撑。

记者从省财政厅了解到,财政将着力支持五大盆地灌区改造,完成夹马口北扩、北赵引黄、西范东扩、河曲引黄等骨干灌溉工程及渠系配套工程,推进十大灌区节水改造、六大泵站更新改造及 50 处中型灌区节水改造,在地表水为主要水源的大中型灌区,重点开展灌溉末级渠系建设和田间工程配套。启动实施西山地区黄河水利用工程,在临汾、吕梁、忻州三市的黄河沿县,新建 145 处提黄灌溉工程,新增灌溉面积 100 万亩。在加强小型农田水利重点县建设方面,省财政将大幅增加小农水重点县省级配套资金投入,大力度推进现有的 21 个中央小型农田水利重点县项目建设,全力确保第一批 11 个小型农田水利重点县项目建设如期完工投入运行。

(原载 2011 年 4 月 10 日《山西经济日报》)

关公故里"试水"农村产权交易

——山西省首家农村产权交易中心
已为多家企业和合作社流转土地 8300 余亩

郭 中

如何让"沉睡"的农村资产、资源流动起来,实现农村生产要素的市场化? 关公故里山西省运城市"试水"农村产权交易初显成效。该省首家农村产权交易中心落户运城市盐湖区 5 个月来,已为多家企业和合作社流转土地 8300 余亩,并通过担保公司达成金融贷款意向 1350 万元。

随着城镇化步伐的加快,运城市盐湖区农村进城务工经商的人越来越多,种地的人越来越少。而农村的现实是,一方面闲置房屋、宅基地和其他类农村产权等农村资产、资源大量"沉睡";另一方面种地的农民又投资不起现代农业,土地产出很低,严重制约农业现代化步伐和农村生产力的发展。而许多社会工商资本也有意进入农业产业化领域,种植大户、专业合作社也想扩大规模。

如何破解这些难题,搭建一个有效的对接平台,让农村资产、资源流动起来,以激活和发展生产力? 2013 年上半年,盐湖区政府着手筹建农村产权交易中心,"试水"农村产权交易,并于当年 11 月 15 日开始投入试运营。该中心是政府全资公司,免费提供农村土地承包经营权,房屋所有权,闲置宅基地"四荒地"使用权,集体资产所有权,养殖水面承包经营权,林地、林木所有权等 10 个项目的交易服务;为农业生产经营者提供评估、担保、抵押、资金贷款服务,以及提供政府扶持农业项目招投标、农村建设用地转让服务等。由于农村的宅基地、林地等物权的所有权、经营权和使用权暂时没有理顺和确权,目前该中心仅在农村土地承包经营权和金融方面进行服务。

盐湖区农村产权交易中心试运营后,便开始对 1000 余名农村"两委"干部和村会计进行培训,让农民读懂党的十八大精神,明白土地流转对"三农"的意义,以及如何进行土地流转等。记者了解到,有流转土地意愿的农民都是由村委会统一组织,流转规模一般在 100 亩以上。

目前,在该中心提供的中介服务下,凯盛肥业流转到 2300 亩土地进行种子繁育,瑞杰农业发展有限公司流转到 2000 多亩土地进行生态养殖,玫瑰芦笋合作社从 3 个村庄的 153 户农民手中流转 1164 亩连片的盐碱滩地,鸿 D 农机专业合作社从车盘西辛庄村 25 户农户手中流转 734 亩连片盐碱地。如今,已流转的 8300 多亩土地,都开始了春季农田开发建设。记者看到,永胜莲藕合作社正在开挖 10 个莲菜池,准备进行莲藕和泥鳅立体养殖。合作社负责人田永胜告诉记者,有了交易中心对土地流转过程真实性、公正性、合法性的认证,让土地流转双方的心里踏实了许多,农民不怕租赁费拿不回来,企业不担心农民反悔收回土地。

2014 年 4 月 3 日,山西省委书记袁纯清在该中心调研时指出,希望盐湖区大胆探索,创新金融服务"三农"机制,为加快构建新型农业经营体系、深化农村改革探索路子积累经验。

(原载 2014 年 5 月 10 日《中国财经报》)

改善环境就是提高生产力

——山西省长治市实施造林绿化工程纪实

郭　中　战雪雷

到目前为止,山西省长治市造林已达160多万亩。全市森林覆盖率高达26.9%,城市绿化覆盖率高达45.8%,基本建成了比较完备的生态防护林体系。近3年年均降水量达到600毫米,较过去提高50毫米,全市水土流失面积治理率达到80%,采矿塌陷区生态治理修复率达到85%,实现了生态效益、社会效益和经济效益的统一。

长治的经验告诉我们:环境也是生产力,改善环境就是提高生产力。

政府出苗谁种谁有

国家推行集体林权制度改革以后,长治在沁源县开展了林改试点工作。通过林权制度改革,给予农民长期、稳定、有保障的林地承包经营权。沁源县按照林地到户型、规范流转型、公司带动型、四荒拍卖型、统分结合型、股份合作型6种改革模式,完成了313万亩集体林地、500多万立方米、45亿元林木资产确权到户主体改革任务,做到"山有其主、主有其权、权有其责、责有其利"。全市新建林地实行了

"政府出苗、专业种植、树随地走、谁种谁有"的林权制度。

山定权、树定根、人定心,通过政策激励,农民在造林上由"要我造"变为"我要造",在产业发展上由"不敢投入"变为"舍得投入",在资源管理上由"漠不关心"变为"主动管护",在森林经营上由"粗放管理"变为"集约经营"。

农户在林间种植低杆经济作物,发展林下经济,长治经济林面积达到150万亩,干果年产量5000万公斤,收入5亿元,占到农民纯收入的25%以上。林木种苗花卉年产值达到2.5亿元。同时,形成了太行山大峡谷、天脊山、黄崖洞、八路军总部旧址等森林生态旅游品牌,带动了餐饮服务、交通运输、农产品销售等第三产业的发展。

创新机制多元化投入

市、县财政投一些,以煤补林提一些,社会各界筹一些,义务植树添一些——"投、提、筹、添"四元化的投入,长治通过创新投融资机制,解决了造林绿化的资金问题。

据长治市财政局有关负责人介绍,这几年来,长治市各级财政部门坚持"以工程建设带动投入增加、以投入增加推进工程建设"的思路,建立了政府投入为主、长期稳定的造林绿化投入保障机制。2006年长治实行造林绿化重点工程以来,在用好国家和省级林业投资的基础上,长治财政调整支出结构,统筹预算内外资金,把林业生态建设资金列入预算,逐年加大投入,2006年—2009年,市、县两级财政累计投入造林绿化16.6亿元。

同时,长治探索建立实施生态补偿的长效投入机制,偿还生态欠账。长治按原煤销售额的一定比例向原煤开采企业收缴环境恢复治理保证金,目前已累计提取2亿多元,全部用于造林绿化重点工程建设。

长治还实施了"谁开发谁所有,谁投资谁受益,谁经营谁得利"的造林办法,鼓励创建园林化企业、园林化单位和园林化村镇。采取企业出资、自愿捐资、冠名赞助、股份造林等多种方式,2006年至2009年投入造林绿化工程资金7.8亿元。

此外,长治市组织市民认建花草树木、认养绿地游园、认管古树名木,开展种植纪念林、志愿林、夫妻林、三八林、民兵林等活动,全市义务植树的尽责率达到90%以上,年义务植树达到500多万株。

科学种植市场化运作

长治市林业工作站站长史元胜告诉记者:"太行山区条件差,三年才能栽活一棵树,没有不畏困难的精神,在太行山上种出树来是不可能的。"

"只要能吃苦,石头缝里也能长出树。"平顺县留村党支部书记桑林虎靠着这样一股子干劲,率领群众闯出了一条"开山造田、蓄水保土、种植花椒"的阳坡绿化新路子。壶关县的当地人民挖起石头栽树,垒起石头护林,建起了1.5米高、5000公里长的森林防护墙,这一纪录被载入了吉尼斯世界纪录。

所有造林绿化重点工程全部采取市场化运作,由专业队或绿化公司组织实施,实行公开招标,工程监理和资金报账制度化管理。同时,实行统一树种、统一标准、统一模式的施工管理办法。以树种选择为例,长治坚持因地制宜、适地种树、乔灌混交、合理布局的原则,对苗木的品种、规格、质量严格把关,确保采用良种壮苗,加大乡土树种、珍贵树种造林比重。在科学管护方面,长治制定出台了拉网管护办法,提高了林地苗木的看护标准,目前实行拉网管护的林地达到120万亩,占到全市林地面积的60%。

(原载2010年2月27日《中国财经报》)

山西春播面积增加 40 余万亩

——财政投入春耕备耕资金 27 亿元，粮食作物种植面积近 5000 万亩

郭 中

据有关部门对农民种植意向调查，2010 年山西全省春播面积可达 3960 万亩，比上年增加 40 多万亩，其中粮食作物面积 3260 万亩，加上小麦和其他作物复播，全省农户计划种植粮食作物面积比上年增长 1.38%。"清明前后，安瓜点豆"。正是春播下种的关键时节，由于 2010 年降水较多，财政补贴资金及时到位，春耕备耕工作进展顺利，预计山西省全年粮食作物种植面积可达 4785 万亩。"人努力，天帮忙"，全省农业生产实现良好开局。调查显示，三方面因素提振了农民种粮信心，促进农民生产积极性高涨。

一是含金量较高的惠农政策。山西省 2010 年继续实施粮食直补、良种补贴、农机补贴、农业生产资料综合补贴等一系列惠农政策，山西财政已累计发放上述补贴 27 亿元，农民种粮的后顾之忧更少了。

二是粮价稳中有升。近期市场粮食价格稳中有升，而化肥价格比上年普遍下降约 10%，农民感觉到种粮风险相对变小。

三是农业机械化程度提高，种粮管理工作负担减轻，农民可利用

节约的劳动时间外出打工增加收入。目前,各级各部门纷纷开展各项指导和服务工作,帮助农民开展生产、增加收入。省农业厅将继续以玉米丰产方建设为重点开展粮食高产创建活动,同时开展"百日科技服务行动",促进上万名农业科技人员带着新成果、新技术深入田间地头。各地大部分水利设施开足马力运转,"肥水齐攻"为夺取全年丰收打基础。

(原载 2010 年 4 月 10 日《中国财经报》)

农发部门项目管理将显四大变化

郭　中

今后,农业综合开发部门项目的定位、扶持重点以及管理、监督机制都将发生显著变化。财政部最新修订实施的《国家农业综合开发部门项目管理办法》对此提出了明确的规范性要求。

据国家农业综合开发办公室有关人士介绍,部门项目是经国家农发办批准,由中央农口部门组织实施,地方农发机构参与管理的农业综合开发部门项目。为促进农业综合开发部门项目管理科学化、制度化、规范化,保证资金安全运行和有效使用,国家农业综合开发办公室在深入调研,广泛征求意见的基础上,对 2005 年出台的《国家农业综合开发部门项目管理办法》主要进行了四方面的修订。

一是新办法把部门项目定位为"发挥部门行业技术优势,为农业综合开发项目区提供示范、服务、保障作用"的项目;强调部门项目与地方项目要"相互配合、协调发展"。

二是明确了部门项目管理的"合作机制"。新办法规定,地方各级农口部门应与同级农发机构建立各负其责、互相配合的合作机制,共同做好部门项目和资金管理工作。农口部门以组织项目实施为主,应与农发机构主动沟通协调;农发机构以资金管理为主,应把部门项目管理作为农业综合开发工作的组成部分,主动配合与参与。

三是新办法明确提出,部门项目主要扶持农业主产区,重点扶持粮食主产区、水资源短缺地区和生态脆弱地区。自 2012 年开始,用于粮食主产区的中央财政资金将超过 60%。

四是强调要对部门项目实施监督检查。新办法除规定每年对竣工项目进行综合检查外,还规定各级农口部门和地方各级农发机构也要加强项目实施和资金使用过程中的日常检查监督,并积极配合审计部门和其他机构开展的监督检查。对于综合检查及审计中发现的各类问题,新办法分别规定了所要追究的责任。

(原载 2011 年 9 月 8 日《中国财经报》)

特色农业成富民产业

——山西省财政支持农业现代化发展纪实

李忠峰　郭　中

晋祠大米、吉县苹果、右玉羊肉……山西省越来越多的特色农产品走出黄土高原,销往全国市场。记者从山西省农业厅了解到,截至目前,山西省已有 24 种农产品获得农业部农产品地理标志认证,发展特色农业取得了显著成果。

山西不是粮食大省,农业之长在特色。山西省农业厅有关负责人告诉记者,近年来,山西省利用特有的农产品资源禀赋,切实加快农业产业化,做大做强县域经济,走出了具有特色的现代农业发展之路。

形成循环经济模式

"以前当煤老板,投资大,风险也大,出一回事故就倾家荡产了;现在当猪老板,政府给予大力扶持。虽然眼下收入不及煤老板,但养猪业属于长线投资,能让咱稳稳当当地赚钱。"山西凯永养殖有限公司总经理张永鑫感慨地说。

从煤老板到猪老板的张永鑫,于 2008 年投资 3000 余万元创建养猪场,建造设施先进的猪舍,并引进优质种猪 1000 头,年出栏生猪 20

万头,现已成为全省最大的生猪养殖企业。

高平市农村工作领导小组办公室副主任邢志刚告诉记者,该园区以养猪为基础,利用粪便生产沼气为纽带,再利用沼渣、沼液种植蔬菜、果树,是一个集规模养殖、设施种植、种苗繁育、有机配肥、加工冷藏为一体的现代化农业循环园区。

邢志刚说,高平市现有人口48万,耕地61万亩,良田53万亩。从2004年开始,高平市争取到了每年1000万元的养猪扶持资金。截至目前,高平市千头以上规模生猪养殖场达到246个,年出栏生猪达到130万头,产业产值突破12亿元,成为当地农民增收的支柱产业。在生猪调出大县排名中,高平市名列全省第一。

此外,他们还特别强调发展农业循环经济理念,大力推行化粪为沼气,变污染源为能源,形成循环农业模式。

高平养猪业规模的不断壮大,吸引来了江苏雨润集团入驻,200万头生猪屠宰加工冷鲜肉基地落户高平。2008年项目开工建设,总投资2.4亿元,达产达效后,年可加工冷鲜肉15万吨,实现产值约20亿元,安排就业1500余人。

雨润集团落户高平,成为山西省目前最大的农副产品加工龙头企业,不仅拉动高平及周边地区生猪产业发展,而且带动物流、包装、运输、服务业等相关产业的发展,为当地农业结构调整和农民增收注入了新的活力。

依据农业特色发展优势产业,高平市发展循环经济是山西省现代农业发展的一个缩影。近几年,山西省通过实施龙头企业培育计划、实行"内引外转"上项目等一系列措施,农业产业化龙头企业呈现出快速发展的势头,企业数量大幅增加,经营效益稳步提升,对农户的带动能力不断增强。

大力发展设施蔬菜

一走进长子县的宋村,远远望去,只见大棚栋栋相连,非常壮观。这里是该县设施蔬菜的重要基地——方兴现代农业高效生态示范园区。

园区副总经理姚生才介绍说,原来这里是一片广种薄收的县办农场,职工生活都非常困难。2008 年 7 月,在长子县惠农政策的吸引下,他们成立了长子县方兴现代农业有限公司,总投资 3500 万元,建成了这片占地 600 亩的现代农业生态园区。目前是山西省规模最大、品种最全、科技含量较高的现代农业生态示范园。

在花卉区,自动化的浇水设施正在作业,一盆盆鲜花竞相开放,工人们正在忙着整理花卉。"我们全自动智能化连栋日光温室面积达到了 10000 平方米。这里是种苗区,主要进行工厂化育苗,订单式生产,利用国内先进的基质盘育苗技术,每年可以为当地和周边地区提供优质蔬菜秧苗 2400 万株。"姚生才边走边说。

走进瓜菜区,目睹了当前国际最先进的立体化无土栽培模式。头顶、身旁到处是浓绿欲滴,一派生机。姚生才告诉记者,这里浓缩了国内外先进的农业生产设施以及先进栽培技术,目的就是想通过试验示范、种植展示,组织农民前来参观,促使农民更新观念,转变生产模式,提高种植效益,促进当地蔬菜产业快速发展。

据悉,该示范园另外还有五个区。包括培训农民的科教区、利用园区生产的蔬菜土法养猪和土鸡等养殖区、种植稀特水果树株的果园区、建有绿色食品餐厅的休闲区和管理区。

园区成立以来 3 年间,得到各级财政、农业、科技部门资金支持 909 万元。

说到园区效益,姚生才告诉记者,园区功能发挥后,每年可实现产值1820万元,利润800多万元。所产种苗可以供应当地1万多农户种植蔬菜2万亩,每亩增产500公斤可增收2000元,每年可为1万户当地菜农增加收入4000万元。

为提高特色优势农产品聚集度,长子县所在的长治市拟上项目183个,总投资223亿元,打造现代设施农业、大红袍花椒、高产玉米、沁州黄小米、旱地西红柿、薄皮核桃、熬脑大葱"七大优势板块",率先建成全省高效生态农业生产基地。

山西省农业厅有关负责同志介绍,2010年山西省政府制定了设施蔬菜"百万棚行动计划",并专门出台了奖补政策,列支设施蔬菜大县奖补资金2000万元,对新发展的日光温室省、市、县财政三级给予贴息。截至2010年年底,全省新发展设施蔬菜18万亩,同比增长近40%。

叫响有机农产品品牌

"立足我县良好的生态环境优势,力促传统农业向现代农业转型,通过产业化路径,形成独具特色的'无公害、绿色、有机'农副产品品牌,促进农民收入持续增长。"安泽县委梁书记说。

记者在采访中了解到,近年来,安泽县每年投入1000余万元的专项资金,按照"粮走品牌路、大栽核桃树、合作强畜牧"的思路,重点扶持优质玉米、优质核桃、高效畜牧三项特色产业。

在打造绿色玉米品牌上,该县引进了高产优质新品种,推广机播覆膜、合理密植和无公害种植管理技术,在全县发展优质绿色无公害玉米20万亩,努力创建全国绿色食品玉米标准化生产基地。

核桃产业作为农民增收的主导产业,安泽县在去年栽植3000亩基础上,2010年又栽植优质丰产核桃1.5万亩,建设核桃种苗繁育基地300亩,力争实现"三年5万亩,五年8万亩"的奋斗目标,五年之后仅核桃一项就可使全县农民人均纯收入实现翻番。

合作强畜牧,就是要重点扶持各类养殖专业合作社,积极引导农民发展特色高效畜牧业。2010年,全县新发展规模养殖专业合作社100个,高标准建设肉牛育肥示范小区2个、大型育肥猪养殖场1座,标准化舍饲圈养千只波尔山羊,奶牛存栏达到500头。

不仅仅是安泽,在山西,特殊的地理环境孕育出众多的特色农产品:谷子、杂豆、莜麦等产量在全国名列前茅,苹果、红枣、核桃等干鲜果在全国乃至世界享有较好的声誉,雁门关区域自古就有种草养畜传统,陈醋、小米、芦笋驰名海内外。

山西省农业厅有关负责人告诉记者,依据特色,山西省正建设雁门关生态畜牧经济区、东西两山杂粮干果区、中南部无公害果菜区,着力壮大优质杂粮、草食畜、干鲜果、反季节菜四大主导产业和林果苗木、农作物制种、特种养殖、中药材四大亮点产业,积极发展与之相关的农产品加工、流通企业。

山西省财政厅农业处负责同志介绍,近年来,山西利用中央现代农业项目资金1.2亿元,对400万亩玉米推广秸秆还田、增施有机肥、机深耕等三项技术进行补贴。2010年全省还利用中央现代农业项目资金4500万元在20个县安排地膜覆盖玉米150万亩,比上年增加50万亩,每亩补助30元。

山西不是粮食大省,如何实现农业现代化?山西省委书记袁纯清指出:"农业现代化对山西省而言,就是利用特有的农产品资源禀赋,切实加快农业产业化,着力推进县域工业化。"推进农业现代化,要围绕"一村一品,一县一业"思路,提高特色优势农产品聚集度。

　　山西省农业厅有关负责人告诉记者,"十二五"期间,山西要继续坚持市场导向、效益优先和科技支撑,全力推进现代农业示范区建设,提高特色优势农产品聚集度,同时,对重点农业产业化龙头企业扶优扶强,使农业产业化走上规模、质量、品牌、效益的良性循环。

　　　　　　　　　（原载 2011 年 2 月 12 日《中国财经报》）

希望田野展宏图

——山西省襄汾县发展现代农业见闻

郭　中　段吉泽　文　斌

　　初夏时节,在全省粮棉大县——山西襄汾县这块充满希望的热土上,处处涌动着发展现代农业的热潮。笑意,写在广大农民的脸上。

设施农业效益显著

　　多年前,景毛乡东李村村民对建大棚怀有疑虑,生怕赔掉本钱。如今,不仅东李村家家户户都建大棚,就连周边的北小张、北李等村子也都建起了大棚。到 2010 年底,景毛乡万亩设施蔬菜基地实现销售收入 5200 万元,亩均收入 8000 元,区域内农民人均纯收入 5500 元,其中设施蔬菜人均年收入 4800 元,占到农民人均纯收入的 87%。

　　2010 年,襄汾县大手笔规划了"万亩丁村白莲生产基地"建设项目,按照"政府扶持、群众自愿、连片规划、稳步实施"的原则。襄汾县把浅水莲菜统一定位为"丁村白莲",形成农产品品牌与文化旅游品牌的互利共赢。目前,邓庄镇、新城镇、襄陵镇、南辛店、南贾镇、永固乡的 1 万余亩汾河滩地被确定为重点种植基地。

　　2010 年以来,襄汾县积极打造高效农业示范区,以产业化为方向,大力发展现代农业、设施农业、高效农业。并借省委、省政府"实施100万亩设施蔬菜行动计划"之机,加大农业转型力度,真正使农业增效、农民增收。

特色农业风景独好

襄汾有三宝:生地、辣椒和红枣。

赵康镇是华北地区三樱椒生产第一大镇。自1996年规模发展至今,种植面积已达10万亩以上,产品远销全国25个省、市、自治区。赵康三樱椒于2008年通过无公害基地认证,2010年通过国家级三樱椒农业标准化示范区验收。襄汾县晋绿三樱椒专业合作社理事长曹玉刚说:"想把三樱椒产业做大,必须重视产品深加工,增加附加值,叫响品牌。"他投资12万元,购置了加工机械,按照统一标准包装,打造"晋乡红"辣椒品牌。

官滩红枣是襄汾县的特色农产品,栽培历史已有500余年,明、清两朝作为"贡品",1997年被评为"山西十大名枣",襄汾县把辣椒产业、官滩红枣农业园区纳入"十二五"规划中,从政策、资金、技术等方面予以扶持,打造襄汾知名农业品牌。

在全国各大中药材市场,一提到生地货源,药商们都会谈起襄汾荀董村。荀董村位于襄汾县城西南3公里一个旱垣上,是一个典型的农业村。20世纪70年代起,村里人开始种生地,并渐渐形成生地集散地。目前,荀董村已经成为集种子供应、技术服务、产品回收加工、集中批发销售"四位一体"的华北地区最大的药材集散地,年均销售以生地为主的各种中药材2万吨以上,占到全国生地年交易量的65%左右。

2008年—2010年,襄汾县共完成无公害农产品生产基地认证75万亩,认证产品42个,被山西省农业厅确定为无公害农产品基地建设整体推进县。

龙头企业高昂"龙头"

汾城米醋是襄汾传统名产,"三盛合醋坊"创建于乾隆年间,已有230多年历史。襄汾县成立了"山西三盛合酿造有限公司",全力做大汾城米醋这块老牌子。"三盛合"董事长王德才说,公司投资3.8亿元,用3至5年时间,打造"中国"小米、醋第一品牌。

近年来,襄汾县出台了《做大做强农业龙头企业的意见》等政策,着力实施农业产业化"1225"工程,即扶持天美食品1家企业加快发展,扶持华资食品和金田园粉条2家企业上档升级,扶持园田蔬菜和丰谷农业2家企业壮大规模,扶持晋丰食品、卓鑫中药饮片、三盛合米醋、五谷丰醋业和喜来乐食品等5家企业做大做强。同时通过给政策、扶项目的办法,鼓励、引导天美食品等6家龙头企业,多方筹集资金,上新项目,实施改造升级,进一步提高辐射带动能力和抵御市场风险的能力。通过打造品牌、开拓市场,初步形成了"惠圆"小麦面粉系列、"田嫂"红薯粉条系列、"真猛"辣酱系列、"晋上一品"玉米粉系列、"襄圃"脱水蔬菜系列、"三盛合"小米醋系列和官滩枣系列等具有襄汾特色的品牌,提升了产品市场竞争力。

(原载 2011 年 6 月 11 日《中国财经报》)

让土地释放全部"潜能"

——山西省农业综合开发建设高标准农田纪实

郭 中 白续宏 王引斌

中低产田变成"米粮仓"

虽然已经过去了一个多月,张天存依然忘不了夏收时的喜悦。

那是 2011 年 6 月 10 日,山西省农科院和运城市农业局来到夏县农业综合开发高标准农田建设装介示范项目区进行小麦实打实收测产,张天存项目区里的 3.95 亩小麦,实收 2298.9 公斤,亩产 582 公斤,比项目实施以前增产 30% 左右。他告诉记者,这都是农业综合开发项目帮他改良土壤、修建机井、引进新品种带来的。

该项目区内的 1.05 万亩高标准农田,种植的小麦大部分是农发办针对当地土壤、气候等条件引进的舜麦 1718 新品种,项目区内家家户户的小麦产量都在 500 公斤以上,实现了小麦大面积增产。该项目涉及墙下村等 7 个行政村,涉及农户 2933 户,农业人口 14220 人。

墙下村村委会主任刘军亮算了一笔账:项目实施以前,村里都是四五十米的浅井,浇地要一天一夜,小麦复播玉米,除去浇水、施肥等费用,一年下来,亩收入七八百元。项目实施后,打的井是 350 米的深井,浇一亩地只用一个小时,省时、省工,每亩小麦和玉米各补贴一袋复合肥和一些优种,两茬下来,一亩地减少投入 250 元,增收六七百元。

同样,在襄汾县的高标准农田示范工程项目区,西贾乡西毛村种粮大户吉绍辉介绍说,他承包了 196 亩土地种粮,前几年没进入农业综合开发项目区,只有七八十亩水浇地,大部分地块只能种旱地作物,现在全部变成了水浇地,年增加粮食产量 4 万公斤,增加收入七八万元。他高兴地对记者说:"今年我的 80 多亩小麦长得非常好,估计亩产能上千斤,又能比去年多收入几万元。"

据了解,从 2009 年全省开始建设高标准农田示范工程以来,两年共示范建成 13.43 万亩高标准农田,新增粮食生产能力 3251 万公斤,新增种植业总产值 7145 万元,项目区农民纯收入增加 4341 万元。

种地不再只看老天脸色

在每一个农业综合开发项目区,记者看到的都是平整的地块、宽敞的机耕路、整齐的路边林网和统一整洁的水利设施。在我国实施了 20 多年的农业综合开发工程,最大的优点就在于利用有限的资金,综合改善影响土地生产的各种要素,全面释放土地的"潜能",提高农田的综合生产能力。

据调查,山西省共有中低产田 4323 万亩,占总耕地面积的 71.1%。中低产田大多田块支离破碎,小而不平,且缺乏灌溉条件,土地利用率较低,田间道路崎岖不平,无法实现机械化耕用,电力供应不足,防护林网薄弱。且养分供应不足,造成农田养分失衡,土地耕层变浅,保水保肥能力下降。同时,农民不懂科学种田,依靠传统习惯进行耕作。这些综合因素,长期以来造成了全省农业生产能力低下,农民收入很难提高的被动局面。

为了改变这种状况,山西将绝大部分农业综合开发资金投入到农业基础设施建设上来,通过规划方田、硬化道路、兴建林网、改良土壤、打井配套、修渠埋管、发展节水等措施,使被开发的耕地逐步脱离老天的束缚,成为高产高效的优质粮田。

仅有优质农田还远远不够,科学种田才能确保土地增产增收。近年来,为了提高农民的科技水平和土地的科技含量,山西还将一部分开发资金用在了科技培训和农业科技的推广应用上,有了一定科技水平的农民,自觉地进行产业结构调整、推广优良品种、实行配方施肥、加强病虫害防治,这些措施极大地提高了项目区的粮食产量。

在祁县,县高级农艺师杨沛富说,他作为祁县农业综合开发办公室聘用的一名技术员,常年在田间地头指导项目区农民进行粮食生产,通过引进新品种、推广配方施肥、科学进行病虫害防治,现在项目区粮食生产实现了稳定增产增收,农民也逐渐成了农业技术员,带动了全县农业生产的快速发展。该县在项目区还推行种示范田的做法,每年选择五六个玉米品种种在同一地块里,定期组织农民进行观摩。通过秋后产量对比,农民选择第二年的种植品种时心里就有底了。杨沛富说:"这种方法比给农民发宣传资料、进行培训要好得多,农民从心底里接受。"

在采访中,农民对记者说得最多的一句话就是"有了水,就能打下粮。"在进行高标准农田建设过程中,最主要的是解决水利问题,两年来,山西省高标准农田示范工程55.56%的资金用到水利设施上,共改善灌溉面积8.49万亩,新增灌溉面积4.01万亩。临猗县一个小型引黄提水站可增加3000亩水浇地,襄汾县一个提灌站扩大浇地面积2700亩,夏县一个350米的深井将原来浇一亩地用一天一夜的时间缩短到1小时,太谷县几眼机井结束了一个村没有水浇地的历史……水利条件的改善,为建设高标准农田奠定了重要基础。

农田升级换代保障稳产高产

从 2010 年 10 月下旬到 2011 年春季，山西持续干旱，全省小麦受旱严重。襄汾县小麦受旱面积达到 40 万亩。但在该县高标准农田示范项目区，小麦长势喜人，一直未受干旱影响，小麦平均亩产达到 470 公斤，比项目实施前的平均亩产 350 公斤增产 34%，比全县水地均产 419.5 公斤高 12%。该县农业局副局长李永忠说："农业综合开发项目是建设标准高、深受农民欢迎、增收效果明显的农业建设项目，我县建成的高标准农田全部成为旱涝保收、稳产高产的示范田。"

近年来，山西省粮食总产量每年稳定在 95 亿公斤以上，气候条件好时，可以达到 100 亿公斤以上。但是产不足需，产需缺口在 5 亿公斤到 10 亿公斤，而且随着全省人口的增长和城乡居民生活水平的提高，粮食消费呈逐年增长趋势。同时，全省粮食供求结构性矛盾非常突出，以小麦为主的细粮缺口较大。全省小麦产量稳定在 25 亿公斤左右，但消费量是 50 亿公斤左右，50% 需从外省调入。随着人增地减现象的不断加剧，要想提高全省粮食生产能力，就必须想办法提高土地的单产水平。通过农业综合开发推进高标准农田建设，是对全省农田质量的一次重要提升和根本性保护，是在改造中低产田基础上对农田建设的一次升级换代。

20 多年来，山西坚持以高标准改造中低产田，全省建成了 1100 多万亩具有较高农业综合生产能力的优质高效农田，新增粮食生产能力 16.8 亿公斤。所改造的中低产田成为旱能灌、涝能排，方田林网化、道路砂石化、灌溉节水化、耕作机械化、种植区域化、产品商品化和优质高效的农业园区。

据悉，"十二五"期间，山西省将再建设高标准农田示范工程 100 万亩。通过建设高标准农田，在保证粮食稳产高产的基础上，进一步拉动优势优质农产品基地的建设,提高农产品的商品转化率和市场竞争力,夯实农业产业化发展的基础,为现代农业的发展创造良好条件,更好地实现农业增效、农民增收、农产品竞争力增强的目标。

（原载 2011 年 7 月 26 日《中国财经报》）

大棚春暖菜农心

—— 山西省浮山县支持现代高效农业示范园区发展掠影

郭　中

3 月的汾东大地,春寒料峭,满目枯黄。但在山西省浮山县张庄乡现代农业示范园区的蔬菜大棚内却是另一番景象。

政策鼓励　资金扶持

这里春意融融,满眼尽绿,只见根根黄瓜顶花带刺,菜农们正在采摘、装箱,忙得不亦乐乎。看到记者来到大棚,正忙着采摘黄瓜的菜农杨立红高兴地招呼我们:"摘几根黄瓜尝尝,新鲜着呢!"问到大棚的收益情况,杨立红拿出账本为我们介绍:"去年腊月里,黄瓜一斤卖到 4 块多,一天就能收入 2000 余元,一天的收入比种 5 亩小麦一年的还多。我承包了两个棚,一年纯收入 5 万元没问题,比种地强百倍哩!"

张庄乡现代农业示范园区,一排排蔬菜大棚整齐排列,水、电、路等配套设施一应俱全,电动卷帘机、自动测温器、提温设施等一步到位。

随行的乡干部告诉我们,以前这一大片地全部种植的是小麦,由于靠天吃饭,再加上近几年的干旱气候使小麦收成锐减,以地为生的农民生活受到极大影响。为改变这一现状，加快农民致富步伐，县委、县政府大力调整产业结构，在经过充分调研后，确定在交通便利、水利资源丰富的陈庄垣面建设现代高效农业示范园区。同时，组织乡村干部和农民群众250余人，到曲沃县磨盘岭等地参观大棚蔬菜产业，使大家亲身感受到了大棚蔬菜的良好经济效益。

外出参观对乡村干部和群众触动很大，大家都积极要求建设大棚。为保证大棚建设的顺利进行，县里制定了设施农业发展长期规划，专门设立建设筹备工作组，绘制园区规划图和大棚设计图，并成立园区办公室，接受群众报名。筹备组还积极同信用社协调解决大棚建设资金，给每户菜农贷款6.5万元，为园区建设提供资金保障。

跟踪指导　技术服务

菜农李雪龙有一座占地两亩的蔬菜大棚。他告诉我们，2010年，政府为他担保向信用社贷款，投资9万元建了这座大棚。从大棚规划、建设实施到设施配套、技术指导，都有技术人员跟踪指导，解决难题。他掰开手指给笔者算了一笔账，"一个大棚一年收入4万元，2年多就把成本挣回来了。"话语间，李雪龙的脸上流露出满意的笑容。

为确保一次建设，长期受益，县里对大棚建设实行"三统一"，即统一施工、统一模式、统一标准，确保建设质量。同时，投资近400万元打深机井两眼，安装了变压器，整修了道路，推进了大棚园区的建设步伐。县里还成立了蔬菜协会和民生源蔬菜合作社为菜农提供产前、产中、产后一条龙服务，同时在基地常年聘请一位技术员，给菜农进行技术指导。2011年，张庄蔬菜大棚协会还被评为"全国科普惠农兴村先进单位"。

科学规划 稳步推进

浮山县采用"协会＋合作社＋农户"的经营模式,做到了统一规划、统一设计、统一施工、统一技术指导、统一经营管理,使蔬菜基地走上了一条规范化管理的轨道。

该县的设施蔬菜虽起步较晚,但他们科学规划、分批建设,短短几年时间,大棚建设进展迅速,当地村民也靠种大棚蔬菜走上了致富路。2011 年,县里在原有 103 座下凹式新五代日光节能温室的基础上,投资 2500 万元,连片新建日光节能温室 128 座,大棚平均亩产 1.3 万公斤,亩纯收入 2 万元。2012 年县里还将继续建造 200 座温室大棚,计划在"十二五"期间,形成占地 5000 亩,温室大棚 1000 座,集育苗、培训、园艺、科技为一体的设施蔬菜基地。

话别农友,望着田野上一排排大棚整齐排列,塑料薄膜闪闪发光,忽又想起菜农李金荣的一句话,记者不由得欣喜万分。"幸亏这个大棚,才给娃娶了媳妇,就是不一样呢,种地收入少,外出打工不一定能挣到钱,人情礼往都随不起,现在大棚天天见钱还不赊账,这手头也宽裕了,手也大方了,也敢花了。"

（原载 2012 年 3 月 22 日《中国财经报》）

村民笑语满桃园

——山西临猗县农发办"访民生、知民情、解民事"侧记

郭　中　管喜生　武文霞

盛夏时节,山西省临猗县楚侯乡郭村的桃农们,正在浓绿纷披的桃园内采摘着一个个拳头大小的毛桃,然后小心翼翼地装进印制精美的纸箱,搬上客商的汽车……示范田内不时荡起欢腾的笑语。村支书侯存乐说,"今年桃子价格不错,最高时3块钱一斤,最低也一块三四。村里已卖出鲜桃近100万公斤,一季下来,户均收入可达万元以上。"

"今年的桃子能有这样的收成,多亏有了县农发办帮忙。"桃农们说。

近年来,在县农业综合开发项目的扶持下,郭村彻底改善了水利、道路等基础设施条件,为调整种植结构夯实了基础。村里由先前主要种植小麦、玉米转为经济林,毛桃逐步成为该村的主导产业,成为村民增收的主渠道。

村民们津津乐道的是:再也不怕暑天干旱了,全村的地每7天就能全部浇一轮;到了收获时节,也不怕雨天道路泥泞难走了,客商的车直接就开到了田间地头。"就在昨天,村里还冒雨走了几车桃哩,商机

耽误不得!"侯存乐说。

2013 年 4 月,郭村发生大范围寒流冻害,全村 700 多亩挂果经济林预计减产 5 成以上。临猗县农业综合开发办主任谢文丽接到报告,带领相关人员第一时间赶赴受灾现场,协助村里搞好查灾、灾情统计、上报等工作;同时积极向相关专家教授请教灾后补救措施,指导村民开展救灾活动,并免费给村民发放救灾药剂,把灾害造成的损失降到最低程度……在今年开展的"访民生、知民情、解民事"集中走访活动中,谢文丽带领帮扶组成员,多次召开村组负责人及村民代表座谈会,并对村民们进行逐户走访,深入了解村情民情以及产业发展的深层问题。近几年毛桃的效益较高,郭村桃树的种植面积已增加到 1500 亩,光 2013 年春新栽植的幼苗就达 1000 多亩,占总耕地面积的 20%。但桃产业发展存在着生产管理技术力量薄弱、成品桃销售渠道单一两个瓶颈。"破除这两个瓶颈,是我们帮扶该村的切入点。"谢文丽和帮扶组的同志一致认为。

于是,帮扶组聘请省农科院教授陈双建,针对该村桃树的选种、栽植及管理技术给村民进行了为期一天的培训。全村 140 余位桃农把村会议室挤得水泄不通。"有针对性地免费为村民举办农科知识讲座,每季度最少举办一次。"谢文丽说。为提高农民的组织化程度,帮扶组积极指导,扶持村民侯红兵成立了"红兵鲜桃专业合作社"。郭村的桃农们终于可以抱团搞生产、闯市场了。合作社免费为社员发放了桃树管理技术手册,通过"合作社 + 农户"的方式加快郭村产业化发展的步伐,更好地实现村民的持续增收。针对 4 月份发生的灾害,帮扶组帮助村里制订了《突发事件及重大自然灾害应急预案》,提高村里应对自然灾害的能力。

在走访活动中,帮扶组还和该村特困户结成帮扶对子,帮助他们解决生活、生产中的实际困难。

侯存乐感慨地说:"县农发办给我们村办实事、办好事,帮助我们农民增收,这就是在实践党的群众路线呀!"

（原载 2013 年 8 月 17 日《中国财经报》）

财政加力，山西扶贫开发荐出"组合拳"

——全省贫困地区农民人均纯收入力争5年内实现翻番

李存才　郭　中

　　山西省新近制定的《"十二五"扶贫开发规划》提出：加大财政扶持力度，着力实现扶贫开发板块推进，力争到"十二五"期末，全省贫困地区农民人均纯收入达到6000元，实现翻番目标。

　　山西省扶贫开发办公室主任刘昆明日前在接受本报记者专访时表示，按照对农村低收入人口全面实施扶贫政策要求和1550元的新扶贫标准，山西省目前还有276万低收入人口，占农业人口总数的11.8%。这些困难群众70%以上集中在吕梁、太行和晋北三大集中连片贫困区域。"十二五"期间，山西省决定采取9个方面的措施，从根本上帮助他们脱贫致富。

　　——以产业开发为核心实施板块推进战略。从2011年起，在全面启动实施片区扶贫开发工程的基础上，将全省57个贫困县规划经济林、设施农业、畜牧养殖等21个片区扶贫开发产业板块，采取以县为单位实施片区开发和确定重点板块推进相结合的方式，每年扶持15个县实施以产业开发为核心的片区扶贫开发项目。到"十二五"末，帮助57个贫困县都建立起具有一定规模的特色优势产业，每个片区产业都发展起 1～2 个 10 万亩以上或 10 万头(只)以上的规模种养业基地,形成"一村一品,一县一业"的产业开发新格局。同时,争取 2～3 个县为一个大产业板块,实施大片区开发战略。

——加大移民扶贫力度。从 2011 年开始,移民扶贫范围扩大到 300 人以下的偏远山区贫困村,重点扶持贫困人口向县城、集镇和中心村聚集,大力支持城镇集中安置移民,促进移民扶贫和城镇化建设相结合。财政将移民扶贫人均标准从 2010 年的 4200 元提高到 5000 元,"十二五"期间完成移民扶贫 25 万人。

——实施整村推进。"十二五"期间,实施整村推进的贫困村村均财政扶贫资金投入两年达到 100 万元,同时采取市(县)配套、整合部门和农民自筹等途径,力争村均总投资规模达到 300 万元左右。其中财政扶贫资金主要用于扶持贫困群众直接增收的产业开发,并适当用于和产业开发相关的基础设施建设等方面。

——大力推进产业扶贫。在现有国家级扶贫龙头企业的基础上,选择确定一批省级扶贫龙头企业,采取贷款贴息、扶持原料基地建设、新产品开发、品牌培育等扶持措施,力争每个市培育出 1～2 个年销售收入超 3 亿元的农产品加工扶贫龙头企业,每个县有 1～2 个年销售收入超 5000 万元的农产品加工扶贫龙头企业。到"十二五"期末,全省贫困地区农产品加工企业年销售收入达到 300 亿元左右,扶持龙头企业带动基地贫困群众年均增收达到 15% 以上。

——对农村低收入人口全面实施扶持政策。从 2011 年开始,将全省扶贫工作范围从 57 个贫困县扩展到所有的农业县(市、区),对年人均纯收入 1550 元以下的农村低收入人口全面实施扶贫政策。

——建立完善鼓励贫困县加快发展机制。通过适当调整贫困县、完善扶贫绩效考评办法等措施,通过激励机制,确保贫困县农民人均纯收入年均增幅高于全省平均水平。

此外,《规划》还提出加大教育扶贫力度,扎实抓好劳动力转移培训和科技扶贫,深入推进干部下乡驻村并组织开展领导干部包村增收活动,组织实施"千企联千村"扶贫工程等帮扶措施。

（原载 2011 年 9 月 24 日《中国财经报》）

山西"四化"一体推进产业扶贫

郭 中

从 2013 年开始,山西省将把实施百企千村产业扶贫开发工程,作为扶贫开发的新路子和突破口,以产业开发的方式,做一篇农业现代化、工业化、城镇化、生态化"四化"一体推进的大文章,打一场产业扶贫开发整体战。

山西全省贫困面大,扶贫工作任务艰巨。百企千村产业扶贫开发工程支持引导了百家以上大中型企业,带动了数千个贫困村实施区域化、规模化产业扶贫开发。一方面,充分发挥企业资本、管理、技术、市场优势和贫困地区土地、劳动力、特色资源优势,通过实施区域化、规模化的产业扶贫开发,为农民增收提供产业支撑;另一方面,可以使企业在地下回报地上、黑色反哺绿色中,开拓新的产业,培植新的增长点。一举走活了"两盘棋",既让贫困地区发展有了内动力,又为企业寻求嬗变获得了新空间、新路径。

据了解,实施百企千村产业扶贫开发工程,该省坚持以吕梁山、太行山两大连片特困地区为主战场,以区域内扶贫开发攻坚县为重点,以促进农民收入翻番为核心,以贫困人口集中、农民人均纯收入 2300 元左右的贫困村为主要对象,搞开发、上项目,真扶贫、扶真贫。用科学的组织形式,以市场规律为基本遵循,以互利双赢为基本原则,以产业化为基本方向,建立完善利益联结机制,进行公司化、股份化运作,发展"一村一品,一县一业",形成规模化的种、养、加、销一体化的产业形态。

省委、省政府要求,产业扶贫要始终坚持因地制宜、因企制宜,宜农则农、宜林则林、宜果则果、宜牧则牧、宜生态旅游则生态旅游。要切实搞好土地流转,坚持依法、自愿、有偿的原则,引导农户将土地通过出租、入股、转包等形式流转给企业、合作社,切实保护农民的合法权益。完善做好政策服务,建立审批"绿色通道",加大土地、金融、人才等方面的支持保障力度,健全激励保障、监督约束、组织考核机制,大胆先行先试,形成各具特色的产业扶贫开发模式。要注重四化一体推进,以工业化的理念发展农业,引导农民向城镇集聚,把发展现代农业与绿化、治山、兴水结合起来。

加强组织协调,县委、县政府要负起主体责任,为参与企业搞好衔接协调等多种服务。要注重考核激励,建立相应的动态监测体系,健全目标责任考核体系,对做出突出贡献的企业和个人,给予相应的荣誉和奖励。

(原载 2013 年 8 月 6 日《中国财经报》)

191 万农民摘掉贫困帽

——山西省 10 年投入 74 亿元资金实施八大扶贫工程

李存才　郭　中

记者日前从山西省扶贫开发办公室获悉,10 年来,在国家财政及社会各界的支持下,山西省累计投入 74.06 亿元资金实施八大扶贫工程,全省贫困人口减少到 276 万人,10 年间累计有 191 万人摘掉了贫困帽。

山西省扶贫开发办公室主任刘昆明在接受本报记者专访时表示,山西省是全国扶贫开发工作重点省份,共有国家扶贫开发工作重点县 35 个、省定贫困县 22 个。这些贫困县分别集中在西部吕梁山区、东部太行山区和北部高寒冷凉区。2001 年以来,山西省围绕帮助群众增收脱贫和提高自我发展能力的目标,重点开展了八个方面的扶贫工作。

一是整村推进。2004 年至 2010 年,全省共投入财政扶贫资金 17.5 亿元,扶持 6553 个贫困村实施整村推进,受益人口达 200 万以上。

二是移民扶贫。山西省按照"移得出、稳得住、能致富"的要求,采取建设移民新村、小村并大村、分散移民、城镇安置等方式和配套基础设施、解决生产用地、开展技能培训、发展后续产业等措施，瞄准百人以下山庄窝铺的贫困群众实施移民搬迁，人均移民补助标准从原来的1000元逐步提高到2011年的5000元。到2010年底，全省累计投入财政移民扶贫补助资金16.18亿元，完成移民搬迁12.97万户50.8万人，基本解决了百人以下山庄窝铺困难群众的搬迁问题。

三是产业扶贫。2005年以来，山西省采取对扶贫龙头企业贷款贴息和对到户贷款贴息的办法，先后为32个国家级扶贫龙头企业安排贴息资金9044万元，为35个国家扶贫开发工作重点县的15.4亿元到户贷款安排贴息资金7864万元，有效地促进了企业增收，同时加快了贫困群众脱贫步伐。

四是劳动力转移培训。2004年至2010年，山西省安排1.24亿元专项资金，对农村困难家庭初、高中毕业后未升学的"两后生"开展技能培训，累计培训贫困地区劳动力41.8万人次，其中33.5万人实现转移就业。

五是教育扶贫。2009年以来，山西省启动实施以资助考入大中专学校、高中和职业技校的贫困地区农村困难家庭学生完成学业为主要内容的教育扶贫工作，两年累计安排教育扶贫专项资金1500万元，有6396名贫困学生成为教育扶贫的受益者。

六是片区开发。2007年以来，山西省先后选择静乐等5县开展以产业开发为核心的片区扶贫开发试点。2010年和2011年，在组织57个贫困县完成晋北等6大片区和县级片区扶贫开发工作规划的基础上，每年安排15个县实施15个片区扶贫开发项目。30个项目总投资16.7亿元，共覆盖1319个行政村、受益人口51万，其中贫困村1054个，受益贫困人口31.68万。

七是社会扶贫。从1989年开始，山西省采取机关定点扶贫、社会各界扶贫、利用外资扶贫等措施，2010年起，建立省直定点扶贫工作队 170 支,定点帮扶 39 个贫困县,安排机关定点扶贫资金 5 亿元以上。制定开展"千企联千村"扶贫工程实施意见,落实帮扶企业 2316 家。利用外资累计超过 15.6 亿元。这些资金用于贫困地区节水灌溉、人畜饮水、庭院养殖、沼气和敬老院等社会扶贫项目上,成效明显。

八是开展扶贫开发和农村低保"两项制度"有效衔接工作。2010 年,山西省将全省扶贫标准提高到 1550 元,确定全省低于该标准的农村低收入贫困人口规模为 276 万。同时,按照国务院扶贫办要求,在 57 个贫困县开展了扶贫开发和农村低保"两项制度"有效衔接试点工作,在 610 个乡镇、10862 个贫困村识别确认 1550 元以下贫困人口 246.74 万,并完成了建档立卡工作。当前及今后一段时期,山西省将通过采取各项措施,建立并完善"基本生活靠最低保障、脱贫致富靠扶贫开发"的新机制。

据统计,从 2001 年到 2010 年,山西省 57 个贫困县农民人均纯收入由 1271.6 元增加到 3125.4 元,年均增长 9.4%,其中 35 个国家扶贫开发工作重点县农民人均纯收入由 1033 元增加到 2594 元,年均增长 9.6%。57 个贫困县农村贫困人口由 437 万减少到 246 万,年均减少近 20 万,占全省农业人口的比例由 18.7% 减少到 10.5%。

(原载 2011 年 8 月 2 日《中国财经报》)

扶贫互助资金圆了脱贫梦

——山西省闻喜县裴社乡保安村
扶贫互助资金运营及管理情况调查

李存才　郭　中

在扶贫互助资金的帮助下,52 岁的农民李槐树仅仅用一年的时间就走上了脱贫致富的道路。

2010 年 8 月,李槐树从本村扶贫互助合作社借了 3000 元的扶贫互助资金。同时,他从亲友处筹集了 7000 元,共投入 1 万元资金,在 2.1 亩的田地上建起了一座水泥骨架式的温室大棚,开始种植小甜果、西红柿等经济作物。到 2011 年上半年,李槐树一家共取得了 3 万多元的经济收入,不仅还清了所有贷款和借款,而且还得到了 2 万余元的盈利。

李槐树是山西省闻喜县裴社乡保安村农民,2010 年 6 月加入了村扶贫合作社,成为该村依靠扶贫合作政策和小额扶贫贷款走上脱贫之路的第一批农民代表。据介绍,同李槐树一道加入村扶贫合作社的农民,累计达到了 60 户。如今,这 60 户入社农民家家享受了 3000 元 ~ 5000 元的小额扶贫贷款,用于发展特色产业,家家走上了增产增收之路。

政府配股　农民入股

保安村地处山区丘陵地带,面向太行山区的鸣条岗,背靠中条山,是一个典型的贫困村。据保安村党支部书记兼村委会主任盖福社介绍,该村共有 173 户农民 800 余口人,山坡地及平原的耕地面积共 2600 余亩,主导产业以传统的小麦、玉米种植为主,2009 年人均纯收入不足 1500 元。2010 年,在山西省、运城市和闻喜县各级扶贫部门的帮助下,该村被确定为扶贫互助社试点村。在政府有关部门的帮助下,村里成立了扶贫互助合作社。合作社由理事长、监事长和报账员 3 名成员组成,其中理事长由村党支部书记(村委会主任)盖福社担任。经过宣传发动,村扶贫合作社共吸纳了 60 户农民入社,每户社员入股 300 元,共筹集股金 18000 元。2010 年 8 月,闻喜县财政部门按照国家有关扶贫政策,利用上级财政部门安排的扶贫资金,给该村注入了 15 万元的扶贫互助资金。该笔资金作为政府配股资金滚动使用,具体管理办法由保安村扶贫互助社制定,上级财政及扶贫部门履行监管责任。

民办民管　村民受益

为了管好用好扶贫合作社的每一分资金,保安村扶贫互助社制定了严格的管理办法。办法规定,坚持自愿、公开、公正、平等和民主决策、民主管理等原则,每一户村民均可提出入社申请。提出申请的农民要成为扶贫合作社的正式社员,经审核还须具备四个条件:一是常驻本村、有劳动能力和发展愿望;二是自愿缴纳互助金;三是确定产业项目,如发展温室大棚、种植中药材以及发展家庭养殖等;四是法律观念强、信誉度高、无不良贷款记录。同时,为了吸收贫困户农民入社,村扶贫合作社还特别召开了全体村民会议,民主选择了群众公认的一些特困户,让这些特困户家庭免缴自筹互助金,财政直接配股,与缴纳自筹互助金的贫困户享受同样的贷款权利。这样做,就是要推动特困户通过产业项目的发展,尽快走上脱贫之路。

按照扶贫合作社的资金管理规定,入社农民每 5 户分为一组,共分 12 个小组。每个小组的社员需要贷款时,其他组员必须签字担保,以联保的形式签订责任状,以确保扶贫互助资金安全使用。在利率方面,村互助社社员的贷款利率,执行国家规定的基准利率,远远低于商业银行发放的贷款利率,这不仅使得互助社社员的贷款门槛大大降低,而且还使互助社社员的还贷压力大大降低,受到了全村干部和贫困农户的一致好评。

从 2010 年 9 月 1 日起,保安村扶贫互助社开始发放第一批互助资金,每户发放 3000 元,共发放 50 户,为期 3 个月,到 2010 年年底,扶贫互助社收回第一批本金 15 万元,收回利息 4500 元。从 2011 年 1 月起,村扶贫互助社开始发放第二批资金,共发放 15 万元,30 户股民,每股 5000 元。据统计,这些互助资金用在发展温室大棚方面的占 60%,用在中药材种植方面的占 20%,用在养鸡、养猪等家庭特色产业等方面的占 20%。

山上搞开发　山下调结构

记者在保安村采访时了解到,过去该村农民在贫瘠的山坡上种植小麦、玉米等传统农作物,产量低下,其中部分农田的小麦亩产量仅有 75 公斤左右。自从扶贫互助资金进村入户之后,村里的贫困农民利用扶贫合作社发放的小额贷款,在山上种植远志、黄芩等中药材,平均亩产值达到了 4000 元以上。同时,在山下平原地带,扶贫互助社的部分社员以土地流转的方式,将一批连片土地集中起来后,用于发展温室大棚。截至目前,全村建设的温室大棚已达到 60 个,年产值达到了

90 万元。

保安村扶贫合作社记账员、村会计丁永发告诉记者,截至目前,保安村扶贫合作社的总资本金达到了 17.6 万元,其中 15 万元本金正在使用,完好无损,群众入社股金达 1.8 万元,本金股金加在一起产生的利息达 8000 元。这些资金滚动使用后,规模将越来越大。他表示,只要管好用好这笔资金,将会使越来越多的贫困农民从中受益。

（原载 2011 年 8 月 2 日《中国财经报》）

绿色谷米扶万家

——山西省沁州黄小米集团公司
依靠财政扶持引领农民实现脱贫

李存才　郭　中

坐落在山西省沁县沁州黄小米集团公司是一家民营企业。近年来,公司在国家财政政策和资金的扶持下,一方面吸引越来越多的农民工转移就业,另一方面通过订单农业管理模式,统一规划、统一供种、统一技术、统一施肥、统一收购,将2万多农民家庭纳入到产业化发展链条,成为山西省扶贫领域的一个典型。

一个扶贫企业的产业化之路

2011年3月1日,沁县松树乡长街村农民王干路与沁州黄小米集团公司签订了一份《沁州黄谷子标准化收购合同》。按照合同约定,王干路一家在太行山区一个名叫杨家凹的地块上种植沁州黄谷子。该地块是玉米倒茬后的轮作地,共计3亩。沁州黄公司赊给王干路3袋品名为"沁黄2号"的谷种,以及3袋沁州黄谷子专用肥料。谷种的价格为每斤7.5元,谷子专用肥料的价格为每袋94.5元。合计下来,3亩谷子的总生产成本为306元。这3亩谷子2011年9月份收割后,在

2012年1月31日之前的任何时间内,王干路将这3亩谷子卖到沁州黄公司,公司均按照每斤2.5元的保护价全部收购,扣除306元的费用,其他资金当场付现。

王干路算了笔账,正常情况每亩可收谷子300公斤,卖1500元,扣除成本,3亩地可以得到4000多元的收入。而且,既不用担心种谷子缺乏资金,种出来的谷子也有了稳定的价格和销路,收益得到了充分保障。

据了解,2011年以来,沁州黄小米集团公司与包括王干路在内的2万多户农民签订了《沁州黄谷子标准化收购合同》。这份合同详细规定了种植沁州黄谷子的择地条件、种植品种、施肥品名、种植规程、管理措施、收购时间、收购价格、数量、违约责任等,让农户在产前就知道种什么,怎么种,何时收购,效益如何,使广大农民早早地吃上了"定心丸"。

40岁的崔建鹏出生在沁县南里乡北星村的一个贫困农民家庭,初中毕业后一直谋不到合适的职业,成为国家财政的救济对象。2006年,崔建鹏经过扶贫劳动技能培训之后,加盟沁州黄小米公司,成为一名产业工人,每月得到了1300元~1400元的固定收入。"一人就业,全家脱贫"。崔建鹏一家从此摆脱了贫困的生活状态,逐步走上了增收之路。

原沁县扶贫办主任、现担任沁州黄小米集团公司管理顾问的韩云会告诉记者,沁州黄小米公司成立于1989年,2001年改制为股份制公司。多年来,在国家财政政策的扶持下,公司由小到大,逐步发展成为注册资金达1.15亿元,以沁州黄小米加工为主,集良种繁育、基地建设、研发示范、加工包装、市场营销为一体的大型企业集团,成为山西省产业扶贫的重点企业之一。集团现有员工230多人,多数都是来自贫困家庭的农民工。

"小米加科技"打造扶贫持续力

据沁县扶贫办主任李新伟介绍,2008 年以来,县财政部门每年给沁州黄小米集团公司安排 10 万元的财政扶贫资金用于科技推广,另外安排 10 万元的财政扶贫资金用于企业产业化基地建设。2011 年,沁县扶贫办等部门联合为沁州黄小米集团公司申报省级扶贫龙头企业。如果申报成功,山西省各级财政部门将对沁州黄小米集团公司给予更大更多的政策倾斜和财力扶持。

财政的扶持引导正与公司的发展思路不谋而合。据介绍,几年来,沁州黄小米集团公司与山西省农科院谷子所、经作所、省农业厅土肥站、技术站等科研单位开展科技合作,收集国内优质谷子品种百余个,以"沁州黄"谷子为对照,在产量、品质、色泽、抗病性、抗逆性等方面进行对比试验,选育出新品种 5 个,沁州黄新品系 7 个,以沁州黄谷子为亲本,通过正交和反交,配制出 13 个杂交组合,彻底解决了沁州黄品种退化问题。

如今,沁州黄小米集团公司立足当地的独特优势,大力发展"沁州黄"谷子生产,经过几年努力,公司累计建设绿色标注化生产基地 5 万亩,示范基地 5000 亩,有机基地 3000 亩,良种繁育基地 300 亩,科研实验基地 30 亩,直接带动农户 2 万多户。2000 年,公司获得国家"绿色食品"标志使用权,2003 年通过国家质量检验检疫总结颁发《地理标志沁州黄小米》,2008 年通过沁州黄有机产品认证,已成为沁县农业领域的一项支柱产业。

最近一个时期,正当国产婴幼儿配方奶粉处于低谷之际,集团公司与中国农业大学联合研究开发的"谷之爱"婴幼儿营养小米粉正式面世。该产品以沁州黄小米为主要原料,经 10 多道工序精制而成。业内专家分析认为,这种高科技现代婴幼儿辅食的研发属于国际首创,可以为谷米的生产与增值打开广阔的市场。

沁州黄小米集团公司董事长兼总经理石耀武对记者表示,在国家财政及社会有关方面的关心、支持和帮助下,沁州黄公司以扶贫大业为己任,努力发挥科技优势,力争打造全国最大的沁州黄小米生产基地,为千千万万的消费者奉献高品质的绿色谷米,也为两万多个农民家庭步入小康提供机会。

延伸阅读:沁州黄,何以"王"

小米是唯一起源于我国的特色作物,具有8700多年的历史,被誉为中华民族的哺育作物,新中国的缔造作物,含有人体所需蛋白质、脂肪、氨基酸、膳食纤维等,属五谷之首。

谚云:沁县三件宝:鸡蛋、瓜子、吴阁老(借指"沁州黄"小米)。吴阁老即康熙朝重臣吴典,曾将家乡小米敬奉皇上,康熙帝品尝后赞不绝口,遂成历朝贡米。

沁州黄小米位居我国四大名米之首。产于北纬36°、东经112°的山西沁县,具有独特的地理位置和气候环境,富含蛋白质10%以上,维生素B1、叶酸、钙、铁、锌、钾、晒等45种人体生理需求营养成分,被食品营养专家誉为"天然全价植物营养师"。

(原载2011年8月16日《中国财经报》)

一个小山村的变迁

——山西省闻喜县移民新村见闻

李存才　郭　中

最近,39岁的张宏军一家离开了太行山深处的"祖宅"——两间土坯房,搬到了500公里之外的山西省闻喜县移民新村,住进了一座砖混结构的新式住宅里。张宏军夫妇在新家附近找到了工作,每月各有1800元左右的收入,自己的孩子也得到了就近上学的机会。谈到这些变化时,张宏军感慨地对记者表示:"感谢党和政府的移民扶贫政策,使自己全家拔掉了穷根,从此步入幸福的生活轨道。"

张宏军一家原来居住的山西省闻喜县后宫乡长岭坡村如今已是人去屋空,全村200多农户,800余口人全部搬进了移民新村。

据长岭坡村党支部书记史来锁介绍,长岭坡村地处太行山系中条山前的阎王山,土地瘠薄,资源匮乏,交通不便。近10年来,长岭坡村没有娶进一个媳妇,也没有一个孩子在山区附近的学校里上学。"如果不采取移民搬迁的方式,居住在这里的农民,可能要世世代代过着与世隔绝的生活。"史来锁说。

闻喜县扶贫办主任范景文对记者介绍说,2004年以来,在国家财政政策的扶持下,闻喜县实施了以移民扶贫为主要内容的扶贫工程。

为此,山西省、运城市、闻喜县三级财政部门安排了一笔专项资金,对自愿搬迁的农民,每人一次性给予3000元的补助。这3000元补助资金中,2500元资金发放到个人头上,另外500元资金用于搬迁后的村落基础设施建设,由村级集体组织支配,上级财政和扶贫部门对此履行监督职能。从2005年到2010年,闻喜县的人均搬迁补助标准,先后提高到了3400元和4200元。2011年,该县扶贫搬迁的人均补助标准再次提高到5000元。这些政策实施以来,长岭坡村的200多户农民,先后搬到了县城附近的移民新村,过上了城里人般的生活。

记者日前在史来锁家里看到,148平方米的农家小院布置得井井有条,室内家具齐全,院内花草芬芳。史来锁告诉记者,为帮助居住在大山深处的农民搬得出、稳得住、能致富,国家有关方面无偿划拨了土地,用于移民新村建设。村里利用国家发放的补助资金,对移民新村采取统一规划、统一施工的办法,建造了一座座规格相同的新式民居,由搬迁农户"抓阄"选房,对号搬迁。如今,移民新村累计接纳了三批次的搬迁农民,没有发生一次口角或冲突。

闻喜县财政、交通、教育、扶贫等部门通过整合部分支农资金,在移民新村硬化了道路,安装了路灯,并绿化了道路两旁的环境,同时还帮助村里新建了一所幼儿园。义务教育阶段的孩子可以免费到县城附近的学校上学,非常方便。

为鼓励农民搬迁,闻喜县扶贫办和劳动部门还出台了一条帮扶措施:凡是搬迁到移民新村的农民,经过当地劳动部门安排的劳动技能培训,可以到附近的脱水蔬菜厂等企业上班。按照当地的劳动力用工计酬标准计算,小工每人每天可挣到60元左右,大工每人每天可挣到120元左右。

史来锁还带领搬迁来的部分农民,组建了一个施工队伍,参与本村附近的住房建设。他对记者说,长岭坡村搬进移民新村之后,其他扶贫点的农民也要陆陆续续搬下来。"我们用自己的双手,一方面为他们创造良好的居住条件,另一方面也增加自己的收入,两全其美。"他说。

（原载 2011 年 8 月 18 日《中国财经报》）

山楂树,映红了百姓的笑脸

——山西省闻喜县依靠财政政策促进扶贫开发工作纪实

李存才　郭　中

2011 年初,山西省闻喜县郭家庄镇太平庄村农民王立平在国家财政政策的扶持下,在自家的耕地上栽种了 8 亩品名为"大金星"的山楂树。加上此前栽种的这种果树,她一家种植的山楂树面积累计达到了 16 亩。这些果树进入成熟期之后,每年可以产生 7 万多元的收益。

王立平一家的致富得益于山西省在太行山区实施的以片区开发为内容的扶贫工程。

种山楂财政免费提供树苗

2007 年以来,在国务院扶贫办的支持下,山西省在太行山区实施了以片区开发为内容的扶贫工程。2010 年至今,闻喜县财政、扶贫部门累计为太平庄村安排了 28 万元的财政扶贫资金,在帮助本村农民种植山楂树的同时,还帮助村民打井通电,改善农业基础设施。

太平庄村党支部书记王海江向记者介绍说,2010 年以来,在上级财政和扶贫办等部门的支持下,太平庄村新栽种了 660 亩山楂树。这些树苗从山东威海等地引进来,每株树苗的成本是 3.5 元。为了帮助农民通过种植山楂树脱贫致富,太平庄村这批山楂树的苗木费用全部由县财政部门承担,仅此一项需 12.705 万元。

为了保证水源供给,2010 年,闻喜县财政部门专门投入 6 万元的财政扶贫资金,帮助太平庄村打了一口 410 米的深井。为了帮助贫困农民家庭增加收入,从 2010 年至 2011 年,闻喜县财政累计为太平庄村提供了 28 万元的财力扶持。这其中包括 12.7 万元的苗木费和 6 万元的打井费,另外的开支用在铺设管线、修复村道等方面。

据统计,加上去冬今春栽种的 660 亩山楂树,太平庄村种植的山楂树面积累计达到了 2100 亩以上。

2000 万元财政资金"埋"在树下

闻喜县扶贫办公室主任范景文日前对记者介绍说,从 2010 年以来,为鼓励全县贫困山区农民种植山楂树,闻喜县财政一方面整合涉农部门的专项支农资金,保障了扶贫项目的资金需求,另外还从企业、集体等渠道吸引了一笔社会资金参与扶贫开发工作。两年来,全县投入的扶贫资金总量达到了 6000 万元,其中财政扶贫资金占 2000 万元。他说,从 2010 年至今,闻喜县新种植山楂树 2.5 万亩,加上此前种植的树木,全县的山楂树种植面积累计达到了 4 万亩以上。这些果树覆盖了全县 5 个乡镇、42 个村庄的 4000 多户农民,累计受益人口达到了 16000 人。

范景文介绍说,为了保证山楂树收获后卖个好价钱,闻喜县财政、扶贫部门还帮助项目区群众建设了 7 座冷库。每个冷库的库容量达到 100 万公斤以上。山楂树收获之后,一方面可以加工成果丹皮、蜜饯、中药材等食品和保健品,同时还可以利用季节差供应市场,取得农民增收、企业增效、财政增税的三重效果。

果树变成农民的"摇钱树"

记者日前在山西省扶贫办公室采访时了解到,2007 年以来,山西省先后选择静乐、石楼、大宁、天镇和繁峙等 5 县开展以产业开发为核心的片区扶贫开发试点。2010 年和 2011 年,在组织 57 个贫困县完成晋北片、太行片、太岳山片、沿黄北片、沿黄中片和沿黄南片等 6 大片区和县级片区扶贫开发工作规划的基础上,每年安排 15 个县实施 15 个片区扶贫开发项目。30 个项目总投资 16.7 亿元,共覆盖 1319 个行政村、受益人口 51 万人,其中贫困村 1054 个,受益贫困人口 31.68 万人。这其中,种植山楂树成为山西贫困地区片区扶贫开发的主要内容之一。山西省扶贫办公室主任刘昆明对记者表示,种植山楂树,既美化了生态环境,又提高了贫困农民的收入水平,这是一个利国、利民、利生态的大好事。

(原载 2011 年 8 月 25 日《中国财经报》)

山西一事一议财政奖补试点全面铺开

李存才　郭　中

2008 年以来,全省累计安排财政奖补资金 12.51 亿元,带动社会各方面投入 27.8 亿元。

在局部试点和扩大试点的基础上,山西省村级公益事业一事一议财政奖补项目试点工作现已在全省范围内全面展开。截至目前,山西省已累计安排财政奖补资金 12.51 亿元,带动社会各方面投入达 27.8 亿元。

据介绍,2008 年以来,在中央财政的支持下,这些资金与其他支农资金捆绑使用,在全省公益事业建设方面发挥了积极的作用。

山西省财政厅有关方面负责人在接受记者采访时表示,山西省一事一议财政奖补范围主要包括以村民一事一议筹资筹劳为基础、目前支农资金没有覆盖的村级公益事业。具体内容涵盖七个方面,包括村内道路硬化、村级小型水利设施的修建、村内人畜饮用水工程、需要村民筹资筹劳的电力设施、村内公共环卫设施、村内公共道路绿化以及村民认为需要兴办的村内其他集体生产生活等公益事业。

山西省财政厅、农业厅联合制定的《村级公益事业建设一事一议财政奖补工作方案》规定,跨村和村以上范围的公益事业建设项目投入应有各级人民政府分级负责,由现有的投资渠道解决。村民房屋前后的维修、建厕、打井、植树等投资投劳应由村民自己负责。对于不符合《山西省村民一事一议筹资筹劳管理办法》规定的程序和政策,举债等兴办的村内公益事业项目不予奖补。

按照山西省财政厅、农业厅制定的财政奖补工作方案,对开展一事一议财政奖补的建设项目,政府按照一定比例予以奖励。财政奖补资金根据各县(市、区)开展一事一议村级公益事业建设的村的实际乡村人口、农村劳动力、全省规定的一事一议筹资筹劳上限标准、地方财力状况等因素确定,并适当向贫困地区倾斜,资金结余可以结转下一年使用。各市及各县(市、区)按照结合实际,因地制宜制定切实可行的奖补办法和措施。在开展一事一议财政奖补的"面"上坚持"普惠制"和"特惠制"相结合,既要集中财力抓重点村的建设,又要保证一定的"面",让公共财政的阳光惠及广大农村。在奖补标准上,根据经济发展水平、财力状况、建设成本、各地区的努力程度等因素分类确定,对老少边穷地区予以适当照顾,向投入大、工作实、效果好的地区适当倾斜。在奖补项目选择上,遵循先易后难的工作原则,优先解决群众最需要、见效最快的村内公益项目。在奖补内容上,既可以是资金奖励,也可以是实物补助,只要群众拥护,符合实际,富有成效,都可以大胆尝试。

山西省财政厅、农业厅规定,以新农村建设为平台,鼓励有条件的地方,结合实际,将支农专项资金和一事一议奖补资金捆绑使用,分别管理,各记其功。鼓励有条件的市、县、乡(镇)政府加大对村级公益事业项目的投入力度,倡导社会捐赠赞助,鼓励集体经济投入,引导村民筹资筹劳,形成村级公益事业稳定投入机制。

（原载 2011 年 9 月 3 日《中国财经报》）

一事一议解民忧　条条大路宽人心

——山西省财政奖补农村公益事业一事一议项目支持农村公路建设纪实

李存才　郭　中

2010 年以来,在中央财政的支持下,山西省安排农村一事一议资金 26.3 亿元,其中财政奖补资金 12.08 亿元,这些资金与其他支农资金捆绑使用,在农村公路建设方面发挥了积极的作用。

大门口通上了机砖路

"过去我也想种一些特色农产品,但村里没有通往外界的公路,种出来怕卖不出去烂在地里。"山西省武乡县凤州镇魏家窑村村民魏七旺如今再也没有这个担心了。2011 年上半年,56 岁的魏七旺自筹 500元,依靠 3000 元小额贷款,建起了一座 50 米长的简易温室大棚,种上了甜瓜、西红柿、豆角等经济作物,收获后销往长治、太原、郑州等地。"年底我家的贷款不仅可以全部还清,还会有盈利。"

改变魏七旺以及全村 230 户、850 口人贫困面貌的,是 2010 年实施的农村公益事业一事一议财政奖补项目。

魏家窑村党支部书记兼村委会主任姚庆水介绍说,2010 年,一事一议财政奖补政策在山西省进入扩大试点阶段。魏家窑村的村民代表提出了修建全村道路的想法,使之与乡村公路连接起来,给村里的农副产品铺就一条出路。经全村村民会议表决之后,村党支部、村委会以书面形式将村民的意愿上报凤州镇政府和武乡县财政部门。武乡县财政部门按照一事一议财政奖补政策,给魏家窑村安排了8万元的财政奖补资金。此外,魏家窑村依靠村集体预留的部分机动地租金6万元以及村民投工投劳斥资4.2万元,将全村主干道及所有农户门口的土路全部进行硬化。

姚庆水说,道路硬化之后,全村的土路变成了机砖路,村民们的生产积极性一下子高涨了起来。2011年,包括魏七旺在内的60多户农民建起了温室大棚。他们通过种植瓜果蔬菜等特色农作物,走上了脱贫致富之路。

1公里路改变两个村的命运

与魏家窑村相邻的白家窑村,2011年终于拥有了历史上第一台现代化交通运输工具——65岁的种粮农民梁新民买了一台东风牌运输车。

长期以来,由于村里没有公路,村民们一直守着790亩的薄地度日,生活十分清贫。2010年,在实施一事一议财政奖补项目过程中,中央财政给白家窑村安排了10万元的财政奖补资金,山西省财政厅有关方面通过资金整合方式,从扶贫渠道给该村安排了20万元专项资金。村民通过捐资和投工投劳,安排了9万元资金,将村内1公里的土路变成了水泥路,从此改变了全村农民的出行条件。

梁新民在方便自家生产、生活的同时,还帮助街坊邻里开展运输服务业务,农业与副业兼营,收入成倍增加。他告诉记者,水泥路建成之后,不仅白家窑村的全体村民受益,就连附近的东坡村的300名村民也从中受益,因为白家窑村的水泥路是东坡村村民通往外界的必经之路。这样算下来,1 公里的水泥路,至少改善了两个村 600 多农民的出行条件。

新修的公路旁 农民放歌谢党恩

在晋中市祁县西六支乡祁城村,传唱着一首名为《和谐祁城气象新》的歌曲:"春风和煦暖人心,阳光沐浴新祁城,男女老少皆欢喜,高唱颂歌谢党恩。"这是祁城村 68 岁的民间艺人闫伦春等人集体创作的歌曲。

农民放歌谢党恩,还得从祁城村的通村公路变化说起。记者在祁城村看到,村里的一条主干道和 15 条巷道全部是平整的水泥路。在村内一些主要路口的建筑物上,"一事一议谢党恩"的标语格外醒目。

祁城村党支部书记兼村委会主任张黎明对记者介绍说,为了改变村民们的出行条件,村民们把道路硬化列为一事一议议事范围,并提出了具体实施方案。2010 年至 2011 年上半年,祁县财政部门根据国家财政政策,给祁城村安排了 28 万元的财政奖补资金,村里通过集体积累和捐资,筹集了 28 万元资金。村集体动员全体村民投工投劳,经过几个月的努力,将村内所有土路全部改成了 15 厘米厚的水泥路。其中,村内一条主干道拓宽之后,水泥路的路面宽度达到了 6 米之多。水泥路建成之后,全村群众发展生产的积极性空前高涨,丰收的日子村子里车水马龙。在干群团结、其乐融融的局面下,闫伦春等人自发创作了这首盛赞一事一议财政奖补项目的歌曲,表达了全村干部群众对强农惠农政策的感激之情。

记者从山西省财政厅了解到,自 2008 年以来,山西省农村公益事业一事一议财政奖补范围逐步扩大,试点范围从 2008 年的两个试点县逐步扩大到 2010 年的所有县(市、区)。2010 年,在中央财政的支持下,全省农村一事一议总投资达到 26.3 亿元,其中财政奖补资金达 12.08 亿元,这些资金与其他支农资金捆绑使用,在全省农村公益事业建设方面发挥了积极的作用。这其中,农村道路硬化成为山西省农村公益事业建设方面的重中之重,涵盖了 80% 以上的财政奖补项目。

（原载 2011 年 8 月 11 日《中国财经报》）

一事一议破"水荒"

李存才　郭　中

2010 年以来,在国家财政政策的支持下,山西武乡县财政从预算中安排 480 万元,优先扶持 101 个村级公益事业建设项目。其中,涉及村内小型水利和村内人畜饮水的项目分别达 23 项和 9 项。

"尝尝我们的香瓜吧!"捧着刚从地里采摘出来的套种小香瓜,39 岁的瓜农杨辉明热情地招呼记者。

杨辉明是山西省长治市武乡县上司乡张庄村种粮大户。武乡县地处太行山腹地,这里因为缺水而长期贫困,属于国贫县。张庄村共有 90 个农民家庭、400 口人,全村除了退耕还林之外,拥有 850 亩耕地,这些耕地基本上处在山坡地带。过去,每到春播时节,村里不得不组织农民到山下的一条小河里取水,一担一担地挑到山坡上,生产条件十分艰难,农作物的种植效益十分低下。2010 年,在国家财政政策的扶持下,张庄村经过一事一议民主议事程序,将山下的河水引到 800 米以外的山坡上。"旱改水"圆了杨辉明和当地农民的脱贫梦。

据介绍,张庄村地处汾河流域,该流域的浊漳河的一条支流从村内的山沟里穿境而过。2010 年 4 月,张庄村党支部、村委会带领全村干部群众经过反复思考和琢磨,终于谋划出了一个引水办法:在村内的这条河上建一个简易拦河坝,通过一级提灌,将拦河坝里的水提到400米以外的半山腰里,然后通过二级提灌,再将半山腰里的水提到400米以外的山坡上。这样,经过两级提灌,山下的水引到山坡上,就可以通过自流灌溉的方式滋润山坡上的田地。但是,从山下提水到山坡上蓄水,总的扬程达90多米,中间需要安装2台水泵和一些管线,加上建拦河坝、蓄水池等配套设施所需的建筑材料,整个工程需要16万元的建设投资。

为了支持该项公益事业,武乡县财政部门按照国家一事一议财政奖补政策的有关规定,给张庄村安排了4万元的财政奖补资金。同时,武乡县财政部门会同有关部门,通过整合部门涉农资金,为张庄村该项公益事业提供了4万元的财力支持。张庄村农民通过社会捐资办法,筹集了部分资金。从2010年4月到9月,全村农民自愿投工投劳,终于在太行山西麓建成了一座"小农水工程"。

2011年,由于有了灌溉条件,杨辉明将山坡上的一块13亩连片农田全部种上了"西农8号"优质西瓜,而且在瓜田里套种了豆角、小香瓜等农作物,目前长势良好。

杨辉明告诉记者,与往年的倒茬西瓜作对比,西瓜地里如果不能灌溉,一个西瓜的个头只能保持在3~4斤的规模,而有了灌溉条件,每个西瓜的重量将保持在8公斤左右。2011年,他每亩西瓜的产量将稳定在4000公斤左右,按每斤0.5元的批发价计算,每亩西瓜的产值将达到4000元。13亩西瓜的总产值将达到5万多元,扣除各项开支和人工费用,3万元的纯收入不成问题。

据武乡县财政局副局长韩建军介绍,2010年以来,在国家财政政策的支持下,武乡县财政从预算中安排了480万元,在全县371个行政村中通过筛选和排队,优先扶持了101个村级公益事业建设项目。其中,涉及村内小型水利和村内人畜饮水的项目分别达23项和9项。

这些项目覆盖了 1/3 的行政村,在全县 21 万农村人口中,目前受益的人口已达到了 10 万人,占全县总人口的 50%。

（原载 2011 年 8 月 6 日《中国财经报》）

在"一事一议"奖补平台上整合涉农资金

李存才　郭　中

2010 年以来,山西祁县安排村级公益事业财政奖补资金 690 万元,引导整合其他各类资金 1039.88 万元,实施财政奖补项目 152 个,受益农民达 16 万人。

最近,山西省祁县东关镇晓义村投资 23.9344 万元修建的村文体活动场所正式建成并投入使用。在村民活动场所健身的村委会副主任程亚萍接受记者采访时说:"兴建这个公益项目,村民自筹 4.5435 万元,村集体积累 0.0585 万元,国家财政奖补了 19.3324 万元,奖补资金占总投资的 80.8%。"

据统计,2010 年以来,祁县安排村级公益事业财政奖补资金 690 万元,引导整合其他各类资金 1039.88 万元,实施财政奖补项目 152 个,受益农民达 16 万人。

据了解,在晓义村文体活动场所建成并投入使用的同时,该县西六支乡祈城村村内道路硬化、古县镇下古县村红白理事办理场所等数以百计的村级公益项目在国家财政的奖补支持下陆续建设并投入使用,不仅改善了村容村貌,促进了农村移风易俗,推动了精神文明建设,而且激活了"一事一议"制度,形成了村级公益事业建设多元化投入的新机制。

祁县财政局有关负责人在接受记者采访时表示,2010年以来,在推进"一事一议"财政奖补项目实施过程中,县财政积极引导项目村将各类支农资金和"一事一议"财政奖补资金捆绑起来,按照"渠道不乱、权限不变、优势互补、各记其功"的原则,充分调动各方面的积极性,集中力量办大事,有效地提升了项目建设的规模和效益。据统计,一年多来,全县通过各种渠道共整合各类资金1039.88万元,占奖补项目总投资的50%以上。

据了解,祁县整合资金的具体做法包括三个方面:一是整合各类支农资金,充分发挥财政奖补资金的引导作用,引导"一事一议"项目与交通、水利、农业、体育、新农办等部门支农资金相对接。一年多来,全县共整合各部门支农资金达244.76万元。二是引导集体资金投向农村公益事业,投向民生。在财政部门的指导下,该县部分项目村将土地补偿费收入、盘活集体资产收入等资金与奖补资金有效整合,实施了关系民生的公益事业项目,推动了村级收益分配新机制的形成。一年多来,全县共整合村集体自有资产795.12万元。三是带动了社会捐助。财政奖补项目较好地发挥了平台作用,让关注家乡建设的人士慷慨解囊,积极捐助家乡公益事业建设。通过资金的整合实现了各类支农资金的聚集效应和优势互补,放大了财政奖补资金的投入效益。

据统计,自2010年以来,祁县共立项实施"一事一议"财政奖补项目152个。这些项目涉及全县8个乡镇、152个行政村,占全县行政村总数的95%,惠及农户55497户,直接受益农民达167943人。项目总投资2083.92万元,其中村级自筹354.04万元,财政奖补资金690万元,引导整合其他各类资金1039.88万元。

(原载2011年9月1日《中国财经报》)

文明办理红白事　财政给奖补

李存才　郭　中

　　最近,山西省祁县古城镇下古县村农民王学军夫妇在新建成的村红白理事办理场所为儿子举办了婚礼。时间一天,酒席 24 桌,花销6000 元。

　　在接受记者采访时,王学军感慨地表示,如果在自己家里,要办 3天,所有的桌椅板凳等都要借,费用至少是现在的 3 倍多。他举例说:"过去办事儿时,街坊邻里一来,主家就要递上一盒香烟。而现在,在红白理事办理场所内摆放有散烟,来客需要的话自己去取,仅这一项,就比过去节省了数千元的开支。"

　　下古县村为什么要建红白理事办理场所呢?村党支部书记赵凤秀告诉记者,村里共有 640 户,总人口 2080 人,红白事是每家每户都避不开的。按照旧风俗,办理红白事少则三四天,多则六七天,花销多在 1.5 万元到 2 万元之间,有的更多。办一场红白事,不仅要花费很多时间和精力,对于一些低收入家庭而言,从此还背上沉重的债务。

　　赵凤秀告诉记者,通过调查发现,不少家庭对大操大办红白事的陋习深恶痛绝。村民们表示,希望村支部、村委会带领全村干部群众,走出一条文明办理红白事的路子,减轻群众负担,改善社会风气。

2009 年,下古县村按照一事一议民主议事程序,决定建造一个红白理事办理场所。村支部、村委会听取群众意见后,以书面形式上报古城镇政府和祁县农村综合改革一事一议领导小组办公室。镇政府和县一事一议领导小组办公室实地考察后认为,下古县村农民建设红白理事办理场所的方案可行,在社会上具有示范意义,于是列入 2010 年度一事一议财政奖补范围。经测算,下古县村建红白理事办理场所项目需要资金 15.6 万元。经研究决定,祁县财政局利用国家财政扶持资金,对该项目给予了 12.48 万元的扶持,剩下的 3.12 万元由下古县村村民通过捐资或投工投劳斥资的方式解决。

记者在该红白理事办理场所看到,大厅共摆放了 32 张崭新的圆桌,每张圆桌配备 10 把椅子。此外还设立厨房和仓储间,放有液化气罐、冰柜、冰箱、锅碗瓢盆、餐具等。

红白理事办理场所管理员王勇对记者说,按照村里制定的红白理事管理制度,全村所有村民,凡遇到各种红白事时,每次只需缴纳 50 元的管理费,便可使用场地和设备。当事人按照每桌酒席不超过 250 元的标准,自行采购蔬菜、鸡鸭鱼肉、水果、烟酒、副食等,水电费按照实际使用量缴纳。管理费由保管员收账后集中管理,村里统一安排使用。

下古县村村民王英恩说,2011 年上半年,全村群众利用村红白理事办理场所办了 100 多场红白事,减轻了农民负担,其中也包括减少了应酬时间,可以将更多精力用在生产和学习上,树立了新风。

祁县农村综合改革工作小组办公室郭再勇介绍,除下古县村外,他们还支持其他部分乡镇建起了红白理事办理场所。

（原载 2011 年 7 月 26 日《中国财经报》）

长治:这个冬天不寒冷

——山西省长治市危中寻"机"保增长促民生纪实

郭 中 王 彬 魏学东

"自2008年8月份以来,企业经营一直举步维艰。2009年,在市、县财政部门的大力支持下,由市鑫担保公司担保贷款1000万元,通过民营企业集团贷款3000万元,企业才真正恢复正常生产。"亿鑫铸业有限公司董事长莫晓林高兴地对记者说。

针对金融危机爆发以来,长治市经济发展与财政收入明显下滑的态势,长治市以在全市全面实施"四位一体"发展战略,开展机关干部"下基层、促'三保'(保增长、保民生、保稳定)"活动,终于使长治市迎来了企稳向好的阳春。2009年前3季度,全市实现地区生产总值554.4亿元,同比增长4.8%,增速分别较一季度和上半年提高了5.7%和4%。全市财政收入完成138.16亿元,总收入规模位列全省第二、序时进度位列全省第三。

保增长同心协力战严寒

随着金融危机影响不断加深,能源需求量骤减。作为一个资源型转型城市的长治市如何化危为机,确保经济平稳较快增长,是摆在长治市各级各部门面前的一个重要课题。

长治市财政局率先行动起来。他们结合正在开展的深入学习实践科学发展观活动,于 2008 年 11 月份举办"全球金融风暴下的政府调控与宏观经济论坛",邀请国务院参事、知名专家,向市直有关部门和金融机构的领导、各类企业的企业家、财政干部,详细解读中国财政预算与货币政策走势,分析当前形势下政府新政策,介绍企业融资新思路,帮助企业应对挑战。

2009 年,一系列应对危机保增长措施犹如阵阵春风,吹遍上党大地。

2011 年 3 月,市政府制定出台了《长治市关于加强信用担保体系建设的实施意见》,明确提出市、县政府要建立"一体两翼三层"的担保体系架构,以政策性担保机构为主体,以民营担保机构及其他类型担保机构为两翼,建立健全市、县担保机构,进而配合省建立覆盖全省的省、市、县三级担保机构。市、县两级进一步加大担保体系建设,到 2009 年 9 月底,全市政策性融资担保机构达到 14 户,注册资本金 3.18 亿元,比上年增加 1.3 亿元。市财政加大对政策性担保机构的资金扶持力度,增拨市财鑫担保公司注册资本金 1 亿元,使该公司注册资本金达到了 2 亿元。到 9 月底,市财鑫担保公司为 10 户企业提供了贷款担保,担保金额 1.1 亿元。同时,还成立全市政企银信用担保联盟,并于 2009 年 5 月份召开全市中小金融机构支持中小企业发展推介会,现场放贷 10.8 亿元,真正做到帮企、扶企,与企业共克时艰。

2009 年 5 月,市委、市政府号召机关干部"下基层、促'三保'"。黎城县晋能铁合金厂、黎城太行钢铁公司是长治市财政局"下基层、促'三保'"分包项目,市财政局局长车忠和、总会计师杨富林及时组织工作组,多次深入企业进行现场办公,协调银行为黎城太行钢铁公司贷款 2000 万元,帮助黎城晋能铁合金厂解决了企业土地使用证更名问题。

尤其值得一提的是,长治市在积极解决企业困难的同时,还根据自身产业特点,出台了《关于推进我市工业结构转型升级保持平稳较快发展的意见》。根据《意见》精神,市财政决定于 2009 年和 2010 年两年每年筹资 1.25 亿元,采取担保、奖励、贴息和补贴等方式,大力支持工业经济转型发展,2009 年已统筹扶持企业发展专项资金预算 1.3亿元。同时,市财政还积极支持企业改制和淘汰落后产能,2009 年已落实到位企业改制资金 7542 万元、淘汰落后产能资金 4222 万元。不仅如此,长治市各级还抢抓机遇,积极争取扩内需保增长中央投资项目资金 4.43 亿元。

保民生拉动内需促和谐

金融危机既是挑战,也是机遇。长治市各级各部门抓住国家实施扩大投资、拉动内需政策的难得机遇,加强民生工程建设,取得了经济发展和民生改善"双赢"的良好效果。

加大农村投入,支持农村发展。2009 年,全市安排农林水事务支出 6.93 亿元,同比增长 25.24%,高于财政经常性收入增长 1.96 个百分点。在支持农村发展中,除落实好粮食直补等惠农政策之外,还有三大亮点:一是支持农村文化事业发展力度明显加大,平顺、武乡等 5个贫困县的 663 个行政村通了广播电视,对 13 个县、市、区 3446 个行政村共 41352 场电影给予了补助,支持"两区"新建 18 个乡镇文化站。二是土地出让金用于农村的比例明显提高,截至 2009 年 9 月底,市级土地出让金用于农村土地开发的资金达到 639 万元,占到市级土地出让金的 2.54%,主要用于农业土地开发和农村基础设施建设。三是家电下乡、汽车摩托车下乡活动拉动了农村消费升温。截至 9 月底,全市共销售家电下乡产品 21437 台,销售金额 4616 万元、补贴资金 371

万元。销售汽车、摩托车下乡产品 2257 辆、销售金额 6743 万元、补贴资金 678 万元。同时,积极构筑现代农村服务体系,推进新农村建设"万村千乡市场工程"和新农村现代流通网络建设工作,逐步在全市建立起了以城区店为龙头、乡镇店为骨干、村级店为基础的农村现代流通网络。

加快教育事业发展,努力实现义务教育阶段学生学有所教。各级财政部门积极支持完善义务教育经费保障机制改革,全市预算安排教育投入 18.40 亿元,比上年增长 17.65%,促进各类教育均衡发展。

加快医疗卫生事业发展,努力实现全市人民病有所医。全市预算安排医疗卫生投入 4.41 亿元,比上年增长 13.23%。2009 年,长治市本级财政落实新农合配套资金 2178 万元,将农民新农合筹资标准提高到了 100 元,全市参合农民达到了 217.8 万人。同时,还在全市招聘医学类大学生 835 名,解决乡镇卫生院人才匮乏问题,推动了城乡医疗卫生事业协调发展。

加快社会保障体系建设,实现城乡居民老有所养。年初,财政预算安排社会保障投入 5.16 亿元,比上年增长 26.71%。在此基础上,积极进行新型农村社会养老保险试点,市财政下拨屯留、长治两县补贴资金 596 万元,按每人每月 30 元的标准,为 60 周岁以上的农村居民负担基础养老金,使近 5 万名农村老人享受到了养老保险。

加大力度争取国家扩大内需资金,改善公益服务项目建设。长治市通过多种渠道,积极争取扩内需保增长中央投资项目资金 4.43 亿元,争取省投资项目资金 8151.4 万元,大都用于了污水处理、城乡公路建设、基层文化站和医疗设施等社会公益服务项目建设,累计建设项目 424 个。

（原载 2009 年 11 月 21 日《中国财经报》）

2010 年 9 月起山西学生娃可安心读书了

郭 中

山西全省中小学校舍安全改造加固所有项目于 2010 年 7 月全面开工,共有 2011 所项目学校,规划面积 810.23 万平方米,9 月开学时大部分项目将完工并投入使用。

据了解,2010 年山西提出要比全国提前一年完成中小学校舍安全改造加固任务,涉及项目学校 6346 所,规划面积 1711.07 万平方米。截至 2010 年 6 月底,全省该项目总投资已经累计达到 170 余亿元。

省财政厅有关负责人介绍,为了确保资金落实,省政府建立了包括政府投入、银行贷款和社会捐资、撤并中小学校舍处置所得资金等多渠道筹措资金体制。省财政在足额安排中小学校舍维护长效机制资金的同时,每年增加 4 亿元专项资金,市、县也安排 7 亿元配套资金,全省各级财政 3 年可筹措 42 亿元左右的资金外,预计中央 3 年可安排省里 15 亿元。省政府还向国家开发银行贷款 100 亿元。

（原载 2010 年 8 月 28 日《中国财经报》）

乡宁县养老补助金普惠 70 岁以上老人

郭　中　边太和　张小红

"往年,村里 80 岁以上老人享受政府养老金。没想到,2011 年这好事也轮到我头上了。"山西省乡宁县昌宁镇南阁村 79 岁的岳兰祥老人高兴地说。据了解,乡宁县 2011 年将养老补助金发放范围由 80 岁以上扩大到 70 岁以上,目前全县有 8200 多名老人享受到该项补贴,县财政拨付 400 多万元予以兑现。

近年来,乡宁县经济社会发展突飞猛进,2010 年全县财政总收入完成 21.4 亿元,在临汾市各县(市、区)中排名第二。年初,乡宁县委、县政府决定将已实施了四年的为全县 80 岁以上老人发放养老补助金政策扩大到 70 岁以上。

在具体实施中,该县分两个类别和六个标准执行。两个类别为:80 岁以上的受惠对象是具有本县户口的全体老人;70 岁至 80 岁的受惠对象是具有本县农村户口的老人和具有本县城镇户口但不享受机关事业或企业养老保险退休金待遇的老人。根据年龄大小分六个待遇标准,每人每年最低 300 元到 2000 元不等,年龄越大享受得越多。

乡宁县规定,申报人要经过村委会入户登记、当地派出所户口核

实、所在乡镇民政办审核、县民政局入户抽查四道程序。县财政局将
补助金下拨到县信用联社,实行半年一发,持证领取。

(原载 2011 年 7 月 7 日《中国财经报》)

九旬老红军放歌颂党恩

郭　中　边太和　虞晓阳

　　七一前夕,山西省临汾市财政局举办了庆祝建党 90 周年表彰先进暨红歌演唱会,演唱会大气磅礴、异彩纷呈。96 岁高龄的老红军、老局长石友玉在旁人的搀扶下登上舞台,和老干部们一起献上了一曲《没有共产党就没有新中国》,饱含深情的歌声感染了在场的每一位观众,将整个活动推向了高潮。

　　红色歌曲是历史的见证,记录了一段段峥嵘岁月,书写了一页页光辉篇章,也演绎了一位老红军的传奇人生。石友玉老人 1934 年 7 月 1 日加入中国共产党,是闻喜县五区党组织创始人之一,先后参加过解放华北、大西北、大西南战役,被授予"战斗英雄""模范干部"称号。1951 年解甲从政,任川西行署财政厅农税科科长、监察科科长(正县团级),1960 年任宜宾地区财政局书记兼副局长,1979 年任临汾地区财政局副局长,1983 年离休。这期间先后被授予"时代楷模""中华英雄""中华脊梁"等荣誉称号,获各种奖章、奖牌、奖杯十余件。

　　党给了石老光辉的一生,石老为党付出了忠诚的一生,在建党 90 周年之际,以这位老红军为代表的老同志们用一曲铿锵有力的《没有共产党就没有新中国》唱出了老共产党员的心声。

（原载 2011 年 7 月 2 日《中国财经报》）

"'新农保'比得上咱的儿"

——山西省吕梁市新农保提前一年实现全覆盖工作纪实

郭 中 杨谈文 付永文 王三伟

"当了一辈子农民,种了一辈子地,真没想到,老了竟然还能像城里人一样拿着'工资卡'领养老钱。"坐在自家暖和的炕头上,2011 年 74 岁的岚县东村镇村民李奴除老人脸上露出开心的笑容。"不赖不赖真不赖,一个月能领 60 块,'新农保'比得上咱的儿。"

自 2009 年以来,山西省吕梁市 13 个县(市、区)先后开展了新型农村社会养老保险试点工作,越来越多的农民享受到了党的好政策。3 年后的今天,吕梁新农保政策落实情况如何?效果又怎样?近日,记者前往该市最贫困的岚县、方山县进行了蹲点调研。

作为国家级贫困县,岚县 2010 年被确定为山西省新农保试点县。该县县委、县政府主要领导把"新农保"当成最大的"民生工程"抓在手上,在县财政十分紧张的情况下,挤出 65 万元专项资金进行配套补贴,在国家每月发放 55 元基础养老金的基础上,县级财政再拿 5 元,将养老金提高到了每月 60 元。至 2011 年 8 月份,已累计发放养老金 791 万元,惠及人口 16829 人。

岚城镇北关村是远近闻名的"文明村",2011年4月2日,温家宝总理专程来到这里调研"新农保"情况。12月7日当记者再次来到这里时,村民们依然对温总理的关怀念念不忘。拿着大红的新农保领取证和惠民卡,81岁的李桃日老人说:"党的政策真是好得不行,以前虽说儿女都孝顺,可也是有心无力,现在好了,国家给咱养老,油盐酱醋日常开销有了保障,我还能多活几年!"在村民郝梅荣家,63岁的郝梅荣正在与几个前来串门的老姐妹唠家常。说起新农保,大家你一言我一语,十分兴奋。

吕梁市农保中心郭万明主任介绍说,目前,在整个吕梁市,像岚县一样每月可以领到养老金的有35万老人,参加"新农保"的农民群众有140多万人,覆盖率达到100%,提前一年在山西省率先实现了全覆盖。

作为吕梁市最后一批试点县之一,方山县自2011年9月份启动"新农保"以来,仅仅用了不到3个月时间,就实现了试点到全覆盖,1.3万名60周岁以上老人全部领到养老金,近7万人参加了新农保。说到取得如此成绩的诀窍,该县积翠乡纪委书记刘建平说,我们的秘诀就是两条:"一是巧宣传;二是大投入。"

与全县情况一样,方山县积翠乡孔家庄村212名适龄村民全部参加了新农保。村支书高宝玉给记者算了一笔账:"普通群众每年缴费100元,按15年计算,总共缴费1500元,等到了60岁以后,每年至少可领到720元,两年多时间就能把缴费的钱全部领回来,即使有什么人身意外儿女还可以继承,这样的好事谁不乐意呢?"

新农保能否顺利实施,资金是关键。吕梁市财政局社保科科长王中生告诉记者,全市各级财政部门努力做到财政在保障改善民生上有新作为,不断调整优化财政支出结构,认真编制农村社会养老保险财政补贴年度预算,足额落实配套补贴资金,仅2011年市本级财政就投入配套补贴资金 2200 多万元,县级财政预算配套补贴资金 6800 多万元。经济条件较好的柳林、孝义等县市,更是将养老金标准提高到每月 80 元,农村计生户、五保户等特殊人群的补贴金额每月达到百元以上。这对于依然处在贫困地区的吕梁市来说难能可贵。

记者在采访中深切感受到,新农保制度的实行,使农民在"种地不缴税、上学不付费、看病不太贵"的基础上,实现了"养老不犯愁"。此举犹如和煦春风吹遍了吕梁老区的山山水水,许多群众对这一重大决策拍手叫好。

（原载 2011 年 12 月 27 日《中国财经报》）

让公共财政阳光在农村更加温暖

郭　中　　薛朝阳

"硬化街巷,出行方便多了;建起便民超市,购买日用品不用外出了;修起农家书屋、健身场所、文化活动场所,咱农村人有地方读书、休闲、锻炼了;免费上中等职业教育,再也不用为孩子上学担忧了;缴了养老保险,老年生活有保障了。"在刚刚过去的 2011 年,亲历农村新"五个全覆盖"工程带来的实惠后,山西省广大农民心里有说不出的欢喜、道不完的幸福。

为加快发展农村各项社会事业、提高农村基本公共服务水平,2011 年初,山西省省长王君提出,启动农村新"五个全覆盖"工程,投资 300 亿元,用两年时间,实现农村街巷硬化全覆盖、农村便民连锁商店全覆盖、农村文化体育场所全覆盖、中等职业教育免费全覆盖、新型农村社会养老保险全覆盖。

为落实好这一惠民工程,省财政厅在思想上高度重视,工作上紧密配合,资金上足额到位,实现了及时、超目标任务落实和保障。

为落实好全省农村街巷硬化全覆盖工程,省财政厅积极参与了工程前期调研及推进工作,并就资金筹措等问题提出建议。通过挖掘潜力、整合资金的方式筹措 78.18 亿元,使省级应负担部分全部落实到位。为加强资金管理,省财政厅与省交通厅联合下文,进一步明确了各级各部门的责任,细化了资金管理程序,保证了资金高效使用。

山西省农村便民连锁商店全覆盖工程任务是用两年时间建设10354个行政村便民连锁店,2011年建设任务为5526个村(店),2012年完成剩余村覆盖任务。2011年,省级财政预算安排了1500万元,同时争取到中央农村便民店全覆盖补助资金5571万元。2011年8月30日,省财政下达资金6921.2万元,支持新建或改建农家店6242个,超计划任务716个。

省财政安排2040万元对"非两区"县的行政村实施农村体育健身工程按每村1万元予以补助;从体育彩票公益金中安排2040万元对"非两区"县行政村购买健身器材予以了补助。2011年5月,下达2191.5万元,对全省尚未完成村文化场所建设的4383个村按每村5000元予以补助,6月,下达农村体育健身工程资金4080万元,按照相应标准对相关村的文化、体育设施建设予以了补助。

镜头一:"以前村里一到冬天,大部分人会选择打麻将来度日。农家书屋建成后,村里打麻将的人渐渐减少了,许多人会选择'借书看'来过冬。"在壶关县龙泉镇秦庄村的农家书屋里,新"五个全覆盖"工程给老百姓带来哪些实惠成了大家讨论的热点话题。

镜头二:2011年9月7日下午,安泽县和川镇沁水庄很是热闹。为丰富村民文化生活,村委会请来了郑州市豫剧团,在新建的影剧院舞台上唱起了大戏。2012年72岁的刘万精,是个老戏迷,村里有了自己的戏台子,让刘大爷乐得合不住嘴:"今天是第一次在自己村里看戏,党的政策就是好,丰富了我们这些老年人的生活。"

按照省政府部署,2011年4月,省财政拟定了《山西省中等职业学校免学费覆盖实施方案》并上报了省政府。7月,与省教育厅、省人社厅联合印发了《关于认真做好中等职业教育免学费全覆盖工作的通知》,制定了该省中职免学费的进度、范围、标准及资金筹措原则。12月,根据工作方案测算的资金,省财政下达 14289 万元免除了全省职业高中学生的学费。

2011 年 6 月,省财政厅会同省人社厅确定了 55 个新增国家新农保试点县,并以省政府名义正式上报了财政部和人社部,经国家审核批复,该省试点县达到了 97 个,全省新农保试点县覆盖面达到 84%。省级预算安排 2.2 亿元对原有 12 个省级试点县予以补助;安排 5000 万元对新增试点县实行以奖代补。全年下达新农保补助资金 11.56 亿元,使全省 141.7 万农村老年人基本生活得到保障。

镜头三:"参加新农保以后,我们每人每月能领到 65 元钱,像日常用电、买个油盐,基本上就没什么大问题了。"长治县苏店镇苏店村 68 岁的韩培基提起每月领到手里的养老金,脸上乐开了花。

截至 2011 年底,全省近 2 万个行政村的街巷硬化开工里程为 93250 公里,完成 19567 个行政村的街巷硬化,建设里程 92096 公里,覆盖率达到 69.4%;建成便民连锁商店 7010 个,完成年度任务总数的 128.2%,累计完成 22512 个村,覆盖率达 94.1%;农家书屋全覆盖年度任务全部完成,覆盖率达到 75%;体育健身场所完成年度任务的 104%,覆盖率达 96%;村级文化活动场所器材配送达 100%;全省 289 所职业高中(含职业中专)195129 名全日制学历教育学生全部免学费上学,共有 30 万名接受中等职业教育的学生享受免学费政策,覆盖率达到 68%;新农保试点县扩大到 97 个,占到全省农业县的 84%。

镜头四:2011 年 10 月 5 日,太原市小店区贾家寨村街巷硬化工程完成。至此,贾家寨村实现了进村通道、入户通道全硬化目标,村民们高兴地说:"再不用受那晴天一身土、雨天两脚泥的苦了。"

新"五个全覆盖"工程的实施,有效地解决了老百姓交通、教育、文化、社保等方面的实际困难。曾经因路愁、因买东西愁、因求学就医难而愁的贫困地区农民群众,展开了舒心的笑颜。

"想当年,走路黏,喝水咸,手里没有零花钱,想找资料进县城,想学知识楞求人。看如今,政策惠民有大爱,农村实现了全覆盖,看看这广场,走走这马路,黑天半夜能散步;想学知识甭远走,农村书屋啥也有;老百姓现在真露脸,老来老去有保险。"应县大黄巍乡北湛村民贺登清编的这段顺口溜道出了全省广大农民对新"五个全覆盖"工程的感激之情。

(原载 2012 年 2 月 9 日《中国财经报》)

政府实干　百姓接"福"

——山西省吕梁市7成以上财力普惠民生纪实

郭　中　杨谈文　王三伟

一栋栋设施蔬菜大棚拔地而起，一排排移民搬迁住房鳞次栉比，一条条水泥砖石路直通农家，一汪汪甘甜深井水饱灌良田……如今吕梁城乡百姓的"福气"正接踵而至。

2011年以来，山西省吕梁市委、市政府全面实施"打基础、利长远、惠民生"战略决策，1月份至10月份，全市财政预算支出176.09亿元，而用于民生的支出就达到创纪录的126.94亿元，占到一般预算支出的72.09%，比2011年增长1/3还多。

民生财政新说法　群众满意是标尺

好钢要用在刀刃上。财政的"刀刃"是什么？吕梁市给出的答案是"民生"。娃娃上学、老人看病、衣食住行……与老百姓关系最密切的这些琐琐碎碎，就是天大的事。

"新时期衡量财政工作好坏的主要标尺，就是民生政策是否落实，公共服务是否到位，困难群众的问题是否解决。"市财政局局长阎建科一语道破公共财政的秘诀和真谛。

立足当前实际,吕梁市相继提出了财政支出向"三农"倾斜、向社会事业倾斜、向困难群体倾斜的"三个倾斜"政策,力争做到"三农"投入、公共服务投入、社会事业投入与财政收入增长"三个同步"。2011年以来,市本级预算中,农林水气等事业费增长151.91%,教育、科学、文化、体育等公共事业支出增长27.59%,医疗卫生和社会保障支出增长22.16%,经济建设及城市基础设施建设类支出增长61.85%,均高于一般预算支出增长速度。

民生财政加减法 鼓起群众"钱袋子"

为了把事关广大农民群众的民生实事办好,吕梁市大力度铺开了设施蔬菜、千井富民、经济林建设、扶贫移民搬迁等农业四大工程,同时积极组织实施民生财政的"加减法":一方面有针对性地全面减少"三公"经费预算;另一方面,加大支农、惠农的投入力度,把更多财力投入向农业倾斜。

2012年10月31日,已是秋深露重,孝义市大孝堡乡东盘粮村省级设施农业示范区里,工人们正忙着给整齐排列的蔬菜大棚挨个安装换季毛毡。蔬菜种植专业合作社副理事长霍孝告诉记者,村里规划建成了占地1000亩的寿光第六代改进型日光节能温室300栋,年产无公害蔬菜600万公斤,年可实现产值1500余万元。在孝义,3000余万元的财政投入效果显现,一个1000亩、两个500亩、三个100亩的集中连片设施蔬菜示范园区已全部建成,累计建成蔬菜大棚4000多个。

而在数百里之外的临县安业乡东胜村,一眼投资60多万、500余米的深井已全部竣工,2012年11月底正式投入使用后,将解决周边2000多口人的饮水问题和500多栋蔬菜大棚的浇灌问题。想着汩汩清泉马上就可以进入家门,76岁的村民刘老汉喜悦之情溢于言表,"这是政府做的一件大好事,乡亲们再也不用为饮水问题发愁了!"与刘老汉一样高兴的,还有临县其他 40 个村庄的群众。全县 2012 年新打的 40 眼深井在群众期盼的眼神中即将全部完工,3174 万元的投资完全由财政"买单",总计可发展灌溉面积 1.09 万亩,受益人口 3.25 万人。

驱车行进在一马平川的柳林县龙门垣村上,新栽植的数万亩核桃林杆粗苗壮、长势喜人。2012 年,柳林县专项安排 400 万元财政资金,对核桃林进行地膜覆盖,覆膜面积达到 2.7 万亩。不仅如此,他们还采取每亩财政补贴 1000 元的做法,大力度发展核桃、红枣等经济林,全年可累计新增核桃林种植面积 6 万亩,漫山遍野的红枣、核桃林真正成为群众增收致富的"摇钱树"。

出了地头,再进村头。紧挨吕梁新城区的方山县大武镇长申坪移民新村工地上热火朝天,占地近百亩的 19 栋 948 套单元房已拔地而起,建成后可解决周边 8 个村、2100 多人的移民安置。虽然每平方米造价达到 1300 元,但有了每人 4200 元的移民搬迁补贴,群众基本不用花钱就可以住进新楼房。大武镇干部李云厚告诉记者,"由于地处偏僻,这 8 个移民村以前光棍特别多,现在外面的姑娘抢着要嫁进来,可把村里的年轻后生们乐坏了……"

农业工程关系民生,财政普洒阳光雨露。截至 10 月底,全市已累计投入农业四大工程建设资金 4.92 亿元,其中市级财政已拨付 2.51 亿元。

民生财政好做法　大小实事全覆盖

下午 5 点多到晚上,是岚县北关村村民的"文化时间"。孩子做游戏,老人聊天,中青年妇女则跳起广场舞。

"以前农闲没去处,现在农闲大家聚一处,和和乐乐像是一家人。"一位村民说。北关村的变化不仅仅是这些。按照省委、省政府实施农村新"五个全覆盖"工程的安排部署,一年多来,以农村街巷硬化全覆盖、农村便民连锁商店全覆盖、农村文化体育场所全覆盖、中等职业教育免费全覆盖、新型农村社会养老保险全覆盖为主要内容的民生大戏在包括北关村在内的整个吕梁高潮迭起,"五个全覆盖"成为农村居民幸福生活的新起点。

在此基础上,市政府又推出了"方便农民五件实事"的"民生大餐"。在中阳县金罗镇高家沟村,记者看到一所窗明几净、布置温馨的幼儿园,十来个孩子正在校园里玩滑梯,幸福洋溢在一张张小脸上。村民胡二鬼说:"这是今年村里改造后的幼儿园,条件不比城里的差多少,我们打心眼里乐意把孩子送到这儿来。"他告诉记者,村里还新建了便民理发店、红白理事厅和碾米磨面房,安装了路灯。"生活方便多了。"

一个个民生保障制度陆续出台,一项项民生工程有序推进,一笔笔"真金白银"大力度投入……吕梁市紧紧围绕人民群众的切身利益,让城乡百姓品味到一道道"民生盛宴",拥有了一个更阳光的未来。

（原载 2012 年 11 月 24 日《中国财经报》）

山西财政五支持推动"三农"工作

吴 贤

2014年,山西省财政厅将继续采取有力措施,进一步支持推动"三农"工作。

支持稳定发展粮食生产,加大强农惠农富农政策支持力度,增强农业综合生产能力,确保粮食安全和重要农产品有效供给。

支持大力发展特色现代农业,加快推进现代农业示范区和雁门关生态畜牧经济区建设,深入实施"一村一品,一县一业"和七大产业振兴翻番工程。

支持深入实施百企千村产业扶贫开发工程,加大农企对接力度,加快项目落地和资金落实,带动贫困地区实施区域化、规模化产业扶贫开发。

支持着力改善农村人居环境,大力支持实施以农村基础设施和公共服务为重点的完善提质工程,支持以采煤沉陷区治理、异地搬迁、危房改造为重点的农民安居工程,以垃圾污水治理为重点的环境整治工程,以美丽乡村建设为重点的宜居示范工程,加大中心村建设力度。

支持扎实办好"五件实事",一是2014年再改造农村困难家庭危房 15 万户;二是改造农村幼儿园 300 所;三是易地搬迁农村贫困人口 10 万人;四是深入推进乡村清洁工程;五是今年再培训 10 万名新型职业农民。

（原载 2014 年 2 月 25 日《中国财经报》）

山西调整今年新农合医疗统筹补偿方案

吴　贤

近日,山西省财政厅会同省卫生厅下发了《关于调整2013年新型农村合作医疗统筹补偿方案的通知》(晋卫农〔2013〕6号),从2013年起,山西省新型农村合作医疗财政补助标准由每人每年240元提高到280元,参合农民个人缴费由每人每年50元提高到60元,筹资标准达到人均340元。

同时,还将进一步优化统筹补偿方案,调整提高参合人员的报销补偿水平:住院报销最高支付限额不低于15万元,政策范围内住院报销比例提高到75%;提高门诊报销水平;扩大重大疾病医疗保障范围,达到20种大病;全面开展住院费用支付方式改革;开展城乡居民大病保险试点。

（原载2013年4月20日《中国财经报》）

山西加强一事一议财政奖补资金监管

吴　贤

　　山西省财政厅日前出台了《山西省村级公益事业建设一事一议财政奖补资金管理办法》,要求一事一议财政奖补资金要按照民办公助、适当奖补,分清责任、明确范围,严格管理、专款专用,直接受益、注重实效的基本原则使用和管理。

　　办法规定,一事一议财政奖补资金使用实行分级管理。省级财政部门负责制定全省一事一议财政奖补管理政策,分配、下达中央和省级财政奖补资金,组织对市、县财政部门管理和使用财政奖补资金的目标考核、绩效评价和监督检查。市级财政部门负责分配本级财政安排的奖补资金,下达上级财政安排的奖补资金,组织实施对所属县(市、区)财政部门管理和使用财政奖补资金的目标考核和监督检查。县级财政部门依据中央、省级财政部门的规定,管理、使用上级财政部门下达的以及本级财政安排的一事一议财政奖补资金。

　　《办法》同时要求:一事一议财政奖补资金在县级实行项目制管理,资金必须分解落实到每一个具体项目。资金的支付实行县、乡报账制,县级财政部门要设立专账,确保专款专用,各级财政部门可将一事一议财政奖补资金和其他财政专项支农资金捆绑使用,放大强农惠农政策效用。项目要实行公示制,全面公开一事一议财政奖补的政策标准、实施办法、办事程序和服务承诺,接受村民代表的全程监督。省级财政每年将选择部分地区或项目,对一事一议财政奖补资金使用效用进行绩效评价。

（原载 2013 年 5 月 18 日《中国财经报》）

山西统一城乡居民基本养老保险制度

王　玲

2014 年 7 月 1 日起,山西在实现新型农村养老保险和城镇居民社会养老保险全覆盖的基础上,将新农保和城居保两项制度合并实施,建立全省统一的城乡居民养老制度。

据了解,山西全省年满 16 周岁(不含在校学生),非国家机关和事业单位工作人员及不属于职工基本养老保险制度覆盖范围的城乡居民,即可在户籍地参加城乡居民养老保险。

城乡居民养老保险基金由个人缴费、集体补贴、政府补贴三部分构成:其中,个人缴费设每年 100 元、200 元、300 元、500 元、600 元、700 元、800 元、900 元、1000 元、1500 元、2000 元 11 个档次,参保人自主选择缴费档次,多缴多得。有条件的村集体经济组织应当对参保人缴费给予补助,补助标准由村民委员会召开村民会议民主确定;鼓励有条件的社区将集体补助纳入社区公益事业资金筹资范围;鼓励其他经济社会组织、公益慈善组织、个人为参保人提供资助。政府补贴分为基础养老金补贴(出口补)和缴费补贴(入口补)两部分。基础养老金是指政府对符合领取城乡居民养老保险待遇条件的参保人全额支付基础养老金。缴费补贴由政府对参保人给予缴费补贴,最低标准为:缴 100 元补 30 元、缴 200 元补 35 元、缴 300 元补 40 元、缴 400 元补 50 元、缴 500 元至 600 元补 60 元、缴 700 元至 900 元补 70 元、缴 1000 元至 2000 元补 80 元。

参加城乡居民养老保险的个人,年满 60 周岁、累计缴费满 15 年,且未领取国家规定的基本养老保险待遇的,可以按月领取城乡养老保险待遇。县级社会保险经办机构为每个参保人员建立终身记录的养老保险个人账户,个人缴费、地方政府对参保人缴费补贴、集体补助及其他经济组织、公益慈善组织、个人对参保人的缴费资助,全部记入个人账户。

城乡居民养老保险待遇由基础养老金和个人账户养老金组成,终身支付。全省基础养老金个人账户养老金最低标准每人每月 65 元;个人账户养老金的月计发标准目前为个人账户全部储存额除以 139(与现行职工基本养老保险个人账户养老金计发系数相同)。参保人死亡,个人账户余额可以依法继承。

(原载 2014 年 7 月 19 日《中国财经报》)

山西加强优抚对象医疗补助管理

吴 贤

近日,山西省财政厅、民政厅、人力资源和社会保障厅联合出台《山西省优抚对象医疗补助资金使用管理办法》,以规范优抚对象医疗补助资金使用管理,提高资金使用效益,切实保障优抚对象医疗待遇的落实。

《办法》明确其医疗补助资金来源包括:各级财政预算安排的医疗补助资金,各地通过福利彩票公益金、吸收社会捐赠等多种渠道筹集的医疗补助资金。中央财政和省级财政根据各地优抚对象人数、财力状况和工作绩效等因素安置优抚对象医疗补助资金。医疗补助资金主要用于:一是缴费补助。对一至六级残疾军人参加城镇职工基本医疗保险的缴费给予补助。二是医疗费用补助。对一至六级残疾军人在规定范围内的、起付标准以下、最高支付限额以上,以及个人共付的医疗费用给予适当补助;对参加城镇职工基本医疗保险、城镇居民基本医疗保险、新型农村合作医疗等城乡基本医疗保障制度,按规定报销医疗费后个人自付医疗费较重的优抚对象给予适当补助;对未参加城镇职工基本医疗保险、城镇居民基本医疗保险、新型农村合作医疗等城乡基本医疗保障制度,个人医疗费用负担较重的优抚对象给予补助;对所在单位无力支付或者无工作单位的七至十级残疾军人旧伤复发的医疗费用给予补助。

（原载 2014 年 01 月 14 日《中国财经报》）

山西省四项补贴力促扩大就业

吴　贤

　　为缓解就业压力，山西省有关部门在积极拨付补助资金的同时，出台了一系列扩大就业的政策，力助扩大就业。

　　职业介绍补贴。职业中介机构按经其就业服务后实际就业的登记失业人员人数向当地人力资源社会保障部门申请职业介绍补贴，按向境外、省外输出劳务且签订一年以上劳动合同人数向当地人力资源社会保障部门申请劳务输出补助。对职业中介机构免费为登记失业人员和进城求职的农村劳动者提供职业介绍服务成功就业且签订半年以上劳动合同的，每人给予不超过300元的职业介绍补贴；对向省外介绍成功的，每人给予不超过800元的劳务输出补贴；对向境外介绍成功的，每人按合同工资总额的3%给予劳务输出补贴。

　　职业技能鉴定补贴。就业困难人员、进城务工的农村劳动者通过初次技能鉴定（限国家规定实行就业准入制度的指定工种）和单项职业能力考核，取得职业资格证书或单项能力证书的，由本人直接或委托职业技能鉴定机构代向职业技能鉴定所在地的人力资源社会保障部门申请一次性职业技能鉴定补贴。对参加单项职业能力考核鉴定的，按每人不超过100元的标准给予补贴。

公益性岗位补贴。对在公益性岗位安排就业困难人员就业的单位,招用原属国有企业大龄就业困难人员并签订两年以上期限劳动合同的企业(单位),以及街道社区开发公益性岗位和个人带头开发岗位安置大龄就业困难人员的,各地可根据实际安排就业困难人员人数给予一定额度的岗位补贴。公益性岗位补贴标准不得低于当地城市居民最低生活保障标准。

社会保险补贴。对各类企业(单位)招用就业困难人员以及在公益性岗位安排就业困难人员,与其签订劳动合同并缴纳社会保险费的,按企业(单位)为就业困难人员实际缴纳的基本养老保险费、基本医疗保险费和失业保险费给予补贴。对就业困难人员实现灵活就业后申报就业并以个人身份缴纳社会保险费的,给予一定数额的社会保险补贴。其中,对"40、50"以上人员,给予实际缴纳社会保险费总额(包括基本养老保险费、基本医疗保险费和失业保险费)2/3 的补贴,其他人员给予1/3 的补贴。

(原载 2013 年 6 月 27 日《中国财经报》)

典型模范篇

山西全面落实机关党建工作责任制

郭　中　杨卫周

近年来,山西省财政厅机关党委紧紧围绕"服务中心、建设队伍"两大任务,坚持从落实机关党建工作责任制入手,通过"健全三项制度、坚持三个突出、搞好三个注重",形成了一级抓一级、层层抓落实的党建工作责任体系,为圆满完成财政中心工作提供了坚强的政治保证。

健全三项制度,确保从严治党主体责任落到实处。山西省财政厅机关党委落实机关党建工作责任制首先明确目标和任务并责任到人,通过不断建立和完善"机关党建工作目标责任制、党员领导干部联系点制度、机关党委工作例会制度"等横向到边、纵向到底的主体责任体系,牢牢抓住落实从严治党主体责任这个"牛鼻子",真正把主体责任扛在肩上,全面落实。一是建立完善机关党建工作目标责任制。每年年初,厅领导班子都要召开专题会议,听取机关上年度党建工作情况汇报,认真总结经验与不足,研究本年度工作要点;坚持把机关党建工作纳入全厅工作的整体规划,统筹考虑,同计划、同部署、同考核,坚持支部书记与行政领导一岗双责,切实做到业务工作做到哪里,党的建设工作就跟进到哪里。二是建立厅机关党员领导干部联系点制度,从

2013 年开始,厅领导班子成员结合各自职责分工,在全厅处室单位中分别选择一个组织力量相对薄弱、工作难度较大的支部建立起党建工作联系点;厅机关党委委员也分别在基层组织中确立一个联系党支部,重点指导联系点支部的党建工作,特别是支部班子建设。三是厅机关党委制定了"机关党委例会制度",每季度至少召开 1 次例会,研究党建工作、解决突出问题、指导各基层党组织有效开展工作。

坚持三个突出,确保党建工作责任制落实。从 2012 年底开始,山西省财政厅机关党委把"联述联评联考"制度作为落实党建工作责任制的重要抓手,坚持"联述突出责任落实,联评突出群众满意,联考突出结果运用"的原则,建立了"三级联述联评联考"机制,即:厅机关党委书记除对上向省直工委述党建外,对内向全厅党员代表大会述党建;基层党支部书记向厅机关党委述党建;基层党支部书记向支部党员大会述党建。一是联述突出责任落实。每年年底,各层次党组织都召开专门会议,听取各党组织书记就本年度抓基层党建工作情况,履行"第一责任人"的职责情况等,进行专项述职汇报。二是联评突出群众满意。建立述职评议机制,厅机关党委书记述职时,强调评议党员代表的现场测评,评议结果交由省直工委备查;基层支部书记向厅机关党委述职采取书面述职和当面述职两种方式;当面述职时按照基层支部书记逐个口头述职,厅机关党委书记点评,参会人员测评方式进行,述职一个、点评一个、测评一个。三是联考突出结果运用。建立考评与奖惩机制,一方面,将综合评定成绩作为考核党建工作目标责任制完成情况的依据;另一方面,对考评成绩突出的单位和个人也作为评选为先进党支部和优秀党务工作者的依据,同时,考评结果也由相关部门作为领导班子和领导干部个人绩效考核、先进评比、提拔任用的重要依据。

搞好三个注重,增强党建工作责任制实效。山西省财政厅机关党委通过发挥典型的示范作用,问题的导向作用,舆论的引领作用,切实将从严治党落到实处。注重发挥典型示范作用,厅各基层党组织结合各自优势和特长,积极实践、重点突破,涌现出了一些先进典型;注重发挥问题导向作用,2014 年以来,山西省财政厅机关党委深入全省 11 个地市和厅属各基层党总部,及时听取基层和一线财政干部对党建工作的建议意见,归纳梳理出群众反映较为突出的问题,并深刻分析产生原因,科学制定整改措施;注重发挥舆论引领作用。依托厅内部网站开设党建专栏等广泛宣传全省财政系统涌现出来的先进基层党组织、优秀共产党员等各类先进事迹,积极推广、介绍机关和基层党建工作好的经验和做法。山西省财政厅机关党委连续多年被省直工委评为"先进基层党组织",厅机关精神文明建设硕果累累,2015 年 2 月厅机关又被授予"全国精神文明单位"荣誉称号。

（原载 2015 年 12 月 1 日《中国财经报》）

聚焦民生找问题 立查立改解民忧

——山西省财政厅努力取得群众满意的 党的群众路线教育实践活动成效

郭 中 马文刚

既算好财政收支账,又算好百姓民生账。山西财政在党的群众路线教育实践活动中,以勤俭节约、服务群众为切入点,下大力压缩"三公"经费,严控一般性支出,把节约的财力用于抗灾救灾、改善民生、促进发展上,努力取得群众满意的教育实践活动成效。

面向群众 真诚听民意

为真正听到来自基层群众、服务对象的真知灼见,从 2013 年 7 月 8 日开始,财政厅领导带队集中调研,坚持"只听问题不听成绩,直面问题正面回答"的原则,走访了 8 个市 10 个县的财政部门、12 个省直部门(单位)、6 个民主党派机关、6 家企业和 2 个村,在近千名干部群众中召开座谈会 30 余次,发放并收回调查问卷 1000 余份,征集到意见、建议 112 条。厅党组还邀请了 16 名省人大代表、省政协委员到厅机关面对面提意见,在厅内通过问卷调查、个别谈话、座谈等形式听取了干部职工、离退休老同志的意见建议,及时收集了省委、省政府、省委督导组转办或反馈的意见建议。一些部门预算处室、窗口单位也充分利用座谈、问卷、电子邮箱等简便、通畅、实用的互动平台广泛在服务对象、基层干部群众中征集意见建议。针对已经征集到的210余条意见建议，厅领导重点就"严格控制一般性支出，规范和压缩'三公'经费"等9个方面问题再次分别进行深度调研，进一步了解了存在问题的现状，查清了产生问题的根源，提出许多切实可行的整改建议。厅党组征求意见行动早、步子实，广开渠道、虚己以听等密切联系群众的做法，得到了不少人大代表、政协委员和基层干部群众的好评。

关注群众　真切辨民需

民生问题是财政始终重点关注的问题。为此，厅党组先后两次召开专题会议，对各方面的意见建议逐一进行梳理、分析和研究。针对省人大代表提出的"要把有限的资金花在群众最需要的地方，进一步解决基层难点、热点问题"等意见建议，厅党组分析认为，财政在解决基层难点问题上做得还不够，究其根源是存在形式主义、官僚主义思想，集中体现在调查研究不够深入、掌握群众所想所需不够清晰，习惯于按部就班做工作、创新意识不强、不能很好地根据经济社会发展和基层实际状况及时调整工作计划等方面。厅党组在研究意见建议的基础上，举一反三，透过每一条原汁原味的意见建议，深入分析哪些是群众亟盼解决的问题，深入查找背后反映的"四风"问题，深刻反思是否做到了"为民理财"，认认真真"照镜子"，实实在在"查病根"，切实将解决民生问题作为省财政厅整治"四风"，改进工作的突破口和落脚点，努力使公共财政真正惠及民生。

心系群众　真情解民忧

坚持将整改贯穿教育实践活动的始终，努力取得群众满意的成效,是省财政厅教育实践活动的根本要求。厅党组紧扣民生问题,以反对"四风"为抓手,迅速落实立查立改的各项举措,重点在腾财力、办实事、解民忧上下功夫。

进一步规范和压缩"三公"经费,严格控制一般性支出。省财政在2013年年初压减会议费1000多万元的基础上,对100多个省级预算部门2013年所有公共预算安排进行了反复审核,按照10%的比例,对其中近1200个项目的一般性支出进行了压缩,共压减预算支出3亿多元,集中用于解决救灾、小型水库建设等民生问题。

进一步加大对社会弱势群体的关注力度,集中解决群众最盼、最急、最难的问题。省财政针对2013年部分地区遭受强降雨灾害、部分群众住房倒塌毁损严重等急难问题,主动协调住建和民政部门,深入了解群众受灾情况,将农村受灾户优先列入2013年和2014年农村危房改造计划、抗震加固改建试点计划,对农村受灾住户给予每户不低于1万元的补助,筹措资金1亿多元,优先解决这部分群众的生活困难问题。

集中清理调整过时的制度规定。2013年以来,省财政根据经济发展状况和社情民情反映,在深入调研、科学分析的基础上,重点对涉及老百姓养老、医疗、最低生活保障等方面的补助标准及时进行了调整,包括:城乡居民养老保险基础养老金每人每月增加10元、企业退休人员养老金标准每人每月增加195元、城乡居民医疗保险财政补助标准每人每年增加40元,城、乡居民最低生活保障标准每人每月分别增加30元和24元、基本公共卫生服务项目财政补助标准人均增加5元,努力做到经济社会发展成果共享,公共财政阳光普照。

(原载2013年10月12日《中国财经报》)

山西从源头上斩断不良作风的"资金链"

王 玲

近日,山西省财政厅、审计厅联合印发《全省深入开展贯彻执行中央八项规定严肃财经纪律和"小金库"专项治理工作实施方案》,在全省开展贯彻执行中央八项规定严肃财经纪律和"小金库"专项治理,坚决纠正和查处各种财经违法违纪行为,推进厉行节约反对浪费,从源头上斩断不良作风的"资金链"。

此次专项治理范围包括纳入预算管理或有财政拨款的部门和单位,重点是各级党政机关、事业单位和社会团体。专项治理内容主要是2013年以来违反中央"八项规定"和省委"四个实施办法"财经纪律以及设立"小金库"的有关问题,数额较大和情节严重的,可追溯到以前年度。重点包括预算收入管理情况、预算支出管理情况、政府采购管理情况、资产管理情况、财务会计管理情况、财政票据管理情况、设立"小金库"情况。

此次专项治理工作实行省与市、县(区)分级负责、各有关职能部门和行业主管部门分口把关的工作机制。专项治理工作围绕预算、资产、财务、政府采购、会计工作的关键节点和薄弱环节,结合各市和省直党政机关各部门单位及各人民团体的实际情况,有的放矢,突出重点,并与财政、审计日常监管工作相结合,形成整体合力,坚持依法依规办事,坚决查处和纠正各类违法违规行为。

此次专项治理分三个阶段:一是从文件印发之日起至8月25日为自查自纠阶段,要求自查面必须达到100%。二是从8月26日至9月底为重点检查阶段,要求重点检查面不得低于纳入治理范围单位总数的5%,重点领域、重点部门和重点单位检查面不得低于20%;同时,对查出违反财经纪律的行为要按照统一处理政策,坚持查审分离、重大问题集中会审的原则进行审理。三是从9月底至10月中旬为整改完善阶段,各市和省直党政机关各部门单位及各人民团体要针对专项治理工作发现的问题,制定整改措施并切实抓好落实,做到资金资产处理到位、违规违纪责任人员处理到位。

(原载2014年8月26日《中国财经报》)

当好"煤炭新政"守护者

——山西省财政厅煤炭基金稽查局工作纪实

郭 中

　　有人说,五千年文明看山西。当您徜徉在三晋大地,品味唐风晋韵、惊叹晋商辉煌之余会发现:这里的空气又好了点儿,绿色又多了点儿,楼房又高了点儿,百姓又乐了点儿……这正是国务院批准山西开展煤炭工业可持续发展政策措施试点以来,发生的一系列变化的缩影。

　　作为试点政策措施的重要内容之一,煤炭可持续发展基金管理工作不断强化,特别是基金稽查工作的大力度推进,为试点工作的顺利开展发挥了重要作用。山西省财政厅煤炭基金稽查局成立不到一年时间,稽查出欠缴漏缴煤炭可持续发展基金 17.11 亿元,应提未提矿山环境恢复治理保证金和煤矿转产发展资金 11.46 亿元,三项合计28.57 亿元,以扎实而富有成效的工作,向社会呈上了一份漂亮的成绩单。

"煤炭新政"破解发展难题

　　山西是全国能源资源大省。长期以来,山西煤炭年生产量约占全国的 1/3,年调出量占全国省际煤炭净调出量的 3/4,年出口量占全国的 1/2;供应全国 28 个省(市、区),支撑着 4000 多个大中型企业用煤。山西还是全国向省外输电量最多的省份。但是,在为全国经济社会发展做出巨大贡献的同时,煤炭也给山西带来了环境污染、资源枯竭、民生困难、发展缓慢等一系列难题。

山西的窘境引起党中央、国务院高度重视。为从根本上解决采煤带来的生态环境和经济社会发展等方面问题,2006 年 4 月,国务院正式批复在山西省开展煤炭工业可持续发展政策措施试点。这一"煤炭新政"的重要保障措施之一,就是在山西省开征煤炭可持续发展基金、提取矿山环境恢复与治理保证金和煤矿转产发展资金(以下简称"三金")。

根据国务院、财政部和山西省政府有关要求,山西省财政厅煤炭基金稽查局于 2009 年 2 月正式组建完成。在煤炭可持续发展基金管、征、查"三位一体"管理体制下,该局成为保证全省煤炭工业可持续发展政策措施试点得以顺利实施的重要一环。

山西省财政厅煤炭基金稽查局局长黄庙向记者介绍,该局的主要职责是根据有关法律、法规、规章的规定和山西省财政厅的授权,负责对煤炭基金或资金的征收、缴纳(提取)、入库(专户)等工作进行稽查,确保基金或资金的应收尽收、合理提取;负责对煤炭基金或资金的安排、使用进行稽查,促进基金或资金使用效益的提高。

据了解,山西省从 2007 年 3 月开始征收煤炭可持续发展基金到 2009 年末,全省共征收 430.2 亿元。"在合理测算煤炭基金收入预算的基础上,按照省政府批准的项目计划科学安排使用,确保了基金的使用符合省政府规定的生态恢复和环境治理、支持资源型城市转型和重点接替产业发展、解决因采煤引起的社会问题等三大投向,资金的社会和经济效应正逐步显现。"山西省财政厅煤炭基金管理处处长贾富元告诉记者。

练就一双"火眼金睛"

据说,山西煤炭的"水"很深。一起涉煤案件往往牵出一大串腐败干部。事实上,山西省财政厅煤炭基金稽查局成立伊始就面临着巨大压力。

煤炭基金稽查的对象既包括煤炭生产企业和个人,也包括煤炭经销企业、用煤单位和个人;既包括煤炭基金代征代扣部门,也包括安排使用煤炭基金的单位和个人,情况复杂。因此,"必须打造一支过硬的工作团队,每个稽查人员必须练就一双火眼金睛。"黄庙说。

2009年,省财政厅煤炭基金稽查局严格按照有关规定依法稽查,确保稽查过程的依法、有序和稽查结果的客观、公正,确保基金的应收尽收和规范使用。代山西省政府起草的《山西省煤炭基金稽查办法》即将出台;制定了《煤炭基金稽查工作程序》,对稽查工作进行了全程规范,建立并实行了统一的稽查工作底稿制度和稽查经费自理制度;开展了"权力搜索、监督定位、规范流程"工作,形成了《山西省财政厅煤炭基金稽查局工作运行规程》,进一步明确了工作职责,进一步规范了稽查程序和权力运行监督制约机制,保障了稽查工作的正常开展。

同时,他们注重创新和科技稽查。省财政厅煤炭基金稽查局积极探索、强力推进以稽查数据库为核心的稽查网络建设,初步建立了《山西省财政厅煤炭基金稽查局稽查管理系统》,并在稽查过程中完成了相关数据的采集和数据库建设。

记者从山西省财政厅煤炭基金稽查局了解到,从2009年4月下旬开始,该局6个稽查处用7个多月的时间,分别深入大同、吕梁、朔州、晋城、运城、晋中等11个市,对125个县(市、区)(含高新技术开发区等)的1052个涉煤企业进行了稽查。结果被稽查的涉煤企业2007

年3月至2008年12月已查证并确认的欠缴漏缴煤炭可持续发展基金达17.11亿元,应提未提矿山环境恢复治理保证金和煤矿转产发展资金11.46亿元,三项合计28.57亿元。

数据显示,这次稽查了全省重点涉煤企业1052户,其中:生产企业500户,经销及用煤企业552户,占到全省重点涉煤企业总数的30%左右,占到全省煤炭产量和煤炭经销和用煤量的60%左右。黄庙告诉记者,他们还对各市、县煤炭可持续发展基金留成部分,省直环保、林业等部门煤炭可持续发展基金使用情况进行了稽查,选取了6个重点支出项目进行了绩效评价。有力地保障了煤炭基金的足额提取和应收尽收,促进了煤炭基金收支效益的进一步提高。

对于下一步的稽查工作,黄庙局长满怀信心地说,今后要进一步加大稽查工作力度、绩效评价工作力度、稽查数据库建设力度和专题调研和政策研究力度,为"煤炭新政"当好守护者。

(原载2010年6月5日《中国财经报》)

给出资人加一道"安全锁"

——山西省省属地方金融类企业监事会
实施监管防范财政风险纪实

韩馨仪　郭　中

不久前,财政部印发《地方金融企业财务监督管理办法》,要求加强财政部门对地方金融企业的财务监督管理,规范其财务行为,以防金融风险转化为财政风险。

事实上,在山西省,由省财政厅成立并派出的全国首家地方金融类企业监事会(以下简称监事会),已经这样悄然运作了两年多的时间。监事会不但对入驻企业进行考核和监管,还担当起地方金融类企业财政出资人"补位"的角色。

企业:安全系数在增加

"没有监督的权力是十分危险的权力,而监事会的入驻提高了企业的安全系数。"山西省国信投资(集团)公司总经理张广慧开门见山地说道,金融企业是高风险行业,国际国内的金融风险事例不胜枚举,尤其是金融危机的爆发,更使金融企业充分意识到,只有平时工夫下得多,加强对企业的内控管理,才会减少突发事件的发生,或在遇到问题时平稳过关。这也是监事会深受入驻企业认可的重要原因。

该公司是监事会进驻的首批两家企业之一，是由省财政出资成立、山西省唯一的国有金融控股公司，业务涉及信托、证券、房地产、高档写字楼、高档酒店等行业，实力雄厚。

对于企业来说，一直以来，并不缺少来自各方的监督审查。但在张广慧看来，以往常规的监督检查更多地强调事后检查，问题被发现时，损失往往已无法避免。"良医治未病"，监事会就是采取入驻企业同步监督的方式，对一些重大项目或问题实施专项检查，并进行全程追踪，实时监控。这种监督方式对于摸着石头过河的企业来说，可以及时梳理出症结所在，避免更严重的后果出现。

监事会是否给企业造成一种"电子眼"的感觉？对于这一感觉，张广慧表示十分理解。他告诉记者，国信投资（集团）公司由山西省财政厅出资成立，而监事会是省财政厅的派出机构，对企业的业务和风险点十分了解，不但没有让企业有"多了个婆家"的感觉，反而架起了企业和主管单位之间沟通的桥梁。

张广慧还形象地以"东家和掌柜的身份"来形容监事会和企业之间的关系。尽管职责不同，但是他认为由主管单位派驻监督机构是一种很好的模式，因为监事会"最知道企业需要什么"，而且"东家"和"掌柜"是一条心，其监督和经营的目标都是一致的，即国有资产的保值增值。从这一角度来说，监事会的入驻十分必要，它会让企业在发展之路上不再缩手缩脚，而是大步前行。

监事会首批入驻的另一家企业是山西省中小企业信用担保公司。该公司董事长兼总经理曹晓尔告诉记者，监事会坚持参加每周的担保公司总经理办公会，听取公司工作计划和执行总结，全面了解公司经营状况和经营管理的重大决策，对公司经营情况进行定期检查，并提出建设性意见和建议，使公司经营活动一直行驶在安全的轨道上。

代偿项目事关担保公司风险防控大局。记者在采访中了解到,监事会对担保公司的代偿项目进行了专项检查,并且在此基础上推动了企业健全完善内控制度,促进担保公司出台了相应的管理办法,及时堵塞了潜在的风险漏洞。曹晓尔说,尽管遭遇了全球金融危机的严重影响,但公司代偿率不升反降,至2009年底,公司代偿金额1976万元,代偿率由0.66%降到了0.33%。

监事会:不是"监视会"

在对企业的采访中,记者发现,各负责人强调得最多的,是监事会对企业起到的作用不是"死卡",而是疏通。而这恰是监事会成立的初衷:防范风险、规范管理。

"我们的宗旨是:监督你,决不干预你。"监事会监事王上福如是告诉记者,监事会成立于2007年,于当年的12月12日正式进驻企业。区别于一般监督机构,监事会以行使出资人职能为主,更侧重股权监督,在工作方式上体现为日常监管、集中检查和专项检查三个方面,涵盖事前、事中、事后的监管过程。监事会和派驻企业虽然是监督与被监督的关系,但在确保国有资产保值增值、维护国有资产所有者权益以及促进企业发展壮大的根本目标上却是一致的。

王上福介绍说,监事会在入驻企业后,从了解企业财务、经营、管理等情况入手,通过参加会议、检查账务、询问等方式,跟踪企业重大决策和重要经营管理活动情况,了解企业的战略规划、重大投融资、产权转(受)让、重大并购、利润分配等重大事项,对企业重大决策及其程序的合法性、合规性进行检查。

同时,监事会针对企业资本运作和经营过程中存在的问题,开展专项检查和重点调研,从企业的获利能力、资产运营能力、偿债能力和国有资产保值增值等方面对企业做出评价,提出相关建议。对在检查中发现企业存在可能危及国有资产安全的经营行为、重大风险等，及时写出专项报告，提出整改建议，并向财政厅党组汇报后上报省政府，使出资人在第一时间获取所需第一手信息，以提高监督的时效性和灵敏性。

"监事会有自己的专家库。"王上福说，监事会借助社会力量，聘请了40多名业务过硬的专家，专业涉及金融行业的方方面面，通过借助专业力量，推动监事会工作开展。

监督就是保护。王上福介绍说，通过日常检查和每年的集中检查与专项检查，监事会从过程上降低了企业的风险发生率，同时促进了企业基础管理工作的加强。通过对企业重大决策进行参与和发表意见，对企业风险防范起到了良好的促进作用。不仅如此，监事会还为企业之间搭起了合作的桥梁。王上福告诉记者，通过监事会的努力，给国信投资（集团）公司和中小企业信用担保公司牵起了红线，扩大了担保公司的担保范围，并激活了信托公司的业务，实现了双赢甚至多赢的局面。更重要的是，通过监事会的协调和帮助，企业和地方财政部门建立了一个有效、畅通的沟通渠道。企业不但能及时了解国家政策及工作重点，还能得到政府部门的重视。

财政：行使出资人职能

作为我国金融体系的重要组成部分，地方金融企业在区域经济发展中的作用越来越大。但在其快速发展的同时，始终有一个悬而未决的问题：缺少出资人的有效监督约束。

一个小的金融风险可能带来大的财政风险。近几年地方金融风险的频频发生，最后的买单者都是地方财政。

与生产经营类企业属国资委监管不同的是，金融类企业国有资产的监管工作，由财政部门负责。经国务院批准，2005年，财政部成立了国有金融类企业监事会,并向四大国有商业银行派驻了监事。财政部曾发文明确要求,地方财政部门要肩负起管理监督地方国有金融类企业的职责,成立专门的监事会,行使出资人职能,弥补监管缺位。山西省省属地方金融类企业监事会因此应运而生,这也是全国首家成立的地方金融类企业监事机构。

监事会监事李旭华告诉记者,长期以来,地方金融监管职责落实不明确,处于"有人管、又无人管"的局面,而监事会的成立,侧重于股权监督,是出资人和管理者角色的明晰,实施全程、集中、专项监督相结合,建立了比较严谨的体系和模式。

作为派出机构,监事会与财政厅地方金融处的最大业务区别是,财政厅负责制定基础管理制度,监事会则在此基础上对企业进行行为上的规范,代表省政府对省属地方金融类企业的国有资产保值增值状况实施监督,并且与所驻企业的董事会、经理层共同组成了完整的相互监督、相互制衡、协调运转的现代企业法人治理结构,从而在机制和体制上完善了地方金融类企业的管理制度。

(原载 2010 年 7 月 10 日《中国财经报》)

"八连冠"这样告诉你

——山西省侯马市践行"财政精神"纪实

解希民　郭　中

当我们的奉献、敬业、忠诚变成一种荣耀、一种信任的时候,我真正体会到了财政工作带给我的快乐。——采访手记

这简直是个奇迹!在一年一度的政风行风评议中,侯马市财政局连续 8 年稳坐"头把交椅"。"八连冠"的背后意味着什么?

在侯马市主管政风行风建设的纪委副书记刘周红看来,侯马财政可以用这样几个词汇来概括:责任,担当,精细,奉献,传承。这也许从某种程度上代表了侯马百姓心目中的财政。

责任是一种使命

责任是什么?从本质上说,责任是一种与生俱来的使命,是对自己所负使命的忠诚和信守。

李文功——侯马市财政局的一名门卫。每天早晨 5 点起床开启一天的工作:打扫卫生,清理厕所,收发报纸,来访登记……也许在外人看来,门卫是一个非常普通,甚至不屑一顾的岗位,但在老李看来,"没有没出息的岗位,只有没出息的人",门卫工作同样是神圣的。老

李说,看好大门就是看好自己的家,把守好财政局的大门就是他的责任之所在。

门卫的背后,是一个极具责任意识的团队。李文功告诉记者,每当看到财政干部们尽职尽责加班到深夜,他就被他们的敬业精神深深感动。"自己这点付出算得了什么,比起楼上的财政干部来说差远了。"老李指着办公楼说道。

说起侯马财政,不得不提起一个人;而谈及"责任"二字,更不得不想到这个人——他就是"全国财政系统先进个人"、侯马市原财政局局长郭天红。对于这位老局长而言,强烈的责任心一直是他的动力之源。几年前,由于过度劳累,郭天红心绞痛的发作越来越频繁,好几次都被救护车直接送到了医院。后来,在医生的再三督促下,他才悄悄去北京做了心脏手术。术后第二天,当他得知上级领导要来侯马考察项目时,便强烈要求出院。主治大夫只是说了一句,"你简直在开玩笑!"便不再理他了。但他还是缠着主治大夫要出院。在他的再三要求下,大夫只得给他开了一大包应急药。就这样,术后第三天,郭天红便出现在了工作岗位上。郭天红说,这个项目事关侯马的发展大局,自己深感责任重大。

做大"蛋糕"是责任,分好"蛋糕"更是责任。"我们的责任就是让每一名孩子都有学上、上得起学,让每一个农民兄弟、下岗职工都看得起病,让每一个贫困户的脸上都绽放出笑容。"说这话的是59岁的社保科科长尹相忠。他给记者讲述了这样一件事情:张村乡褚村有个困难户,母亲80多岁,因病长年卧床不起,儿子也是长年多病,生活不能自理,母子二人靠邻居、亲戚的接济勉强度日。尹相忠得知后,第一时间将情况汇报给领导,局领导随即带队与民政部门人员一同走访了解情况,很快将其纳入五保户之列,每月发放社保金,解决了这对母子的生活之忧。

2012 年 39 岁的路东办事处新田路社区居民闫建国见到财政干部格外亲,他说,是党的好政策给了他第二次生命。闫建国患尿毒症已经快 8 年了,每年的透析费就接近 9 万元,巨额的医疗费用使一家三口的生活陷入困境。幸运的是,覆盖城乡的医疗救助、低保和城镇居民医疗保险制度雪中送炭,帮了他们家的大忙。掐指算来,加上取暖补贴、临时价格补贴等等,闫建国一家每年享受到的财政补贴总额达6.5 万元。

侯马是山西省最小的县级市,每年可用财力非常有限,即便如此,该市把改善民生放在更加突出位置,社会保障投入逐年提高。2011年,社会保障民生投入达到 2.37 亿元,比 2010 年增加 4017 万元。2012 年,侯马市将全市 60 岁以上老人全部纳入免费体检服务范围。

担当是态度　更是一种力量

侯马是山西省唯一一个农村人口与城市人口倒挂的县级市,城市人口与农村人口的比例为5.5：4.5。侯马现有耕地 15 万亩,农村人口 11 万,人均耕地 1.2 亩,仅有的耕地难以承载农村人口吃饭问题。面对工业化和城镇化推进的巨大需求,面对资源和环境的双重约束,历届市委、市政府为发展高效农业、增加农民收入做出了不懈的努力。

服从和服务于大局,侯马财政勇于担当,而且身体力行。"我们6000 平方米的集约化育苗中心已投入使用,第六代日光温室大棚建成了 16 栋。"2012 年 7 月 16 日,侯马市上阳现代农业示范园区总经理林霞向前来观摩的客人介绍。2012 年,侯马市总投资 4.2 亿多元的精品种植和规模养殖、龙头企业、农业基础设施、新农村整村搬迁 4 大类10 个农业项目相继上马,为农业产业化、农民增收和农村发展注入强大推动力。

发展高效农业,钱从哪里来? 侯马财政一方面整合资金,加大投入。2011 年投入 40 万元扶持百鑫养殖、远志种植等 18 家农民专业合作组织实施养殖服务体系建设、水地小麦栽培技术推广等;争取资金 77 万元,支持农业科技成果转化、农口企业挖潜改造等。另一方面,通过贷款贴息等方式,引导投入。2010 年拨付资金 112 万元,对全市 2010 年 1 月至 2011 年 4 月之间通过各类金融机构申请的蔬菜日光温室一年期专项贷款给予贴息。

说起担当,牛红琴坦言,涉及"三农"的每项工作总是时间紧、任务重、来得及、要得快。有一次,为了帮助侯马市农业龙头企业——长青果蔬冷藏有限公司申报产业化经营项目,农业科挑灯夜战,对上报的可行性报告认真审视,分析计算,请示汇报。跑临汾、上太原,抢时间、赶路程……经过艰辛的争取,108 万元财政资金得到了及时拨付,解了企业燃眉之急。企业老总感动地说:"财政人真是我们的贴心人啊!"

侯马财政积极利用国际金融机构贷款,大力促进特色现代农业建设。2011 年完成亚行贷款河川流域农业综合开发项目投资 1841 万元,其中,利用亚行贷款 698.43 万元,发展生猪养殖户 241 户、芦笋种植 80 户。

将细心进行到底

一个数字、一张报表、一个小数点、一个计量单位,都需要格外精细,每一个细节的成败都会影响资金的管理使用。

对于"精细"二字,当了多年国库支付核算局局长的彭新春体会最深了。他告诉记者,看似简单的核算工作,其实很复杂、很烦琐,如果任何一个环节出现差错,必将给财政带来损失。

彭新春所在的国库支付核算局共有 20 人,其中"女将"有 12 人。每年的 1 月份是他们最忙碌的日子,为了保证各单位的会计报表及时、准确地报送,大家的新年都是在工作岗位上度过的。将各单位的记账凭证一张一张地登记,一笔一笔地录入,对会计报表之间的钩稽关系认真地核对,发现错误,一遍一遍地查找,在审核无误后打印出表。每一个新年的开始,全市 6000 多人的工资全部发生变化,每个人的工资内容多达 20 项:姓名、单位、性别、代码、行业、身份证号码等等,有一项内容填错,都会给后续工作带来诸多麻烦。

说到精细,办公室主任张海清直言,办公室工作是全局各项工作正常开展的后勤保障,上传下达,文字材料,会议活动,宣传报道,安全保卫,左右协调……没有一件是小事,没有一件是可以应付的事,处处注重的是高标准,事事体现的是抓细节,任何一个环节出现问题,都会影响到全局工作的开展。

"精细"无处不在:开展"小金库"专项治理,查出票据不规范、大额现金支付、违规收费、固定资产未入账等 618.3 万元;推进公务用车治理,清理出 7 辆超编车辆并给予封存;开展专项检查,撤销、合并财政专户 16 个……

在侯马,资金到了哪里,财政监管就跟踪到哪里,资金如何使用,财政部门、使用单位共同精打细算,谁都不敢含糊。有个单位的一项工程预算资金,财政局一评审,一下挤掉水分 125 万元。2012 年上半年,该市公安派出所办公家具公开招标,12 万元的报价,政府采购中心一下子谈到 8 万元。

侯马充分发挥国库集中支付、政府统一采购、财政投资评审等职能作用,强化资金监管。2011 年,共审核原始凭证 16 万张,纠正和拒付不合理开支 30 笔 40 万元;完成政府采购金额 1139.8 万元,节约资金 240 万元,节约率 11%;完成行政事业性(基金)收费 5157.5 万元;评审工程项目 50 个,送审额 10967 万元,核减 1175 万元,核减率 10.7%。

承诺意味着奉献

　　承诺意味着奉献

　　承诺意味着敬业

　　承诺意味着忠诚……

　　当我们的奉献、敬业、忠诚变成一种荣耀、一种信任的时候

　　我真正体会到了财政工作带给我的快乐……

　　这是预算科科长樊洁萍在"我的承诺"全员百日大演讲中的一段演讲词。

　　2007年7月至11月,侯马市财政局以"我的承诺"为主题,举办了历时4个多月的全员大演讲。上至局领导,下至司机、门卫、厨师,人人上台演讲。通过讲述身边人、身边事,为自己树立了看得见、摸得着的榜样,使整个演讲过程变成了干部职工触动内心世界、接受心灵洗礼的过程。"安全、安全、再安全,就是我默默无闻的奉献,就是我无怨无悔的承诺。"这是一名司机做出的"我的承诺"。

　　承诺意味着奉献。行政事业科科长杨柳清楚地记得,有一年的年底,正是工作最为繁忙的时候,她的母亲由于意外摔成重伤,做了手术躺在床上不能活动。全家的生活顿时乱成一团,尚未周岁的孩子急需人照顾,自己的工作要报决算、安排预算。为了不影响工作,杨柳雇了两个保姆照顾母亲和孩子,自己没有请一天假,按时完成了当年的决算和第二年的预算工作。

　　全员百日大演讲的主题是"我的承诺",无论是领导班子的内心独白,还是中层干部的自我剖析;无论是党员干部的郑重誓言,还是普通职工的满怀豪情,都是对本职工作的满腔热忱和尽职尽责的陈述——这是我们财政工作者心灵的诉说。

传承一种文化 传递一种精神

在侯马市财政局采访,记者时时处处被一种文化氛围包围着:在局机关院内的醒目位置、上下楼梯处,悬挂着各式各样的文化版面——这就是侯马独具特色的财政文化。

局长梁明军介绍说,自 2004 年以来,侯马市财政局提出了"以人格的力量影响人,以严谨的作风带动人,以旺盛的斗志激发人,以扎实的工作说服人;以人品为人,以真诚待人,以宽厚处人,以正气赢人"的队伍建设理念和做人风格,并以此为核心,不断引深、丰富和完善。

在特色文化建设中,侯马市财政局提出了树立"五大情怀"、打造"五正气"机关、杜绝"三不作风"的理念。在干部职工中树立了"大胸襟、大度量、大公正、大智慧、大作为"的"五大情怀",要求班子成员对待工作要有激情,谋划工作要有思路,安排工作要有板眼,落实工作要有力度;要求中层干部多协作而不推诿,多支持而不旁观,多沟通而不设防,多理解而不埋怨;要求窗口单位工作人员热爱职守尽忠心,聚精会神能专心,一丝不苟比细心,殚精竭虑勤用心;要求全体干部职工要有宽广坦荡的胸怀、忍辱负重的气节、甘为人梯的精神、为人师表的风范,把时间花在学习上,精力用在事业上,心思放在工作上,智慧投在创新上,坚决杜绝"工作不扎实、服务质量不高、创新意识不强"的"三不"作风,进一步增强纯洁意识、主动意识、实干意识、创优意识,努力打造"讲团结的正气、讲敬业的正气、讲发展的正气、讲服务的正气、讲做人的正气"的"五正气"机关。目前,这一特色文化已成为侯马财政队伍建设的品牌标志。"传承的是一种文化,传递的却是一种精神。"梁明军说。

侯马市财政局推行"小善必录,大善必奖"举措,要求干部职工从小事做起,诚信做人、文明办事、优质服务。从机关到每个科室、中心

（局），都备有好人好事登记簿，引导大家"不因善小而不为，不因恶小而为之"。

（原载 2012 年 7 月 31 日《中国财经报》）

要花财政钱　先过评审关

——山西省创新财政投资评审纪实(上)

解希民　郭　中　韩　力　张　贝

在山西省财政厅投资评审中心,造价工程师郝瑞青成为一名不在编的"坐班族"。作为专家办工程组组长,她参与了许多重大工程项目的评审。山西省财政厅投资评审中心主任李交运深有感触地说:"通过聘请专家参与财政投资评审全过程,巧借'外脑',真正实现了'专业评审'。"

引入坐班专家评审工作机制,仅是山西省创新财政投资评审工作的一项新举措。

山西财政投资评审机构以创新的评审理念、工作机制和运作模式,筑起了财政投资项目支出管理的"防火墙",诠释了财政管理科学化、精细化、规范化的要义,被誉为政府投资的"先行官"。

据统计,山西省财政厅投资评审中心自 2000 年 10 月成立至 2012 年,共评审中央安排项目和本省项目 6406 个,审减资金 91.39 亿元。

"把不该花的钱'拿'回来"

在太原市秀美的汾河西畔,一座"如斗似鼎,四翼舒展"的建筑格外引人注目,这就是刚刚建成的山西省博物院主馆。整个建筑群如山似阙,跌宕起伏,雄浑大气,成为山西重要的标志性文化建筑,它也是新中国成立以来山西省投资规模最大的文化基础设施。

"财政投资评审在其中所发挥的作用功不可没!"山西省财政厅投资评审中心副主任李刚告诉记者,评审中心参与了该项目建设的全过程,评审人员深入现场,实地勘察,参与方案论证,全程跟踪项目实施进度和质量,各阶段均提出合理化建议,共节约资金103.81万元。

2012年11月,山西省评审中心组织有关专家,对省金保工程新型农村养老保险信息系统建设项目进行了评审。在评审中,本着"不唯增、不唯减、只唯实"的原则,采取外省调研、现场勘测、市场询价等方式,科学、高效地完成了评审任务。该项目安排评审总投资3874.6万元,审定2817.84万元,审减1056.76万元,审减率达27.27%。

像这样的评审案例,在山西不胜枚举。据统计,2012年,山西财政投资评审系统累计评审项目8043个,评审金额977亿元,审减资金135.16亿元。

"思路决定出路,理念指导实践。这几年山西财政投资评审工作之所以能取得一些成效,一个重要原因在于提出并践行了'先评审,后预算;先评审,后支付;先评审,后采购;先评审,后结算'的'四先四后'和'不唯减,不唯增,只唯实'的评审理念。"李交运向记者解释说,"评审是财政预算管理的延伸,是精细化科学化规范化管理的过程,通过评审把该减的减下来,该取消的取消,把不该花的钱'拿'回来。"

在实践中,山西坚持把"评"与"审"有机结合起来,在项目前期即介入,从源头上堵塞财政资金支出管理中存在的漏洞。2011年12月,山西省某单位有个预算2000万元的车库建设项目,评审人员"评"后,认为项目不符合国家政策规定,预算不可行,据此提出结论和意见并建议主管部门予以取消。

"该审减的审减,该取消的取消,不仅节减了巨额不合理、不合规的财政资金支出,也较好地保障了全省经济社会重点事业发展的有效供给。"李交运表示。

哪里有政府投资　哪里就有财政评审

"哪里有公共支出,哪里有政府投资,哪里就有财政投资评审。"这是对山西财政投资评审近年来规模不断扩大、服务领域不断拓展的概括。

"为政府投资决策服务,为财政项目预算管理服务,为全省经济建设服务。"目前,山西财政投资评审正由过去单一的工程投资或专项资金项目评审,拓展到财政重点项目支出各方面的评审,从过去单一的城市建设投资领域,拓展到民生项目的评审,涵盖了财政支出的各个领域,成为财政支出管理的重要技术手段。

2012 年 6 月,第二届山西特色农产品北京展销周在全国农展馆举办。本次活动经费预算送审金额 1047.82 万元,申请财政资金支付。省评审中心在预算评审的基础上,采取审阅、复算、市场询价、现场跟踪评审等方式,对该项经费支出进行了全面评审。最终审定金额为628.74 万元,审减金额 419.08 万元,审减率达 40%。

从过去单一的内资项目评审,拓展到世界银行、亚洲开发银行以及外国政府贷款等外债项目的评审,这是山西省评审中心近年来的一个新领域。

山西省政府利用亚行贷款,对晋中、长治、吕梁的 5 个县区实现热点联产集中供热,大力推行亚行贷款山西效能和环境改善项目。为规范和加强对国际金融组织和外国政府贷款、赠款的管理,山西省财政厅安排评审中心对该项目进行了专项核查。项目总投资 10.63 亿元,其中拟申请利用亚行贷款 1 亿美元。评审组结合项目特点,对地方财政、项目单位和主管部门配套资金的筹措能力和筹资方案的可行性进行了分析,将转贷安排、还款责任、还款资金来源和贷款项目申报审批等情况逐一核实,并针对发现的问题提出整改意见。

如今,在山西,所有外国政府贷款担保项目和国际金融组织贷款项目均需在申报环节进行评审,以有效规避外债风险,保证外债资金"借得来,用得好,还得上"。2005 年以来,省评审中心已累计评审此类项目 10 项,总投资高达 85.81 亿元人民币,尚未发现一起外债担保风险问题。

随着财政民生投入项目的日益增多,财政投资评审机构在民生领域也日趋活跃。2012 年,仅省评审中心就完成了财政投资民生项目评审额 224.25 亿元,占整个省级评审总额的 87.36%。

三级复核　专家会审

2001 年到 2012 年,山西省评审项目年均增长 208.28%,评审额年均增长 130.36%。随着财政支出规模的不断扩大,评审领域的不断拓宽,财政投资评审的任务越来越重。

如何保质保量地完成评审业务?山西省财政投资评审工作在实践中不断探索创新,大胆实践,逐步形成了三级复核和专家会审等制度,建立了科学规范的操作规程,做到了中心出具的每一份评审报告相关处室满意、项目单位心服、施工企业信服。审核过程中,在重点审核量、价的同时,还对项目单位在工程建设、财务管理、内部控制、设计方案等方面提出各种合理化建议。

近年来,山西省先后制定出台了 14 个内部规章制度、3 个规范全省财政评审工作的行业办法和 3 个指导性的评审指标体系,初步建立起适应工作需要、较为完善的工作制度体系。

在省评审中心的指导和帮助下,各地市也纷纷探索新路,全力推进财政评审工作。

太原市在全国率先出台了《财政投资评审管理条例》,以制度规范评审行为,建立了一套相对完善的管理制度和评审工作质量控制机制。

在运城,13个县(市、区)全部成立了财政投资评审中心,实行"与市、县上下联动,专业技术人员共享,材料价格信息共享,评审难题共解"。

在临汾,坚持凡评审项目必深入现场踏勘,派出专业评审人员跑现场、蹲工地,了解第一手资料,核准项目的真实投资额。

作为赢得地位,作为赢来荣誉。山西省评审中心先后获得"全国财政投资评审系统先进单位""山西省精神文明单位标兵""山西省文明和谐单位标兵"等荣誉称号,并被山西省劳动竞赛委员会荣记集体一等功。

(原载2013年3月2日《中国财经报》)

先行须真行

——山西省创新财政投资评审纪实（下）

解希民　郭　中　韩　力　张　贝

　　初春时节,乍暖还寒。记者驱车畅行于三晋大地,从日新月异的省城太原,到面貌一新的煤都大同,从充满活力的古都临汾,再到山西"南大门"运城:一条条宽阔整洁的迎宾大道,一座座气势恢宏的场馆建筑,一项项正在建设中的民生工程,尽收眼底,令人振奋……追寻这一切变化,其背后固然与各级政府关注民生、加大财政公共投入息息相关,而财政投资评审在其中所发挥的作用同样功不可没。

　　"打铁还须自身硬。"山西省财政厅投资评审中心主任李交运深有体会地说,"评审先行,我们自身必须真行,有作为才能有地位。"

探索创新　评审先行

　　行走在临汾市区整洁的大街小巷,"华夏第一都"的风貌映入眼帘,而临汾市财政投资评审中心主任樊虎感受到的却是大街小巷背后的风景。

　　据樊虎介绍,在临汾市市区街巷修复改造工程中,由于改造街巷数量多,存在诸如巷宽、改造结构、地下管线等情况不尽相同的现象。

为了避免决(结)算时实际工程量、隐蔽工程情况复杂、无法核实的问题,评审中心派专人专职24小时全程跟踪记录所有街巷的实际施工工序及各结构层实际厚度,对翻浆、二次倒运等特殊情况进行全程记录,并且现场四方签字,记录备案,为工程决(结)算提供了真实、可靠的依据。

在临汾,对所有工程项目,均实行事前、事中、事后全方位的跟踪评审。"通过全程跟踪,逐项核查、实地测量,全程记录,解决了竣工结算时隐蔽工程不明确无法核实的问题。"樊虎说。

临汾市全程跟踪评审是山西省探索创新财政投资评审工作的生动体现。

山西省财政投资评审系统实行省、市、县三级联动,从成立之初,就以减少公共性领域财政资金支出的"自由裁量权"为己任,从基本的预算、结算开始,到近年逐步开展的拦标价评审、绩效考评,不断探索新的评审领域,创新财政投资评审机制。

太原市将评审项目逐项分解,层层落实到科室,落实到评审人员,及时督促检查,掌握项目评审进度及资金到位和支出情况。在对该市2012年国庆摆花及菊花展览项目的结算评审过程中,为了提高评审时效,他们运用统筹工作法,将项目分成子项,落实到每个人,发挥出了"1+1>2"的效果。在此基础上,严格程序,依法评审,使核减(增)有理有据、公平公正,按时圆满完成了对该项目的资金审核,共评审资金745.61万元,核减147.41万元。

据太原市财政投资评审中心主任朱登林介绍,2012年,该中心累计评结项目361个,评审及核查资金65.67亿元,审定资金总额52.11亿元,核减不合理资金13.6亿元,核减率20.72%。

记者在山西省评审中心采访时获悉,自2011年始,该中心已探索出台了3部指标体系,即《办公用房装修改造项目指标体系》《信息化建设项目财政评审指标体系》和《山西省农业项目指标体系（试行）》。

打铁还须自身硬

农业大市——运城市 2012 年财政一般预算收入实现了 41.50 亿元。而这一年，经过财政投资评审审减下来的投资资金达 8.10 亿元。

"这些钱是他们帮政府'省'出来的。"一位市领导这样说。市领导口中的"他们"，是指运城市财政投资评审中心的工作人员。

运城市财政投资评审中心主任王栋奎介绍说，仅 2012 年，全市共完成 811 个评审项目，总投资额 50.07 亿元，审定 41.97 亿元，审减 8.10 亿元，审减率 16%。"评审工作越来越被领导重视，在运城，所有政府投资项目，不管时间多紧、任务多急，一律实行'先评审后预算、先评审后招标、先评审后拨款'。"王栋奎告诉记者。

一支业务精、效率高的评审队伍无疑是开展投资评审工作的可靠保证。

据了解，早在 2004 年 3 月，运城市便正式成立了财政投资评审中心，编制为 6 人，是隶属于市财政局的全额事业单位，现有工作人员 15 人、专家 56 人。在市里的推动下，该市 13 个县（市、区）目前全部成立了财政投资评审中心，实现了"市、县上下联动，专业技术人员共享、材料价格信息共享、评审难题共解"。

与运城一样，目前，山西省 11 个市全部成立了评审机构，56 个县也成立了相应的机构。截至 2012 年 11 月底，市、县评审机构累计评审金额达 720.29 亿元，审定 606.04 亿元，净核减 114.25 亿元，核减率 15.86%。

据了解，为了提高评审人员素质，省评审中心举办了多期业务培训。2012 年组织全省评审系统 40 余名业务骨干赴浙江大学进行业务学习；该中心开展的"每月一课"活动，由业务骨干轮流授课，每月开办一期,授课内容涉及土建、安装、水利、财务等专业。

为真正实现"专业评审",山西省评审中心巧借"外脑",建立专家库,引入坐班专家评审工作机制。截至目前,专家库共有各类专家209名,专家库信息为全省评审系统提供了强大的技术支持。

评审项目也时刻评审自己

投资评审机构成立之初,没有一套完整的规章制度可以借鉴。近年来,山西各级评审机构在实践中,从业务管理、评审内容、操作规程、质量控制和内部管理等方面积极探索,逐步建立健全了投资评审工作的制度体系,用制度规范评审程序,用制度约束评审行为,用制度保障评审质量。

太原市经过长达8年的努力,于2011年推动出台了《太原市财政投资评审管理条例》,为实现依法评审、正确履行评审职能奠定了法律基础。

运城市着重加强了项目评审的"三级复核"制度,在初评进行自身复核的基础上,对项目进行专门复核,并在项目初步完成时,报经局领导审核后,形成最终的正式报告。对一些特殊项目进行专家会审,由评审业务专门会议确定评审结论。

临汾市先后出台了《财政投资评审管理暂行办法》《关于加强财政投资评审工作的指导意见》,从而使评审工作规范、有序运行。

"评审项目,更要时刻评审自己。"李交运时刻这样要求自己和所有评审人员。省评审中心要求所有评审人员都要递交《廉政承诺书》,并进行公示。在开展大型专项核查前,对参加核查的人员进行专门的廉政教育培训。开展整治"吃、拿、卡、要"和意见征集活动,建立《项目单位反馈意见回执制度》。

在山西省评审系统采访,记者听到了许多感人的事:2012年夏天,在参与财政部安排的广西农村沼气项目专项核查中,李交运带领评审人员冒着40度的高温逐户走访,有的同志因此中暑,晚上输液,白天照常奔走于踏勘现场;省评审中心的张艳怀孕期间仍坚持在评审一线,致使出现胎儿不稳状况,不得不进行保胎休息;曹羽涵为了外出参加专项核查,三次推迟婚期;太原评审中心的吴旭华在下班途中腿被摔伤,导致骨折,依然拄着拐杖上班;家住太原市郊距单位30公里的张志侠,在怀孕期间从未迟到一次……

这就是山西的财政投资评审人——他们虽然职务不同、年龄不同、人生轨迹不同,相同的是精神可贵。他们身上的这种精神,正集中体现了他们一直以来秉承的原则——为政府投资决策服务、为财政项目预算管理服务、为全省经济建设服务。

（原载 2013 年 3 月 5 日《中国财经报》）

奉献财政美丽人生

郭　中　郭　华

我每一天的工作,要上对得起党,下对得起群众,中间对得起自己的良心。

赵晚花:山西省长治市郊区财政局局长。先后被省、市授予"长治市十大女杰""长治市生态建设先进个人""山西省三八红旗手"等荣誉称号,2010年被授予"全国财政系统先进工作者"荣誉称号。

从一名普通的乡镇土地员,逐步成长为全市14个县(市)区中唯一一位女财政局长,山西省长治市郊区财政局局长赵晚花与老百姓有着一种天然的感情纽带。

追溯赵晚花的工作历程可以看到,她每到一地任职,总能做出让人称道的业绩。在担任黄碾镇党委书记短短1年时间内,解决了6个村的饮水问题、新建1栋建筑面积3800平方米的综合教学楼、重修了3个村的主干道路,承办了全市首届乡镇级农民运动会。一桩桩一件件,人们不得不服。20多年的基层乡镇工作历练,让她实现了由一名乡镇党委书记到出色财政局局长的华丽转身。

培源聚财　展示卓越才干

2006年6月,赵晚花上任后,便马不停蹄地投入到培源聚财的工作当中。她顶烈日冒严寒,下企业跑基层,深入生产一线与企业干部职工分析研究市场动态和企业发展大计,她进村入户了解惠农政策兑现情况,与农民共话致富之道。现在全区企业的经营状况、老百姓的生产生活情况,她都了如指掌。

2008年下半年以来,为应对金融危机对郊区经济发展造成的不利影响,她向区委、区政府积极建言献策,向金融机构推荐郊区好的项目,直接促成了郊区银企洽谈会的成功举办,郊区41家单位与8家金融机构签订了近30亿元的贷款协议。银企洽谈会前后忙活了一月有余,企业资金短缺的问题解决了,她人却瘦了一圈,但她说,值!

巧理支出　坚持守正情怀

"人可以得罪,但法不能得罪。"在把支出关口上,赵晚花讲原则是出了名的。与赵晚花打过交道的人都知道,赵晚花是位利益牵不动、名利打不动、金钱诱不动、人情摆不动的财政人。长治市郊区财政收入总量在当地排名靠前,但按财政体制上解后,可用财力并不宽裕。为压缩开支,减轻支出压力,她向区委、区政府提出了有关压缩支出的报告。她首先从自己抓起,2008年,首先压缩本部门的经费,为全区做出了表率。2009年,根据厉行节约的有关规定,压缩了党政机关一般公用经费及接待费、车辆购置费等专项经费。

道是无情却有情。在严控一般性支出的同时,她努力克服财力紧张的困难,积极筹措资金,全力保障了"三农"、教育、社保、医疗等民生支出的需要,实现了民生支出"全覆盖"。广大干部职工都说财力这么紧张,各项惠民政策能得到兑现,赵局长是一位"好管家"呀。

亲力亲为　甘为人民公仆

在办公室边吃着盒饭,手边还放着工作材料;在办公桌上打个盹,醒来接着干活;想起睡觉的时候,已是清晨……近年来,财政改革任务繁重。每项改革从方案的起草、出台到改革的健全完善,每一个环节都凝聚了她的心血和汗水。她的这种忘我的工作精神也慢慢地感染着局里的每一个人。可又有谁知道,在这后面,她付出了多少。丈夫住院无暇照看,儿子结婚无暇操持。有人戏称她为"工作狂",说她精神总是那么饱满,从来不知疲倦。她淡然一笑:"要说累,确实累,可身为财政干部,你就要吃得了苦、受得了累,在需要的时候,还必须冲在前、敢争先。"

为给全区经济社会转型跨越发展提供优良的财政环境,她带领全区财政系统正作风、创环境、促发展,各项工作成绩突出。2010年全区财政收入达到23.52亿元,跻身全省财政收入15强,全局在基层单位和广大群众的政风行风评议中,连年在参评单位中位居第一,被广大群众亲切地称为郊区人民的"好管家""贴心人"。由于成绩突出,区财政局先后被上级部门授予"作风建设先进单位""全国三八红旗集体"等荣誉称号,并连续8年保持了省级文明和谐单位的荣誉称号;她本人先后被省、市授予"长治市十大女杰""长治市生态建设先进个人""山西省三八红旗手"等荣誉称号,2010年,她被授予"全国财政系统先进工作者"荣誉称号。但每每听到群众的赞誉之声时,赵晚花总会谦虚地说:"我做得还不够。"是呀,她永远不会停息,她要在自己的工作岗位上继续为郊区的财政事业奉献自己的智慧和汗水。

(原载2011年3月8日《中国财经报》)

村会计裴效青

李存才　郭　中

　　2011年上半年,56岁的种粮农民魏七旺在村会计裴效青等村集体领导班子的帮助下,自筹500元资金,加上财政部门发放的3000元小额贷款,在自家的耕地上建起了一座50米长的简易温棚,开始种植甜瓜、西红柿、豆角等经济作物,产品收获后销往长治、太原、郑州等地,效益可观。据魏七旺介绍说,到2011年年底,他家的贷款不仅可以全部还清,而且还会有盈利。

　　魏七旺是在村会计裴效青的帮助下走上脱贫之路的。同他一样,村里的干部群众提起这位村会计时,大家都会情不自禁地拍手称赞。

拔穷根　先修路

　　2011年,49岁的裴效青是山西省武乡县丰州镇魏家窑村人。他高中毕业后应征入伍,在武警大同某部队服了5年兵役,1984年回到本村务农,1990年在村班子换届选举中进入村"两委"班子,一直担任村会计一职。他对记者介绍说,魏家窑村地处太行山脚下,过去,这里没有通往外界的公路,村民们长期以来过着封闭而又贫困的生活,大家一直期盼修建一条通往外界的公路,从而拔掉村里的穷根。

2010 年,农村公益事业一事一议财政奖补政策在山西省进入扩大试点阶段。魏家窑村的村民代表经过召开代表会议,提出修建全村道路的设想,就是:将村里原有的土路拓宽之后硬化,使之与村外的道路连接起来,给村里的农副产品打开一个销路。村民代表会议召开之后,裴效青和村党支部、村委会成员一起,以书面形式将村民的意愿上报给凤州镇政府和武乡县财政部门。武乡县财政部门按照一事一议财政奖补政策,给魏家窑村安排了 8 万元的财政奖补资金。魏家窑村依靠村集体预留的部分机动地而产生的租金收入,从中安排了 6 万元建设资金。

同时,村民们按照每人出不低于 1.5 个义务工的标准,每个义务工按 15 元折算,安排了 4.2 万元(斥资)。利用这些资金,全村购置了 150 万块机砖,按照 2.5 米至 3 米宽的标准,将全村主干道及所有农户门口的土路全部进行了硬化,硬化面积累计达到了 12600 平方米。

裴效青说,道路硬化之后,全村的土路变成了机砖路,村民们的生产积极性一下子高涨了起来。

2011 年,包括魏七旺在内的 60 多户农民,纷纷开始发展多种经营业务,因为他们再也不用担心种植出来的农副产品卖不出去了。路通了,百姓的心也通了,大家脱贫致富的意志从此坚定了起来。

2011 年,魏家窑村的村民们开始走上了脱贫致富之路。

调结构　农副产品有出路

裴效青告诉记者说,过去,魏家窑村的干部群众因担心没有通往外界的公路,生产的农副产品卖不出去,只好在贫瘠的土地上种植一些玉米等传统农作物,每亩收入只有 400 元左右。自从村里通上机砖路之后,村里开始发展蔬菜大棚。2011 年 3 月,裴效青和村里的 71 户农民,联合成立了武乡县浊漳湾种植专业合作社,采取"合作社 + 农户"的运营模式,投资50余万元,在全村重点实施了百亩日光温室大棚基地建设项目。百亩温室大棚建设之后,解决了全村100多人的就业问题,同时还带动80余户农民种植西红柿、甜瓜等特色农作物。据分析统计,一个西红柿单棚可种植1800株,年预产0.6万公斤,纯收入可达8000元;一个甜瓜单棚可种植1500株,年预产1750公斤,纯收入可达5000元。甜瓜收获后,还可继续种植西葫芦,年纯收入4000元。与传统农业相比,日光温室大棚经济效益好,增收效果十分明显。

裴效青对记者表示,合作社坚持"以服务成员为宗旨,谋求全体成员的共同利益"的原则,为成员提供农业生产资料的统一采购、全程技术服务以及产品的联合销售,为农户解决后顾之忧。

村财乡监　精打细算

按照山西省出台的财务管理制度,魏家窑村的财务实行村财乡监村用的办法。村里的每一项收支,都由村会计裴效青经村支部书记、村委会主任签字后据实核报核销,做到了账款相符、账账相实。这几年,国家陆续出台了多项惠农政策,裴效青的职责是协助上级财政部门,逐一发放各种惠农补贴。他说,魏家窑村地处太行山区,村里农民享受的补贴主要包括粮食直补、农资综合补贴、良种补贴、退耕还林补贴等。这些补贴由上级财政部门通过"一折通"方式发放给村里的农民,如果村里的农户信息发生了变化,或者农作物种植结构进行了调整,他会在第一时间将这些信息报上级财政等有关部门,及时变更,以确保涉农信息的真实和国家惠农补贴政策的有效实施。

(原载2011年9月16日《中国会计报》)

"两个率先"的背后

——记"全国财政评审系统优秀评审人员"、
山西运城市财政投资评审中心主任王栋奎

解希民　郭　中

在山西省运城市,财政投资评审中心主任王栋奎实现了"两个率先":在全省率先将财政评审工作纳入预算管理程序,率先实现县级财政评审系统机构全覆盖。

九年风雨,九年磨砺。王栋奎带领他的团队,用自己的智慧和业绩,开创了一片属于自己的天空。"两个率先"正是他 9 年评审工作的岁月留痕与真实写照。

"越是落后的地方　越要做好评审工作"

2004 年 3 月,运城市财政投资评审中心应运而生,当时在市财政局办公室工作的王栋奎接受组织安排,担任中心主任。

至今,王栋奎对 9 年前评审中心成立时的艰难处境仍记忆犹新。面对管理人员业务生疏、对评审工作认识不到位、建设单位不理解等诸多困难,王栋奎从评审队伍内部管理抓起:明确岗位责任,分解工作步骤,制定工作流程,组织业务学习。同时,组建起了由 56 名专业技术人员组成的专家库。

王栋奎清晰地记得,评审中心成立不久,便接到了运城市人民公园项目部送审的人民公园运景楼、主峰阁景观建设项目。由于当时评审中心技术力量薄弱,对这类古建筑工程缺乏相应的了解,无法满足项目评审的需要。为此,王栋奎专赴太原财政投资评审中心寻求技术支援。他带领技术人员冒着酷暑对工程项目进行现场踏勘,对所送资料逐一查看,对材料价格进行市场调查,认真细致地核对工程量,最终圆满完成了评审任务。

在王栋奎看来,越是落后的地方,越要做好评审工作。这是因为评审工作搞好后,为财政节约的资金,能办好多的事。正是凭着这种信念的支撑,运城市财政投资评审工作完成了一次质的跨越。评审中心2004年成立以来,累计审核资金75.23亿元,审定62.43亿元,核减12.8亿元,综合核减率达到了17%。

"人要有一种精神 才能做到有为有位"

记者在运城采访时,提到王栋奎,有两种声音不绝于耳——

一种是"内部人"——财政局业务处室的声音。他们认为:我们的一些项目经过评审,就像是经过了"标准尺"的衡量,我们在开展和实施项目时,心里就有底了。

另一种是"外部人"——被评审的项目单位的声音。他们说:我们的一些项目虽然大多是被审减了资金,但是我们都服气,因为他们有理有据,审得科学、合理。

"内部人"交口称赞、"外部人"口服心服。王栋奎说:"人要有一种精神,才能做到有为有位"。

是啊,对王栋奎来说,这九度春秋是他事业以及人生中的重要年华。每一个评审项目,每一项制度构建,甚至每一个评审报告的背后,都包含着评审人员和王栋奎的艰辛付出和心血。

王栋奎常常对评审人员说,评审质量是关键,我们在评审别人的同时,别人也在评审我们。在日常的评审工作中,王栋奎不仅注重加强对控制质量的制度建设,而且对每一份评审报告都认真把关,大到对一些问题的定性,小到一个标点符号或小数点后面的一个数字。在对运城市东城区槐东路建设项目评审过程中,送审单位因失误将工程造价小数点误点,致使工程整体费用偏高。王栋奎在复核时及时发现,予以纠正,保证了评审结论的科学合理。

在运城市解放南路拓宽改造拆迁项目实施过程中,一些拆迁户对评审工作不理解、不配合。王栋奎和评审人员一直坚守在一线,与群众面对面地沟通协调,使拆迁项目的评审得以顺利完成。

在王栋奎看来,这些付出都是值得的,如今项目单位报送预算慎重了,评审核减率明显下降。近年来,他们先后高质量地完成了学苑路立交桥、八一湖大桥、体育馆等一大批重点工程的评审。

"没有做得最好　只有做得更好"

把财政投资评审工作纳入预算管理程序,一直是王栋奎担任评审中心主任以来的追求目标。在他的努力下,运城市财政局出台了《关于进一步规范财政投资评审管理程序的通知》,将财政投资评审工作纳入预算管理程序,实行编制预算前评审,列入部门预算后评审,与决算批复评审相结合,进行全程评审。这个文件的出台,使运城市成为山西省率先将财政投资评审工作纳入预算管理程序的市级评审中心。

实现县级财政投资评审机构全覆盖,这是王栋奎为自己定下的又一个目标。在自身工作任务繁重的情况下,他加大宣传力度,引起了县级领导的高度重视。目前,全市 13 个县(市、区)全部成立了财政投资评审中心,在山西省率先实现了县级财政评审系统机构全覆盖,并实现了"全市上下联动、信息资源共享、评审难题共解"。仅 2012 年，全市共完成评审项目 811 个，总投资额 50.07 亿元，审定 41.97 亿元，审减 8.10 亿元，审减率达 16%。

有为才能有位。王栋奎先后获得"全国财政评审系统优秀评审人员""全省评审系统优秀评审人员"称号，运城市评审中心连续 6 年被评为"全省评审工作先进单位"。

（原载 2013 年 3 月 21 日《中国财经报》）

精细理财的"大把式"

——记山西吕梁市方山县财政局局长常云录

郭　中　王三伟　杨应平

　　他是财政系统的一名新兵,但干起来却像个行家里手;他是财政局的当家人,但从不要特权,乱花一分钱;他不是下乡队员,但对点儿上的事情了如指掌。他就是多次被市、县评为"优秀共产党员""人民好公仆"的山西省吕梁市方山县财政局局长常云录。

忙里偷闲强学习　短时成了"大把式"

　　已是晚上 12 点多了,泡了一碗方便面后,又继续在办公桌上翻阅起来。这是常云录调任方山县财政局局长以来几乎每晚的"必修课"。为尽快进入角色,熟练掌握财政政策和相关业务,他利用下班以后和晚上、节假日的时间认真学习,随机充电。遇到不解的课题时,还向班子成员、业务能手探讨学习。为使学习更加深入,他还鼓动全局干部职工互动学习,登台讲,虚心听,很快,他就对财政政策和相关业务掌握得非常娴熟,被大家亲切地称为"大把式。"

　　在具体工作中常云录发现,财政投资绩效使用管理方面多年来存在严重地被动支付现象,公共卫生、社会保障等民生资金方面尤为突出,为扭转这一现象,他和财政系统一班人主动服务,创造性地实行了财政评审制度,提前掌握,提前审核,及时拨付,避免了许多漏洞,使有限资金发挥了最大效益。

严于律己不浪费　不耍特权不越线

2013 年 3 月的一天,早晨还不到 6 点,常云录就踏上了前往省城太原的路途。他想两天的事一天办完,为的是节约时间,提高效率。果然事情还算办得顺利,晚上 10 点多吃了点便饭后,常云录又连夜返回方山。

在任财政局局长的两年时间里,每年常云录都要到省城、市里几十次,每次他都早出晚归,为的是节约开支。有许多熟悉的人对他说,财政局是管钱的地方,用得着你那么节约吗? 常云录只是笑笑而已。他心里清楚:管人必先律己,有权也不能越线。

作为贫困县的财政局局长,常云录积极倡导厉行节约,坚决反对铺张浪费,精打细算,严格预算,坚决压缩一般性支出,节约更多的资金用于经济建设和民生改善。在他的身体力行下,方山县财政局上下也形成了勤俭节约、不搞浪费的好风气。2013 年 1 月份至 6 月份,全局车辆燃油费较上年同期下降了 21%。

对上对下一个样　服务基层更给力

常云录上任后,始终做到对上对下一视同仁,从不讲个人关系,只对事不对人。

一次,有位基层的同志为感谢财政局为村里办了好事,给常云录拿来几条烟,他耐心地给这个同志讲道理做解释,最终使这个同志不好意思地又拿了回去。两年来,常云录不知婉言谢绝了多少次这样的事。

2012 年,财政局的下乡联系点——方山县圪洞镇水沟村要实施方便农民五件实事建设工程。了解到该村的实际情况后,常云录主动为该村联系技术人员,多方帮助筹措资金,合理科学规划,最大限度地花小钱办好事。有人说,"财政局的下乡点给拨上点钱就行了嘛,还四处筹措争取什么?"面对人们的不解,常云录的回答是:"财政局的钱是纳税人的,每花一分都要符合规定和程序,不能随便乱花。"

对待职工如亲人　细微之处见真情

工作上,他是严格的,严肃的;生活中,他却是和蔼的,亲切的。2012 年冬季一天下班后,常云录正准备回家,突然听到机关院中"咚"的一声,他急忙循声而去,原来单位一位后勤人员不小心摔倒受伤了。常云录马上叫人护送到医院,亲自找来医生仔细检查,待清洗、消毒等处置完毕后,天色已晚。他又安排人员悉心照料,安顿好后才拖着疲惫的身子向家里走去。

在财政局工作两年来,常云录始终把职工当家人视亲人,谁家有困难了,他都会主动了解情况,诚心帮助;哪家有事情了,他都会主动前去,忙前忙后。许多人都说:"生活中的常局长就像我们的亲兄弟!"在他的感染下,全局干部职工团结一心,亲如一家,一派和谐。

（原载 2013 年 7 月 2 日《中国财经报》）

把青春写在贫困山乡的账本上

——记山西省晋中市榆次区东赵乡财政所所长王慧芝

郭 中

15 年的坚守,让王慧芝从一位妙龄少女变身为干练成熟的乡镇理财人。

东赵乡是榆次唯一的三类乡镇,十年九旱,资源匮乏,经济发展十分落后。年轻人多不愿来,可王慧芝却把根扎在这穷乡僻壤,非干出个名堂不可。

2003 年,财政所原来的会计调走了,王慧芝毫不犹豫地接过了摊子。不懂专业知识,她就没日没夜地自学,有空就向老会计们请教,很快就熟悉了政策,精通了业务,于是,更多的工作任务都放在了她的肩上。

"穷家难当",如何合理规划,本该是乡领导决定的事,用不着一个小会计去管,可王慧芝不仅管了,而且管得铁面无私。

了解她的人都说,在王慧芝那里报账太严,每一笔钱都算得很仔细,一点一点地按照相关财务制度去抠,谁也别想把专项经费挪作他用,把不该入账的单子放进去,哪怕是领导本人来也是如此。

2012 年底,由于一些老同志退休,财政所人员减少到了 2 人。王慧芝主动兼起了财政预算会计、核算中心出纳等多项工作,除了财政日常业务外,还有粮食直补、一事一议、下乡包村等一大堆相关财务工作要干。

村级公益事业一事一议财政奖补作为一项惠民政策,不仅政策性强,必须由农户自筹和财政奖补相结合来完成;而且在档案资料整理上要求也十分严格。村干部对政策以及工作流程不了解,她不厌其烦地认真讲解,从前期申报,到筹资筹劳,从工程竣工验收到资金报账拨付,每个流程都一一讲解,直到弄清为止。尤其在资料整理归档上,由于农村会计操作电脑不熟练,对项目资料不能按要求整理,她加班加点把乡、村两级所需的表格、文字材料等,打印归档、装订成册。

当年,东赵乡由于一事一议政策及时得到落实,成为该乡农业产业化发展最好最快的一年。

2013 年 4 月,王慧芝成为该乡财政所所长,这一年也成为该乡扭转落后局面的一年。在区委、区政府的大力支持下,全省最大的苗木生产经营企业在该乡建设万亩苗木基地,大面积土地的流转,苗木的种植,使当地农民不仅拿到了土地租赁金,而且就地转化为苗木种植工人,收入大幅提高。与此同时,也给该乡财政所增添了大量工作,大笔资金的注入,各类国家专项资金的投入,土地租赁金的核算等等,不仅需要王慧芝领导的财政所去核算,而且大量过去根本没有接触过的财政知识政策需要学习,只有这样才能使项目得到资金的保障,农民获得更大的利益。

当年,在东赵乡农民忙碌种树的人群中,经常会出现王慧芝的身影。许多农民奇怪地问,你不去算账,来这里瞎忙个啥?王慧芝笑着说:"整天算种苗木的账,就必须懂得这一行的实际啊,要不怎么能把账算得合理呢?"正是由于王慧芝的努力,康培项目在该乡实施过程中,农户补偿资金协调抽调拨付及时,农户尽早得到了补偿款;各类资金使用过程中,票据把关严,并按项目要求、进度,资金拨付合理,促进了项目的建设。

2013年底,乡镇财政体制改革,执行国库集中支付,需要乡镇财政人员迅速掌握国库集中收付政策办法,王慧芝经常向区财政局请教,熟悉了国库集中支付流程。由于东赵乡离城较远,支付每笔资金时,需要乡里局里来回跑,工作繁重,人员不足,工作更是忙得不可开交。王慧芝只好把年幼的儿子送给父母去带,白天在单位忙业务,晚上回家理清账务,有时连吃饭的时间都没有,一直忙到大年三十,人累瘦了一大圈。

15年来,她把青春写在了东赵乡财政的账本上;15年来,她也把热情洒在了东赵乡的土地上。

(原载2014年3月8日《中国财经报》)

因为执着的爱

——记中国财经报优秀通讯员陈强

贺利娟　贺　斌　郭　中

初识陈强,有三个"没想到"。

第一个没想到是,山西省浮山县一年在各类媒体发表的财政新闻,装订成册摞在一块竟有四五寸之厚;第二个没想到是,这些新闻都出自眼前这个不善言辞、甚至有些木讷的"小伙子"——陈强之手;第三个没想到是,一个县级基层财政新闻宣传工作者,竟能连续三次获得全省好新闻奖。

说是"小伙子",其实并不年轻,2014 年 38 岁的陈强,已在财政战线上工作了 15 个春秋。颇有些传奇经历的他,先掌勺当大厨,后执笔写文章,从此与财政新闻宣传工作结下了不解之缘。

因为有爱

看着会议室陈列的一摞摞财政信息汇编,作为专业记者的我们被震撼了。"这只是一部分,我家里还有一柜子呢。"陈强说起这些就像是父亲谈论自己的孩子。

从与陈强的一番交流,记者深深地感受到,他走上新闻宣传这条路其实并非偶然,支撑他十年如一日笔耕不辍的,是那分对财政、对财政新闻的浓浓的爱。因为有"爱",他将财政新闻宣传工作当成了一项永远不会终止的事业,即便经过好多个日夜写出的稿件没有被采用时,他还能坚持写下去;因为有"爱",只要提起笔,他眼前浮现的就是浮山财政人顽强拼搏、无私奉献的鲜活场面;因为有"爱",他每天都有写不完的财政新闻感觉;因为有"爱",他常常能从各项财政工作发掘出细节、亮点和闪光点,使之成为新闻素材。

"浮山的财政新闻宣传交给陈强,我很放心。因为他爱这个,就绝对不会应付了事。"浮山县财政局局长卫俊林说。从陈强的一篇篇报道中,不仅可以看到浮山财政在新时期的发展轨迹和工作成绩,也可领略到浮山县委、县政府全面建成小康社会,加快建设美丽浮山的战略取向和坚定信心。

"找新闻、写稿件对于他来说,就像每天要吃的饭,没有新闻线索他就着急,不写他就难受。"浮山县财政局办公室主任李成明说。

因为有心

2004年,陈强从乡镇财政所调到浮山县政府采购中心,本来只是负责一些杂事,可他工作之余,用心搜集各股室的信息,经过梳理和总结,尝试写成新闻稿,开始向《今日浮山》《临汾日报》等媒体投稿。终于在2004年5月16日,《临汾日报》发表了他的第一篇"豆腐块"——《浮山设立乡级会计核算中心》,虽然才短短一百来字,却给了他莫大的鼓励,当年又陆续有多篇稿件见诸报端,投稿方向也从当地媒体延伸到《中国财经报》等中央媒体。

因为报道写得不错,2005年,陈强被调入浮山县财政局办公室搞文秘宣传工作,正式开始了财政新闻宣传生涯。

"陈强本身学历不高,但他是个有心人,他的财政知识就是利用办公室这个信息场,一点一滴积累起来的。"卫俊林告诉记者,上面出台一个新政策,他总是抢先消化,再接地气做成新闻报道。

身为一名工勤人员,宣传是陈强的工作,却并非全部。按照分工,他主要负责编写《信息简报》和会务安排等工作,忙碌而琐碎,宣传工作基本上是利用下班后的业余时间完成的。

因为有"心",他将这份"业余"工作干得有声有色。为搞好财政宣传,他与县委宣传部、县委新闻中心,其他预算单位的新闻爱好者建立了新闻线索交换机制;为搞好财政宣传,他自学网页设计,依托浮山政务网站、浮山网站和山西新闻网站,把财政学习心得、工作动态、工作经验,以及新闻图片、摄影等都搬到网上,充分展现浮山财政风采。

"一分耕耘,一分收获"。陈强因为出色的表现受到了上级和新闻部门的充分肯定,从 2004 年起连年被省、市、县评为"新闻宣传报道优秀信息员"、先进工作者,并被 5 家报纸、杂志聘为通讯员。他发表的《农村干部免费体检》被评为第四届山西省好新闻二等奖,《移民搬迁工程让农民过的舒心》被评为第五届山西省好新闻三等奖,《田野奏凯歌》被评为第六届山西省好新闻二等奖。浮山县财政局新闻宣传工作也连续 7 年名列全省前茅。

因为有后盾

"几任局领导都重视宣传,特意为我配置了照相机、摄录机等专业器材和手提电脑,还从经费上给予全力保障,家人也很支持我,有这样的坚强后盾,我没有理由不好好工作。"陈强的感激之情溢于言表。

陈强无论做什么,都以"认真"作为工作准则。在会务工作中,他连会标都自己动手。"他这人做事很周全,如果下午 3 点开会,他总是 2 点多就到会场,看看还有没有遗漏的地方。"李成明说。

"局里的每次活动,他都做成小册子,配上文字和照片,到年底局里写总结时,翻翻他的小册子,素材就全有了。"浮山县财政局副局长王作仁说。

从 2004 年起,局里为表彰陈强在宣传工作方面做出的贡献,为他设了一个特等奖,每年都会给他发 1000 元奖金,这两年因为规范公务支出取消了,可他并没因此对宣传工作懈怠。"没有奖金我更要做好,不能让人觉得我是为了奖金而做。"

工作上的全力投入就必定带来对家庭的疏忽,陈强对家庭有太多的歉疚。"我爱人常挂在嘴边的一句话就是'你就住局里吧,别回来了。'女儿也有怨言,说'我从上学开始,你就从没有接送过我。'说归说,怨归怨,但爱人和孩子终究是我精神的港湾。"他咧着嘴笑,颇有些自豪,在他的带动下,女儿也对写作产生了兴趣,已在《今日浮山》上发表过文章了。

问及未来的打算,陈强告诉记者:"把宣传工作做好是我最大的追求,也是我回报财政、回报领导、回报家人的最好方式。"他说,他会继续写下去,现在他的作品堆起来能到他的腰,他的目标是,让作品堆起来能过肩、过头,甚至更高。他一边说,一边拿手在自己头顶上方比画着,笑得像个孩子。

(原载 2014 年 10 月 28 日《中国财经报》)

后 记

　　《逆境中突破——媒体眼中的山西财政》由山西省财政厅党组成员、副厅长高向新主编,厅财经宣传中心承担了具体的编辑工作。

　　本书是《理财有大道 翰墨谱华章——媒体眼中的山西财政》《公共财政阳光洒满三晋——媒体眼中的山西财政》的延续,读者从书中可以感受到山西财经新闻宣传的连续性、多样性、广泛性和全面性。在此,我们向多年来一贯关心、支持山西财政改革发展以及山西财经新闻宣传的各级领导和同志们、各相关媒体和记者们表示衷心的感谢!

编　者

2015 年 12 月